北京市房地产年鉴

—— 2005 ——

北京市建设委员会
北京市国土资源局 编

中国计量出版社

图书在版编目（CIP）数据

北京市房地产年鉴. 2005/北京市建设委员会，北京市国土资源局编 .—北京：中国计量出版社，2006.1
ISBN 7-5026-2278-0

Ⅰ.北… Ⅱ.①北…②北… Ⅲ.房地产业—北京市—2005—年鉴 Ⅳ.F299.271-54

中国版本图书馆CIP数据核字（2005）第157357号

中国计量出版社出版
北京和平里西街甲2号
邮政编码 100013
电话（010）64275360
http://www.zgjl.com.cn
三河市利森达印务有限公司印刷
新华书店北京发行所发行
版权所有 不得翻印
*

880mm × 1230mm 16开本 15印张 400千字
2005年12月第1版 2005年12月第1次印刷

*

印数1—3000 定价：120.00元

CMN 建设市场报
Construction market news
北京市建设委员会政务信息发布指定报纸
记录首都建设历程　见证北京安居大业
热线：63988487 63979681

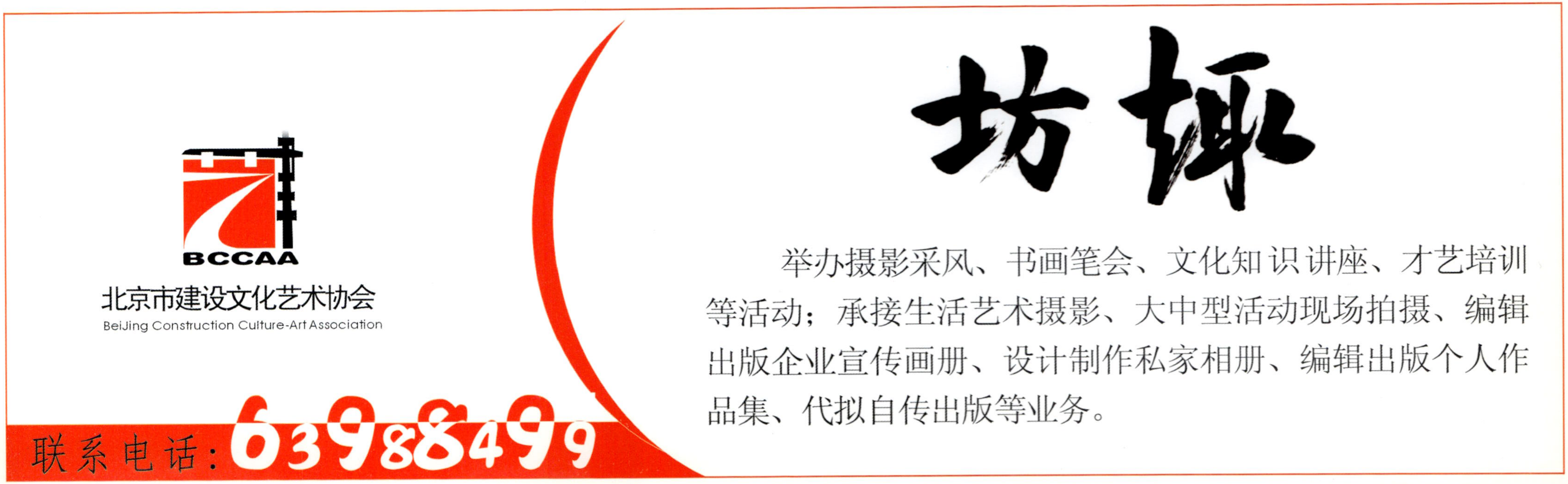
BCCAA
北京市建设文化艺术协会
BeiJing Construction Culture-Art Association
举办摄影采风、书画笔会、文化知识讲座、才艺培训等活动；承接生活艺术摄影、大中型活动现场拍摄、编辑出版企业宣传画册、设计制作私家相册、编辑出版个人作品集、代拟自传出版等业务。
联系电话：63988499

北京住房公积金管理中心

一、简　介

1992年7月1日，北京市住房资金管理中心成立。2002年10月10日，经北京市人民政府有关机构批准，北京住房公积金管理中心在原北京市住房资金管理中心的基础上，对机构和人员进行重组后组建成立。

十多年来，在市委市政府的正确领导下，在各级有关部门和广大人民群众的参与和支持下，北京住房公积金管理中心各项工作都取得了显著的进步。按照《住房公积金管理条例》要求，北京住房公积金管理中心积极落实相关规定，进一步推进住房公积金制度，完善住房公积金财务管理和会计核算制度，逐步规范住房公积金管理体制，加强住房公积金监管机制。在加强归集工作的同时，保证住房公积金的专款专用，保值增值，支持住房建设，推行住房公积金贷款业务，开创先进的自由还款方式，从而切实有力地解决广大人民群众的住房问题。

二、程序简便的住房公积金贷款 — 全程代理、一站式服务。

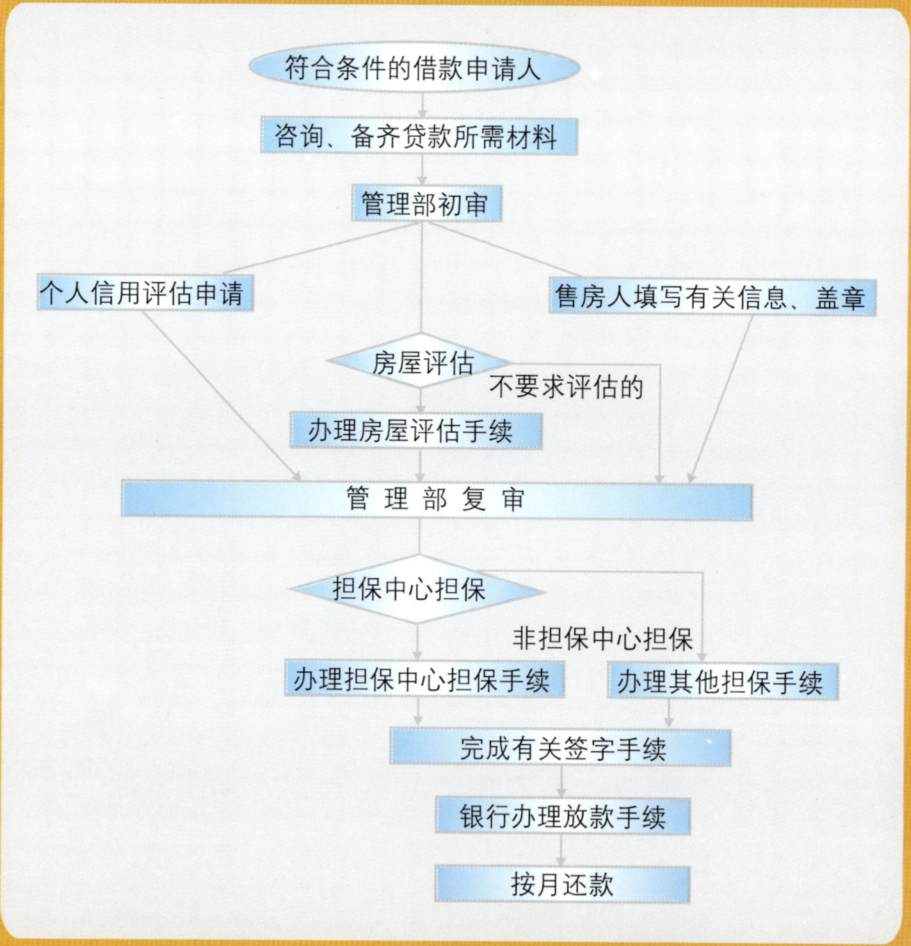

在贷款办理流程中，只需来管理部三次，即初审、复审和贷款资料面签，即可完成贷款发放手续。

在借款申请人材料齐备的情况下，北京住房公积金管理中心在15个工作日内即可完成全部审核手续。

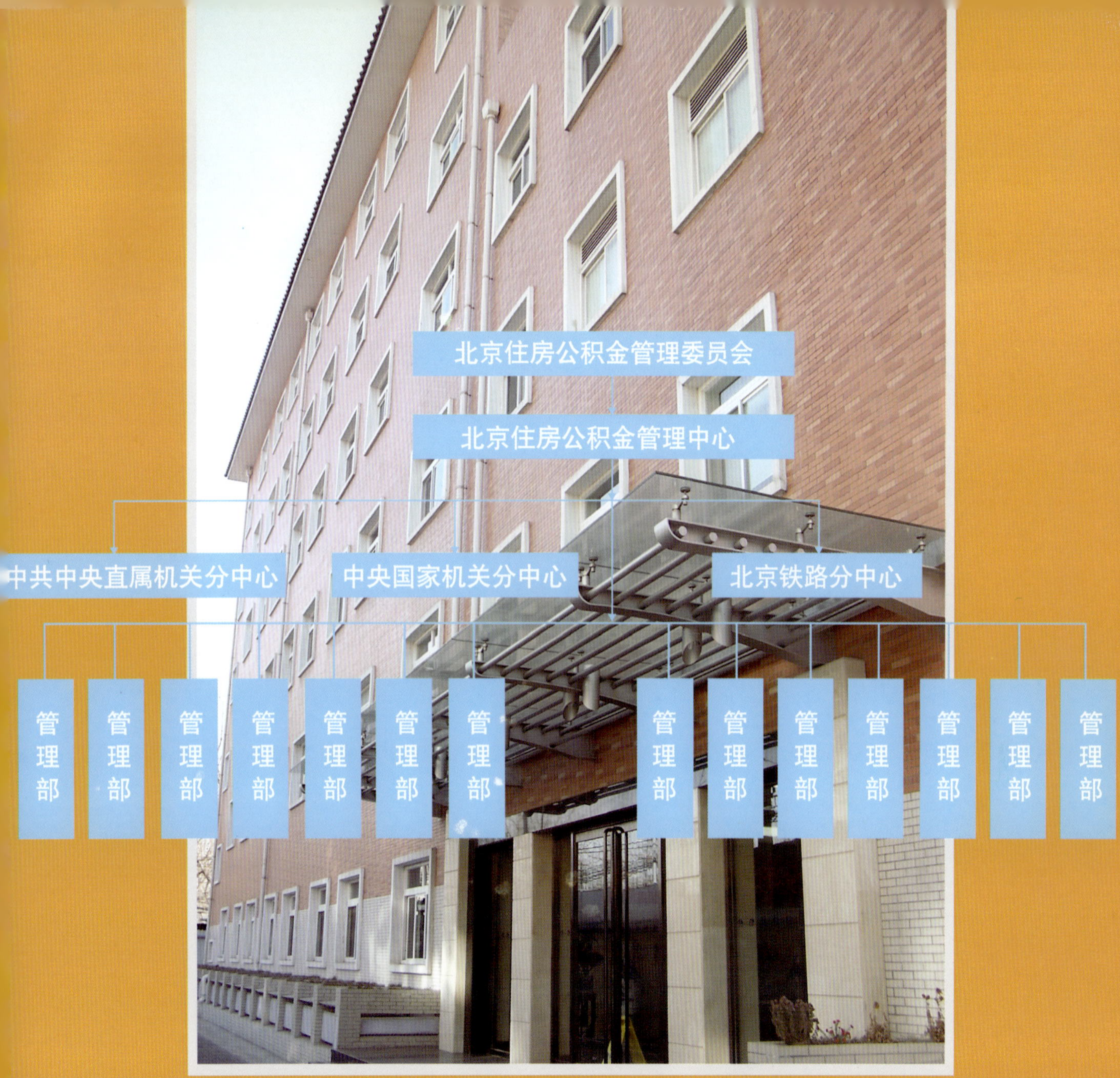

郊区业务网点分布图

市区网点业务分布图

环球地产顾问 全程策划代理

戴德梁行业务遍及39个国家，共设194间分公司，旗下逾9,000名房地产专才为世界各地之投资者、物业用户及其他客户提供国际水平的优质房地产顾问服务。

在亚洲，戴德梁行在中国内地、香港、台湾、澳洲、印度、印尼、泰国、日本、马来西亚及新加坡均设有分公司，由3,000多名地产专才为客户提供全面专业的房地产顾问服务。

自1993年开始，戴德梁行积极开拓中国房地产业务，于北京、上海、深圳、广州、大连、天津、重庆、杭州、成都、武汉、西安设有正式领有牌照的分公司，为中国大规模的国际房地产顾问公司。戴德梁行拥有庞大且不断更新的数据资料库，让客户能更深入了解市场，进一步掌握这个广受重视的市场动向。

- 专业房地产投资服务
- 商铺顾问、代理及经营管理
- 设施及物业管理
- 研究顾问
- 企业住宅服务
- 企业办公、项目顾问代理及商务营销策划
- 评估及顾问服务
- 酒店、服务式公寓管理及顾问
- 泛城综合住宅服务

DTZ Debenham Tie Leung 戴德梁行

International Property Advisers

北京市建内大街7号光华长安大厦2座15层 100005

传真: (010) 6510 1368　电邮: info@dtz.bj.cn

电话: (010) 6510 1388　网址 www: dtz.com/cn

戴德梁行获 Euromoney 评选为 2005 年中国、新加坡及英国等地的最佳房地产顾问。 拥有三十五年历史的 Euromoney 为欧洲权威，极具公信力的财经

《2005年北京市房地产年鉴》编辑委员会

主编单位　北京市建设委员会
北京市国土资源局

参编单位　北京市发展和改革委员会
北京市规划委员会
北京市统计局
中国人民银行营业管理部
北京住房公积金管理中心
北京市城建研究中心

主　　任　刘志华
副 主 任　阎仲秋　隋振江　安家盛　苗乐如(常务)
丁向阳　韩　平　陈　刚　崔述强　杨学锋

《2005年北京市房地产年鉴》编辑部

主　　编　苗乐如
副 主 编　程建华　孙惠林　魏成森　沈　洁　李自强

编撰人员（按姓氏笔画排列）

丁卓茹　丁红梅　于　雷　王荣武　白　璐
刘　刚　刘　莹　李连仲　李海辉　何　欣
汪平华　张兴国　陈建军　陈绍增　周　蓉
周宗楚　林妍艳　罗洪京　杨志强　赵　优
赵　连　赵　唯　赵春凯　郑　新　骆远骋
高　扬　高稳慧　徐平波　聂燕军　黄　蔚
黄　莺　眭　华　韩秀英　程十春　潘卫峰

编辑说明

《2005年北京市房地产年鉴》(以下简称《年鉴2005》)在全体编写人员的共同努力下圆满完成了，它是适应市场经济的要求建立北京市房地产行业信息系统的组成部分。

《年鉴2005》是一部例行出版的资料性工具书，主要反映2004年北京市房地产业的发展变化及其相关环境、管理制度等方面情况，部分追列出历年数据。本书主要通过表格或图示以披露各类相关数据，供读者分析使用，为业内专家、学者、投资人、消费者对行业发展和市场信息进行分析、决策提供便利；部分属文字性的，也以描述事实为主，基本不含价值判断。

本书的综合性资料，来源于北京市统计局；专业性资料，来自北京市规划委员会、中国人民银行营业管理部、北京住房公积金管理中心、北京市国土资源局、北京市建设委员会等相关部门。部分资料存在统计口径的差异。

在《年鉴2005》编纂出版过程中，得到了北京市有关部门以及社会各界的大力支持与热情指导，北京住房公积金管理中心给予了大力帮助，在此一并表示衷心的感谢！

《北京市房地产年鉴》编辑委员会

2005年12月

目 录

CONTENTS

CONTENTS

CONTENTS

第一章　北京社会经济发展状况

北京市是中华人民共和国的首都，中国的政治、文化和国内国际交往中心，是世界历史文化名城和古都之一。早在70万年前，北京市周口店地区就出现了原始人群落"北京人"。北京市最初见于记载的名字为"蓟"。公元前1045年成为蓟、燕诸侯国的都城。从公元前221年秦始皇统一中国到公元937年，北京市一直是中国北方的重镇和地方政权的都城。公元938年，统治中国北方的辽以北京(时称燕京)为陪都；以后，金、元、明、清各代都以此地为首都，前后达650多年。1949年10月1日中华人民共和国成立，北京成为新中国的首都。

一、自然环境

北京市位于北纬39°56'，东经116°20'；西北毗临山西、内蒙古高原，南与华北大平原相接，东近渤海；市中心海拔43.71米。西、北、东三面环山，主要河流有永定河、潮白河、北运河等。北京市属暖温带半湿润季风型大陆性气候，四季分明，春季干燥多风，夏季炎热多雨，秋季晴爽，是一年中最好的季节，冬季寒冷、少雪。年平均气温13℃。

根据2004年土地利用变更调查结果，北京市土地总面积16410平方公里，其中农用地11078平方公里，占67.5%；建设用地3197平方公里，占19.5%；未利用地2135平方公里，占13%。

农用地中，耕地2364.4平方公里，占21.3%；园地1239.4平方公里，占11.2%；林地6903.5平方公里，占62.3%；牧草地20.4平方公里，占0.2%；其他农用地551.1平方公里，占5.0%。

建设用地中，居民点工矿用地2666.9平方公里，占83.4%；交通运输用地268.1平方公里，占8.4%；水利设施用地262.3平方公里，占8.2%。

未利用土地中，荒草地1419.5平方公里，占78.8%；盐碱地2.9平方公里，占0.2%；沼泽地0.5平方公里，占0.03%；沙地11.1平方公里，占0.6%；裸土地8.6平方公里，占0.5%；裸岩石砾地338.6平方公里，占18.8%；其他未利用地19.6平方公里，占1.1%。

二、行政区划

北京市划分为16个区、2个县：东城区、西城区、崇文区、宣武区、朝阳区、丰台区、石景山区、海淀区、门头沟区、房山区、通州区、顺义区、昌平区、大兴区、平谷区、怀柔区、密云县、延庆县。

各区县面积及区位见表1-1及图1-1。

表1-1 北京市各区县面积 km^2

区县	东城区	西城区	崇文区	宣武区	朝阳区	海淀区	丰台区	石景山	门头沟
面积	24.7	30	15.9	16.5	470.8	426.0	304.2	81.8	1331.3
区县	房山区	大兴区	通州区	平谷区	顺义区	昌平区	延庆县	怀柔区	密云县
面积	1866.7	1012	870	1075	980	1430	1980.0	2557.3	2335.6

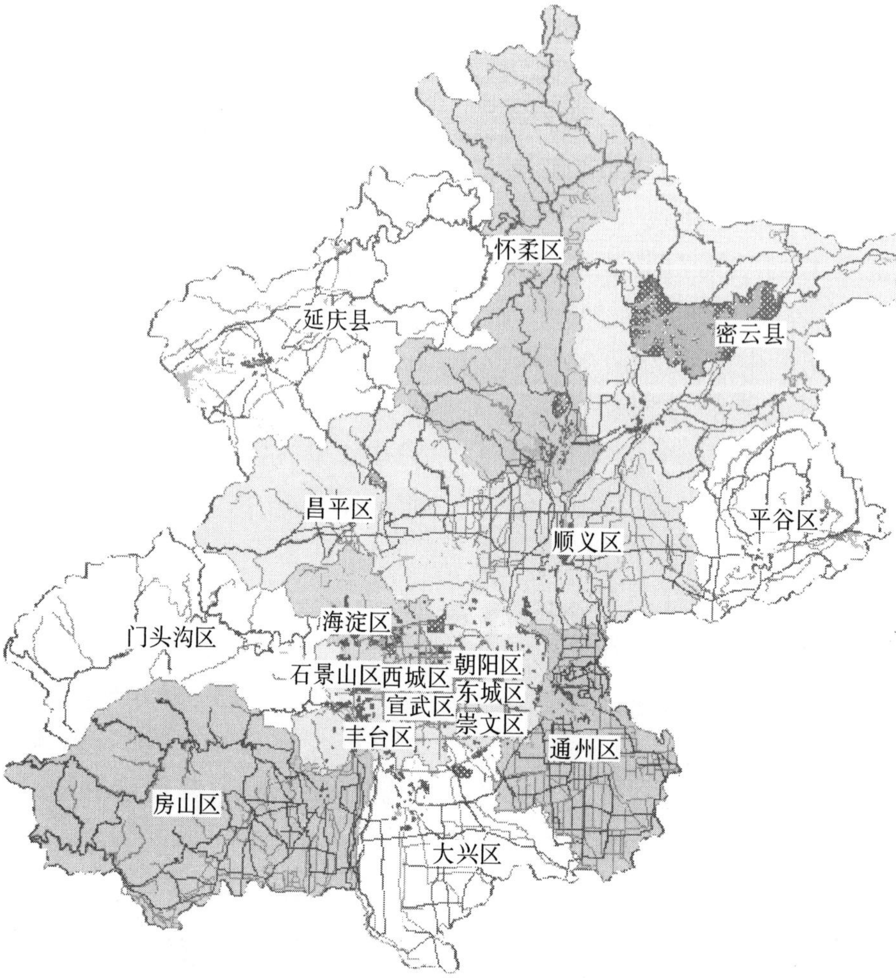

图 1-1　北京市区、县分布示意图

三、经济发展

2004 年，全市认真贯彻科学发展观，坚决落实中央宏观调控的各项政策措施，注重创新体制、调整结构、优化环境、全面发展，经济增长的质量和效益得到提高。

产业发展趋向协调。工业增加值增长 19.3%，多元增长格局初步形成，电子信息、汽车、石化新材料、装备制造、生物医药和都市工业等六大行业所占比重超过 70%。

宏观调控的积极效应得到显现。投资增幅明显回落。按国家规定清理固定资产投资项目，停缓建了一批手续不全和不符合产业政策的项目。按照“有保有压”的方针，对急需启动的重点项目进行联合审批，促进了投资平稳增长。

经济社会发展的薄弱环节得到加强。高度重视“三农”工作。切实落实农村土地承包经营权。修订建设征地补偿安置办法，初步实现了征地与农民就业和社会保障挂钩。免征农业税及其附加，落实粮食生产直补政策，农民种粮积极性显著提高。

基础设施投融资体制改革取得重要突破。基础设施特许经营取得显著成效，投资、建设和运营市场放开，打破了垄断局面，缓解了政府投资压力。

政府对投资的调控作用得到发挥。积极推进“两个转移”。按照科学发展观要求,推进政府投资向郊区转移,引导社会投资向优势产业转移,取得积极成效。在市发改委安排的投资中,郊区与城区投资的比例实现了由2003年的20∶80到2004年40∶60的重大转变。

(一)国内生产总值

全年实现地区生产总值4283.3亿元,按可比价格计算,比上年增长13.2%,增幅提高2.5个百分点,为1995年以来最高增速。基本实现了速度与结构、质量、效益的统一。经济增长连续6年保持在10%以上。人均国内生产总值达到36833元。

北京市历年国内生产总值及人均国内生产总值见表1-2。

表1-2 北京市历年国内生产总值

年份	国内生产总值(亿元)	人均国内生产总值(元)	房地产业GDP(亿元)
1991	560	5782	
1992	709	6804	
1993	864	8239	
1994	1084	10261	
1995	1394	13085	
1996	1615	15044	38.3
1997	1810	16735	41.2
1998	2011	18478	68.3
1999	2174	19846	69.5
2000	2461	22312	80.4
2001	2817	25300	86.9
2002	3213	28449	129.8
2003	3663	32061	190.5
2004	4283	36833	228.4

(二)产业结构

第一产业实现增加值102.9亿元,增长1.9%,增幅下降1.4个百分点;第二产业实现增加值1610.4亿元,增长16.7%,增幅提高4.8个百分点;第三产业实现增加值2570亿元,增长11.6%,增幅提高1.3个百分点。产业结构继续优化,非农产业比重进一步上升,二、三产业比重达到97.6%,比上年提高0.2个百分点,其中第二产业比重上升1.8个百分点。

(三)固定资产投资

全年投资增势趋于平稳。2004年年初,全市固定资产投资增速偏高,通过坚决贯彻落实中央宏观调控措施,投资增速逐步放缓。全年全社会固定资产投资2528.3亿元,比上年增长17.2%,增幅下降1.7个百分点。其中,基本建设投资631.4亿元,增长22.7%;更新改造投资175.3亿元,下降18.9%;房地产开发投资1473.3亿元,增长22.5%。投融资体制改革继续深化。非国有单位投资成为带动全市投资增长的主要力量。全年全社会非国有单位完成投资1773亿元，增长26.3%，占全社会固定资产投资的比重达到70.1%，比上年提高5个百分点。其中非国有内资单位完成投资1369.7亿元，增长22.5%，占全社会固定资产投资的比重为54.2%，比上年提高2.4个百分点。基础设施建设和运营市场全面开放。截止到2004年底，京承高速二期、卢沟桥污水处理厂、高安屯生活垃圾焚烧厂、亦庄路东新区燃气等16个项目实现市场化融资56亿元。全年基础设施投资447.4亿元，比上年增长7.1%，占全社会固定资产投资的比重为17.7%。重大工程建设进展顺利。我市确定的66项重大工程累计完成投资724.8亿元，占全社会固定资产投资的比重为28.7%。截止到年底，已有31个子项目交付使用。见表1-3。

表1-3 北京市历年固定资产投资情况

亿元

年份	全社会固定资产投资	其中：房地产开发投资
1991	192	24
1992	266	33.7
1993	410.4	58.4
1994	648.8	99.5
1995	841.5	352.8
1996	876.9	328.2
1997	961.2	330.3
1998	1155	377.4
1999	1170	421.5
2000	1297	522.1
2001	1531	783.8
2002	1814	989.4
2003	2157	1202.5
2004	2528	1473.7

（四）财政收支

地方财政收入增势良好。全年完成地方财政收入744.5亿元，比上年增长29.7%。其中，增值税68.9亿元，增长21.9%；营业税333.2亿元，增长26.3%；企业所得税121.7亿元，增长29.9%；个人所得税73.3亿元，增长28.2%。全年地方财政支出898.9亿元，增长22.3%；地方财政支出剔除中央追加支出后，为862.6亿元，增长23.4%。其中，基本建设支出72.9亿元，增长1.3%；科教文卫事业费213.6亿元，增长21.6%；农林水支出33.2亿元，增长26.8%；社会保障补助支出22.5亿元，增长75.5%；城市维护费40.1亿元，增长11%。见表1-4。

表 1-4　北京市历年财政收支情况　　亿元

年　份	一般预算财政收入	一般预算财政支出
1997	189	244
1998	227	281
1999	281	355
2000	345	443
2001	454	559
2002	534	628
2003	573.8	734.8
2004	744.5	898.9

(五)居民收入与消费结构

城乡居民收入较快增长。见表 1-5。全年城市居民人均可支配收入 15637.8 元,比上年增长 12.6%,扣除价格因素,实际增长 11.5%。人均消费支出为 12200.4 元,比上年增长 9.7%,扣除价格因素,实际增长 8.6%。由于粮油及相关副食品价格上涨,城市居民恩格尔系数为 32.2%,比上年上升 0.5 个百分点。农民人均纯收入 7172 元,比上年增长 10.4%,扣除价格因素,实际增长 9.2%;其中,生产性收入 6141 元,增长 11.2%。农民人均生活消费支出 4886 元,比上年增长 5%,扣除价格因素,实际增长 3.9%。农村居民恩格尔系数为 32.6%,比上年上升 0.9 个百分点。居住环境有较大改善。见表 1-6。全年竣工住宅 2344 万平方米,增长 12.6%。城镇居民人均住房使用面积达到 19 平方米,比上年增加 0.3 平方米。农村居民人均生活用房面积 34.2 平方米,比上年增加 0.3 平方米。

表 1-5　北京市历年职工平均工资　　元

年　度	工　资	年　度	工　资
1991	2877	1998	12285
1992	3402	1999	13778
1993	4523	2000	15726
1994	6540	2001	18092
1995	8144	2002	20728
1996	9579	2003	24045
1997	11019	2004	28348

表 1-6 1992-2004 年北京市城镇人均居住面积

m^2

年　度	居住面积	年　度	居住面积
1992	12.1	1999	15.9
1993	12.5	2000	16.7
1994	12.9	2001	17.6
1995	13.3	2002	18.2
1996	13.8	2003	18.7
1997	14.4	2004	19.0
1998	15.0		

(六)进出口

全年进出口总值 946.6 亿美元,比上年增长 38.2%。其中,出口 205.7 亿美元,增长 21.8%;进口 740.8 亿美元,增长 43.5%。地方企业进出口总值为 280.7 亿美元,增长 48.3%。其中,出口 106.1 亿美元,增长 44%;进口 174.6 亿美元,增长 51%。出口产品结构继续优化。机电产品出口 71.2 亿美元,增长 46.9%;高新技术产品出口 51.7 亿美元,增长 51.7%;占地方出口的比重分别达到 67.1%和 48.8%,分别比上年提高 1.3 个和 2.5 个百分点。出口市场保持多元化。在主要出口市场中,对亚洲出口 49.3 亿美元,增长 51.7%;对欧洲出口 30.4 亿美元,增长 29.2%;对北美洲出口 16.4 亿美元,增长 42.2%。基础产品进口大幅增加,在地方进口商品中,矿物燃料、润滑油及相关原料增长 1.2 倍,动植物油、脂及蜡增长 1.1 倍。

(七)对外经贸关系和旅游

对外经济技术合作保持良好势头。全年新签对外承包工程和劳务合作合同额 8.1 亿美元,完成营业额 6 亿美元,分别比上年增长 68.8%和 70.8%。年末在外人数 2552 人,比上年末增长 22%。

外资流入继续加快。全年新批外资项目 1806 项,比上年增长 33%;合同外资金额 62.6 亿美元,增长 92%。实际利用外资 30.8 亿美元,增长 43%。从外资的产业投向看,主要集中在第三产业。全年第三产业吸收合同外资金额 38.7 亿美元,占全市合同外资金额的比重为 61.8%。投入较多的行业有租赁和商务服务业、房地产业、计算机服务和软件业。其中,租赁和商务服务业合同外资金额达到 21.5 亿美元,增长 1.7 倍。年末,在京的跨国公司地区总部、投资性公司和研发中心分别达到 7 家、139 家和 189 家。

旅游市场恢复正常。全年接待海外游客 315.5 万人次,比上年增长 70.4%,比 2002 年增长 1.6%。旅游外汇收入 31.7 亿美元,增长 66.8%。接待国内旅游者 1.2 亿人次,比上年增长 36.8%;旅游收入 1145 亿元,增长 62.2%。年末,全市共有星级饭店 613 家,客房数达到 9.1 万间。客房出租率 64.7%,比上年末上升 13 个百分点。

四、社会发展

(一)人口和就业

人口继续保持增长。年末,全市常住

人口(在京居住半年以上人口)1492.7万人,比上年末增加36.3万人,增长2.5%,增幅提高0.2个百分点。全市人口出生率为6.1‰,比上年增加1个千分点;死亡率5.4‰,增加0.2个千分点;自然增长率0.7‰,增加0.8个千分点。据公安部门统计,2004年末,全市户籍人口1162.9万人,比上年末增长1.2%。

就业工作进一步加强,就业形势保持稳定。年末实有城镇登记失业人员6.46万人,比上年末减少0.5万人;城镇登记失业率1.3%,下降0.13个百分点;全年安排17.43万失业人员实现就业,失业人员就业率达到68.64%,提高0.56个百分点。其中,"4050"失业人员再就业率为69.8%。农村富余劳动力就业工作稳步推进。通过劳务输出、技能培训等措施,5.5万名农村富余劳动力实现了就业。岗位开发工作成效显著。全年共开发社区就业岗位14.32万个,比上年增长7.27%,安置失业人员10.63万人。全市社区公益性就业组织已发展到197家,累计安置就业特困人员1.3万人。其中,当年新增社区公益性就业组织47家,新安置就业特困人员4861人。

社会保障体系建设积极推进。各项基金扩面征缴取得积极成效,参保人数不断增加。全市养老、医疗、失业、工伤保险参保人数分别达到460万人、484万人、308万人和259万人,分别比上年净增11.5万人、47.9万人、1.4万人和16.1万人。各项社会保险基金收缴率均达到98%以上。出台了外地农民工参加工伤保险和医疗保险办法。大力推进农村养老保险制度改革,确立了个人帐户与待遇调整机制相结合的制度模式以及个人缴费、集体补助、政府补贴相结合的筹资方式,并在大兴、通州进行了试点,全市参加农村养老保险人数达到36.8万人。城市居民保障标准有所提高,失业保险金提高到347-446元,职工最低工资提高到545元,退休人员基本养老金最低标准提高到402-510元。全市共有16.1万城镇居民得到政府最低生活保障,比上年增加0.3万人;享受农村低保的农民7.5万人,比上年增加0.8万人。

表1-7 北京市历年人口和就业统计 万人

年份	总人口	从业人员数	职工人数
1991	1094	634.0	470.0
1992	1102	649.3	476.6
1993	1112	627.8	467.3
1994	1125	664.3	471.8
1995	1251	665.3	470.9
1996	1259	660.2	460.6
1997	1240	655.8	465.3
1998	1246	623.2	450.1
1999	1257	618.6	438.0
2000	1364	619.3	434.2
2001	1383	620.0	397.0
2002	1423	679.2	434.2
2003	1456	703.3	468.8
2004	1493	—	—

(二)科技教育

科技人员队伍稳步壮大,科技经费投入持续增加。年末,全市开展科技活动的单位4000家,拥有科技活动人员29万人,其中科学家和工程师(指具有中高级技术职称人员与无中高级技术职称的大学本科及以上学历人员)25万人,占科技活动人员总数的86.2%。全市科技活动经费支出总额510亿元,比上年增长10.6%,其中R&D(研究与试验发展)经费支出300亿元,增长17.1%,R&D经费支出相当于全市生产总值的7%。

《中关村科技园区条例》、《关于进一步促进高新技术产业发展的若干规定》等一系列地方政策法规出台,北京的创新、创业条件得到明显改善。创业孵化体系建设成效显著,年末,全市孵化器总数66家,入孵企业约2300家,总孵化面积80多万平方米,建立大学科技园14家。创新服务体系初步建立。年末,全市共有科技中介机构5000多家,相关行业协会150余家,各类专业服务中心500多家。专利成果喜人。全年申请专利18402件,比上年增长8.2%;授权专利9005件,增长9.2%。技术交易日趋活跃。全年成交技术合同35549项,合同成交总金额425亿元,分别比上年增长10.5%和60.1%;其中技术交易额387.5亿元,增长71%。北京产权交易所累计挂牌项目2976个,挂牌总金额300亿元;其中高新技术项目成交749个,成交金额77.5亿元。

教育事业持续健康发展。高等教育体系继续完善。年末,全市共有普通高等院校77所,比上年增加4所;其中,本科院校27所。全年共招收本专科学生14.7万人,增长2.7%;本专科在校生达到50万人,增长9%;毕业学生9.96万人,增长18.9%。全市共有48所普通高校和115个科研机构培养研究生,全年招收研究生5.6万人,增长17.9%;在学研究生达到14.4万人,增长19.8%;毕业研究生2.95万人,增长31.4%。建立北京地区高校毕业生就业工作联席会制度,北京高校毕业生就业率达到89.43%。大学生公寓和高教园区建设步伐加快。60万平方米大学生公寓竣工并交付使用。

高中阶段教育协调发展。普通高中招生9.4万人,在校生27.5万人。中等职业学校招生7.7万人,在校生25.7万人;其中,普通中专招生3.3万人,职业高中招生2.6万人,技工学校招生1.8万人。

基础教育进一步调整优化。颁布实施《北京中小学办学条件标准》,调整了137所规模小、办学效益不高的中小学,其中小学112所,初中25所。农村义务教育条件改善。全年市、区县两级投入6000多万元,全面完成了半山区和农村平原地区113所办学困难学校的改造任务。在延庆等9个区县投入5000多万元建设教育骨干光纤网,建成600所校园网。为郊区200所中小学设立医务室并配套相应设备,提高了卫生防病和健康教育的水平。全市普通小学1504所,在校生51.6万人;初中422所,在校生38.7万人。

民办教育健康发展。年末,全市共有79所民办高校,在校学生22万人;93所民办普通中学,在校学生3.6万人;12所民办小学,在校学生0.5万人。

(三)文化

文化事业欣欣向荣。演出市场硕果累累。大型京剧交响剧诗《梅兰芳》、大型奇幻儿童剧《迷宫》、大型情景魔术晚会《魔法传奇》、科普木偶剧《南极精灵》及评剧《刘巧儿新传》等精品剧目都取得了良好的社会经济效益。全市共有各类电影放映单位172个,其中电影院62个;放映场次18万场,观众达到814.4万人次,票款收入1.85亿元。继续实施农村电影“2131工程”(即到21世纪初实现每村每月放映一场电影)，解决京郊农民看电影难的问题，为农村观众放映故事片5.3万场次，观众达到1656.6万人次。北京电视台动画频道开播，电视节目达到10套。全市广播电视综合覆盖率达99.5%，有线电视入户率为62.1%。广播电视“村村通”工程顺利推进。年内实现了让90个自然村的农村居民看上电视的目标。移动数字电视在公交系统试播成功，已有48条线路的1700辆公交车安装了移动数字电视。出版发行业经过改组改造，集约化程度不断提高。北京市属出版单位出版报纸51种，与上年持平；出版杂志168种，下降4.5%；出版图书4713种，增长36.1%。共有17种出版物在国家各类大奖的评选中获奖，其中图书4种、期刊5种、电子出版物2种、音像制品5种。

文物保护工作取得可喜成绩。“人文奥运”文物保护计划进展顺利，年内安排项目30项，已全面启动，其中16项已完工。自2003年开始，对全市6处世界文化遗产进行全面修缮，并对其保护现状和管理情况进行了深入调研。积极做好城市建设中的文物保护工作，配合危旧房改造、城市重点整治工程、奥运大型场馆建设完成了相关文物保护和考古勘探发掘工作，并出土了一批珍贵文物。年末，全市拥有市级文物保护单位264处。全市境内注册登记的博物馆达到127个，博物馆馆藏文物226万件，固定展览200多项，临时推出展览400多项，参观人数达2500万人次。

(四)卫生

公共卫生建设与疾病控制工作取得较好成效。截至年底，北京紧急医疗救援中心已成立，10个远郊区县紧急医疗救援分中心全部建成，完成了32个远郊区县乡镇急救点的建设，市疾病预防控制中心防病业务楼已动工建设。医疗机构网络直报建设全面完成。针对“4.22”非典疫情和禽流感疫情，迅速启动相关预案并及时采取一系列措施，取得了防治疫情的决定性胜利。

农村卫生保健不断加强。全市农村地区新型农村合作医疗政策覆盖率区县级达到100%，乡镇级达到87%，村级达到90%。全市共有230万农民参加了新型农村合作医疗制度，参合率达到64%。13个郊区县均已开始为就医农民实施报销，年内已为25万人次提供报销服务。农村改水改厕取得新的进展，全市完成农村改水项目共计3661个，受益人口达到338.6万人；改造农村粪便无害化处理户厕32533座。

(五)体育

扩充全民健身设施，积极开展群众体育活动。当年配建1229个全民健身工程，总面积82.6万平方米，总投资1.17亿元，其中市体育彩票公益金投入达4200万元。截至年底，全市所有街道、乡镇和有条件的社区居委会、55%的行政村均配建了全民健身工程。全民健身晨、晚练辅导站累计4437个；年内开展全市各类群众体育活动共计3240项次，参加活动人数达到532.7万人次。举办了国际长跑节、万人太极拳表演、全国城市体育舞蹈公开赛、庆申奥成功长跑活动等；举办了第10届全民健身周活动，吸引了206万市民参与；举办全民健身大课堂近百场，万余人受益。

竞技体育取得突破性进展。全市共有专业体育运动员近千人，共获得国际和全国性比赛奖牌125枚，其中金牌49枚，银牌45枚。在第28届奥运会上，我市运动员获得5枚金牌、1枚银牌、1枚铜牌的优异成绩，其中金牌数位居各省市之首。

五、生态环境

(一)大气环境

2004年，实施控制大气污染第十阶段

措施，颁布削减大气污染物排放总量、推进郊区生态保护和建设、加强依法行政、公众参与等4个方面16项措施，明确各区县的空气质量改善目标。燃煤锅炉改用清洁能源、提高机动车新车排放标准、强化道路和施工扬尘控制、治理工业污染等方面工作取得重要进展。

2004年，市区全年空气质量二级和好于二级的天数达到229天，占总天数的62.5%，比2003年增加5天。市区二氧化硫年均浓度首次达到国家环境空气质量二级标准。

按环境统计，全市煤炭消耗量约2800万吨；全市二氧化硫排放量为19.1万吨，烟尘排放量为7.1万吨。工业耗煤量为2271万吨(包括原料煤775万吨)，排放二氧化硫12.5万吨、烟尘2.9万吨，排放粉尘3.6万吨。工业大气污染物排放比上年略有增长。

2004年，市区大气中二氧化硫、二氧化氮、一氧化碳、可吸入颗粒物浓度年均值分别为每立方米0.055、0.071、2.2和0.149毫克。与2003年相比，二氧化硫下降9.8%，二氧化氮下降1.4%，一氧化碳下降8.3%；受春季沙尘和秋冬季大雾天气影响，可吸入颗粒物年均浓度增加5.7%。

城近郊区年均降尘量为12.3吨/平方公里·月，比2003年上升2.5%，超出参考限值(11.1吨/平方公里·月)5.1%。全市夏秋季有67天、285个小时出现臭氧浓度超标，超标总天数比2003年增加10天，日发生臭氧小时浓度超标时数增加30小时。全年降水pH值为5.52，检出范围在4.01～7.67之间。全年发生酸雨7次，酸雨频率为16.7%，比上年有所增加。

(二)水环境

2004年，饮用水源保护、城市污水处理系统建设、节水与污水资源化等工作继续得到加强。因水资源持续短缺，地表水水体水质未见明显好转，地下水开采量继续增加。

2004年监测有水河流76条段，符合相应功能水质标准要求的有23条河段，其长度占实测河流长度的45.2%，比2003年增加3个百分点；其余河段均受到不同程度的污染。二类、三类、四类、五类水体中，超标河段长度分别占到相应功能河段长度的26.8%、29.6%、89.0%和100%。

五大水系中，潮白河水系河段全部达标。与2003年相比，大清河系达标河段长度增加17.1个百分点，蓟运河系保持平稳，永定河系、北运河系达标河段长度分别下降32.3和7.0个百分点。

河流污染类型仍属有机污染型，主要污染指标为氨氮、化学需氧量、高锰酸盐指数和生化需氧量，其次是阴离子洗涤剂、挥发酚和石油类。

2004年水库水质相对稳定。全年监测水库19座，其中12座水库水质达标，达标库容占实测总库容的67.2%，与上年持平。主要地表饮用水源密云水库、怀柔水库水质符合二类水体水质标准。官厅水库现状水质仍为四类，氨氮和总氮年均值比2003年明显升高。监测湖泊20个，水质达标1个，达标湖泊容量占实测总容量的35.2%。水库、湖泊的主要污染指标是高锰酸盐指数、化学需氧量和生化需氧量，其次是总磷、总氮。

2004年城近郊区平均日排放污水量217.71万吨，与2003年持平。其中，生活污水日排放量146.46万吨，占67.3%；工业废水量68.70万吨，占31.5%；冷却水2.55万吨，占1.2 %。城近郊区日处理污水能力达到188万吨，污水处理率达到58%，比2003年提高2个百分点。远郊区县城关镇(含北京经济技术开发区)日处理能力达到46.9万吨。

2004年地下水资源开采量有所增加，

平原地区平均水位与2003年末相比平均下降0.71米,仅通州、房山、门头沟和密云地区地下水位略有回升。地下水水质与2003年相比基本稳定,主要污染指标是溶解性总固体、总硬度。远郊区县地下水水质明显好于城近郊区,深层承压水水质好于潜水水质。

(三)声环境

2004年,声环境质量与上年相比基本持平。改善城市路网、取消五环路收费等措施,在一定程度上缓解了城市道路交通噪声的影响。交通噪声、建筑施工噪声以及社会生活噪声仍是群众反映强烈的问题。

市区建成区区域环境噪声平均值为53.8分贝,其中城区为54.2分贝,近郊区53.7分贝。远郊区县建成区区域环境噪声平均值为54.4分贝。

市区建成区监测主要交通路段293条,总长596.1公里,道路平均车流量为5654辆/小时,比2003年下降3%,交通噪声平均值为69.6分贝。其中城区68.1分贝、近郊区70.3分贝,与2003年基本持平。远郊区县建成区道路交通噪声平均值为69.1分贝。

完成全市城市建成区噪声功能区划调整工作,首都机场环境噪声功能区划取得阶段性成果。在50多个小区开展了"安静居住小区"创建工作,高考期间有关部门联合开展环境噪声污染专项检查。积极治理道路交通噪声,完成西四环路丰台北大地段、北四环路惠新东街段噪声敏感点的隔声降噪工程。

(四)固体废物与危险废物

2004年环境统计范围内工业固体废物产生量为1303万吨,其中排放量为9.91万吨,综合利用量973万吨,综合利用率为73.7%。

2004年加大生活垃圾清运和处理处置力度,城近郊区生活垃圾无害化处理率达到93.8%,远郊区县达到33.3%。房山东南召填埋场和半壁店填埋场、怀柔综合利用厂、延庆小张家口填埋场建成投入运行。260个居民小区、大厦实行垃圾分类收集。加强危险废物监管,对161家涉及危险废物产生、收集、贮存、转移及处理处置的单位进行了检查。编制《北京市危险废物处置设施建设规划》,大兴南宫医疗废物处理厂一期工程建成并投入运行,朝阳高安屯医疗废物处置设施开工建设。

(五)生态保护与建设

市环保局组织市级以上自然保护区野外科学考察和总体规划编制,启动5个示范性保护区建设项目以及房山区蒲洼和顺义区汉石桥湿地自然保护区的建设工作。全市各级自然保护区达到18个,面积占全市国土面积的7.7%

完成全市生态功能区划工作。三道绿色生态屏障建设取得进展,绿化隔离地区新增绿化面积3173公顷,其中城市绿化隔离地区完成绿化533公顷;平原新增绿化面积2680公顷,其中"五河十路"绿色通道建设增加绿化167公顷;山区建设人工造林21133公顷,其中营造水源保护林、

水土保持林9333公顷;播草盖沙3333公顷。全市林木覆盖率达到49.5%,比2003年提高2个百分点。修订了城市绿化隔离地区、绿色通道与生态村建设占地补偿和绿地养护标准,建立了山区生态林补偿机制。继续开展永定河、潮白河砂石坑生态恢复及整治工程。关停取缔粘土砖厂149家。

2004年北京市林业局组织开展了全市森林资源规划设计调查。调查数据截至2004年9月底。北京市森林资源规划设计调查结果如下:

北京市林地总面积1054280.8公顷。其中乔木林地619243.2公顷、灌木林地

321455.6公顷、未成林地33316.0公顷、苗圃地19570.4公顷、疏林地4833.8公顷、其他林地4024.7公顷、宜林荒山荒地51837.1公顷。

全市林地总面积中，山区林地面积880907.3公顷。其中，乔木林地469023.1公顷、灌木林地320974.8公顷、未成林地33235.6公顷、苗圃地为654.5公顷、疏林地4616.2公顷、其他林地3272.7公顷、宜林荒山49130.4公顷。

平原地区林地面积173373.5公顷。其中，乔木林地150220.1公顷、未成林地80.4公顷、灌木林地为480.8公顷、苗圃地为18915.9公顷、疏林地217.6公顷、其他林地752.0公顷、宜林沙荒地2706.7公顷。

全市林木绿化率（林木覆盖率）49.99%，森林覆盖率35.47%。其中，山区林木绿化率67.85%，森林覆盖率46.55%；平原林木绿化率23.57%，森林覆盖率19.10%。

（六）气候与自然灾害

全年气温偏高，降水略偏少，日照时数接近常年。平原地区年平均气温为12.9℃，比常年高1.0℃，其中冬季气温较常年偏高2.3℃。平原地区年均降水量为555.2毫米，比常年平均值减少5%，比上年增加110.3毫米。

全年出现扬沙6天、浮尘1天，大风日数为12天，明显多于2003年。2004年8月27日，出现1次尘卷风，为我市气象记录中首次。

2004年出现大雾10次，轻雾141次，烟幕日53次，霾19次。

六、道路交通

（一）道路

2004年底北京公路总里程14630公里，公路密度为87公里/百平方公里。其中：国道984公里；市道1853公里；县道3519公里；乡道7758公里；专用公路516公里。在公路总里程中，高速公路525公里；一级公路560公里；二级公路2198公里。

2004年底北京城市（城八区）道路里程4064公里。其中：城市快速路219公里；主干道834公里，次干道638公里；支路1622公里；街坊路751公里。

近年来我市加大了危桥改造工程力度，但是由于超载超限车辆逐年增加，危桥数量大幅增加。2004年，全市完成123座病桥的维修改造任务，超额完成年初计划。

2004年底北京市村村通油路工程完成701公里，其中：沥青混凝土路440公里，水泥混凝土路261公里。使215个行政村通了油路。

（二）交通

1. 航空

北京首都国际机场位于北京的东北方向，距市中心天安门广场25.35千米，是我国地理位置最重要、规模最大、设备最齐全、运输生产最繁忙的大型国际航空港。北京首都国际机场不但是中国首都北京的空中门户和对外交往的窗口，而且是中国民用航空网络的辐射中心。由于北京首都国际机场优越的地理位置，齐全优质的服务设施，吸引了66家国内外航空公司在首都机场运营，其中有11家国内航空公司，55家国际航空公司。国内通航城市88个，国际通航城市69个城市，每周有5000多个定期航班从这里飞往祖国和世界各地。

2004年北京首都国际机场旅客吞吐量达1692.7万人次，货邮吞吐量56.9万吨。

2. 铁路

北京是全国铁路的枢纽，北京站在市

区东南建国门内大街南侧，乘地铁或多路公交车均可到，经过北京的铁路线主要有京沪线、京哈线、京秦线等；北京西站在莲花池东路，主要有京广线、陇海线等；南站多是些慢车；北站即西直门火车站，有郊游车和到内蒙、河北等地的短途车等。

全年铁路发送量 5436.8 万人次，比上年增长 24.9%；

3. 公路

以北京为中心向四面呈辐射状的国道共有 12 条，分别可到沈阳、天津、哈尔滨、广州、珠海、南京、福州、昆明等地。北京有六条高速公路：八达岭高速路、首都机场高速路、京沈高速路、京津塘高速路、京石高速路、京张高速路。北京市共有 12 个长途汽车站。

全年公路运输 41552 万人次。

4. 公交

北京市的公车路线上百种，通常一张公车票价 1 元人民币(最低价，空调车另有收费价钱)。801 路至 803 路都是空调车。特 1 路至特 7 路为双层巴士，行车线路为观光的城市风景区，收费也依距离而数元不等。300 路以上为郊区车，300 路以下为市区车。小公共汽车和市区车均为 2 元，郊区车另收费。

2004 年末，全市共有公交电汽车运营车辆 20886 辆，客运出租车运营车辆 51531 辆，公共电汽车线路 603 条。全年城市公共交通共运送乘客 51.2 亿人次(不含出租车)，比上年下降 12.6%；其中公共电汽车运送乘客 45.1 亿人次；轨道交通 6.1 亿人次。全年出租汽车客运量达到 5.9 亿人次。

第二章　城市规划与建设

一、2004年北京市规划综述

2004年，是首都北京适应全面建设小康社会和现代化建设的需要，为实现"新北京、新奥运"的战略构想制定新的发展蓝图的一年，是首都规划建设发展进程中具有重要意义的一年。在市委、市政府的领导下，首都规划建设坚持以邓小平理论和"三个代表"重要思想为指导，围绕首都建设发展大局，努力践行科学发展观，以北京城市总体规划修编为重点，开拓创新，扎实工作，圆满地完成了市委、市政府部署的各项任务。

1. 科学编制总体规划，统筹城乡长远发展

按照科学发展观对北京城市发展的新的更高的要求，在市委、市政府的直接领导下，市规划委以国务院领导批示同意的《北京城市空间发展战略研究》为依据，全力开展了《北京城市总体规划(2004－2020年)》的修编工作。经过10个月的艰苦奋战，11月底完成全部成果并上报国务院。

2. 坚决实施《行政许可法》，推进依法行政

市规划委把贯彻落实《行政许可法》作为工作重点，完成了行政许可事项的清理工作，确定行政许可事项16项，建立了与之配套的13项相关制度；完成了现行规划审批程序涉及的10类20种251页技术表格的设计和修改、完善工作，保证了规划管理从7月1日起按照新的审批程序运行。

2004年，市规划委继续采用卫星查违等高科技手段，严查违法建设，市规划监察委执法大队和各规划分局共对全市5167项的建设工程实施了规划监督，并对违法建设工程进行了行政处罚。同时积极开展了"创建无违法建设街道、乡镇"的工作。

在勘察设计管理工作中，改变了勘察设计资质年检工作方式和内容，确定了一批免检单位。落实了招投标有关管理法规和规定，建立了招投标专家库，并将勘察设计招投标管理纳入规划审批程序。

继续加强立法调研和立法组织工作，全面开展了《北京市城市规划条例》的立法前期调研工作。配合市有关部门开展起草了《北京历史文化名城保护条例》，下发了《北京市历史文化名城保护规划实施办法》。积极组织实施《北京市无障碍设施建设和管理条例》，要求设计部门和施工图审查机构要将无障碍设计纳入设计和审查工作中。

3. 以奥运工程为重点，抓好重大工程规划设计

根据市委、市政府"节俭办奥运"的要求，充分利用现有和正在建设的体育场馆，对奥运场馆原有规划的局部调整优化，优化了场馆设计方案，节省了大量用地和建设资金。为加快奥运场馆的建设，建立了相应的奥运工作机制，按照特事特办、急事急办的原则，加快奥运工程的审批。为切实提高奥运场馆的设计水平，制定了奥运工程建筑概念设计方案及招标工作程序，要求设计方案经过资格审查、技术审查并通过专家评审，向社会公示。

同时，规划建设了一批大型标志性公建及社会事业项目。组织了规划方案招标及方案审查、规划设计、招投标及专家评审工作。在重大项目的规划审批中全面推行了"专家审查会制度"，对重点工程、重要地区和主要大街两侧的建设工程，邀请各方面专家组成规划方案评审小组，为规划审批提供决策参考。

在市政基础设施规划建设方面，组织

编制了《北京市电网空间发展规划》、《北京市通信管道规划》、《北京市加油站布局规划》及《北京市轨道交通近期建设规划》，开展了轨道交通的前期规划研究。完成了重要项目、大批重点市政交通工程的规划配合工作。

我市创建"全国无障碍设施建设示范城"申报工作，顺利通过了由建设部、民政部、全国老龄委、中国残联四部委组成的验收组对首批创建全国无障碍设施建设示范城市的验收。

4. 贯彻落实中央宏观调控政策，严格建设用地规划管理

按照市委、市政府的统一部署，坚决执行国家的有关规定，暂停办理涉及农用地转非农建设用地项目、基本农田保护区调整及修改土地利用的各类规划审批手续，全面清理、审核所有在建、拟建项目；同时又继续做好重大建设项目的前期规划技术研究工作。

5. 加强公众参与，扩大规划公开，规划展览馆开馆

北京市规划展览馆集中展示了北京的过去、现在和未来，成为全市和全国的群众了解北京城市规划和建设的一个窗口，并被命名为展示北京美好未来的爱国主义教育基地，并成为政务公开、规划公示的理想场所和学术交流的良好平台。

二、2004年北京市城市重点规划项目

1.《北京城市总体规划(2004－2020年)》

依据国务院领导批示同意的《北京城市空间发展战略研究》，北京市开展了《北京城市总体规划(2004－2020年)》的修编工作。并于2004年11月底完成全部成果并上报国务院。

为落实阳光规划，让社会公众充分参与规划编制工作，11月6日－11月12日，《北京城市总体规划(2004－2020年)》的上报成果在北京市规划展览馆向社会公示，期间共有26000多人参观，市民们纷纷就总体规划提出了自己的建议和意见，现场留言530余条。北京电视台、《北京日报》、中央电视台等二十多家中央和市属媒体对公示情况进行了专题报道。市民普遍认为此次规划修编工作开放性强，公开透明，对规划编制的原则和方针表示肯定。

2.《北京市区中心地区地下空间开发利用规划》

根据建设部《城市地下空间开发利用管理规定》和《建设部关于修改〈城市地下空间开发利用管理规定〉的决定》，由市规划委和市人民防空办公室组织，市规划院为主编单位编制完成《北京市区中心地区地下空间开发利用规划》。该项规划主要内容包括现状调研、资源评估、规划目标原则、规模预测、发展策略、布局与功能、重点地区规划、地下交通系统、地下市政设施系统、地下空间与防空防灾、地下空间与生态环境保护、地下空间与历史文化名城保护、技术保障措施、近期建设以及法制建设等。规划为整合现有地下空间资源，科学适度、安全高效地开发利用地下空间以及建立良好的开发利用体制和机制提供了依据。

3.《北京电网空间布局规划》

规划根据城市总体规划和城市及经济的近远期发展目标、电网现状、地面房屋建筑现状、弱电设施现状等，研究确定了本市近远期电力负荷需求、北京电网合理结构、电网空间布局规划原则、城市用地空间中的电网设施包括变电站、架空线走廊和电

缆网路由；研究提出了电网建设与城市空间布局相协调、电力设施用地拆迁费用分摊等方面的政策建议。该项规划经专家论证后已纳入《北京城市总体规划(2004－2020年)》，为本市未来电力设施建设提供了依据。

4.《北京电力发展战略规划》

2004年，由市发改委组织，市规划院、清华大学、华北电网公司和北京电力公司等单位编制的该规划以科学发展观和确保党中央国务院及重要设施安全用电为指导思想，在研究本市电网现状、存在问题的基础上，将北京电网建设与京津冀大区域电网建设相结合进行研究，按照大区经济协同发展的理念，深入分析京津冀和北京地区各方面电网建设的制约条件；以可持续发展为原则提出本市电力发展的七项战略，即电源发展战略，包括本地和外地电源战略及相应的保证措施、电网发展战略及电网安全稳定措施、节能与技术进步战略及需求侧管理措施、电力体制改革战略及电价控制措施、电力供应应急防御战略及建立社会应急机制、电网空间布局战略及其政策保证措施、电力发展环保战略。规划成果已通过市发改委组织的专家论证，并落实到本市电力发展建设的实际中，为政府决策提供了科学依据。

5.《“十一五”能源结构调整规划》

规划主要内容包括结合北京能源供需现状、特点与存在问题，梳理能源规划需要解决的主要矛盾；构建分部门能源需求预测模型，对未来能源需求目标进行预测；研究主要能源，如电力、天然气、油品、煤炭、热力、新能源及可再生能源的供应潜力，分析其品种构成；制定“十一五”及2020年北京能源供需的综合平衡方案；针对北京未来的煤炭利用问题，按不同区域因地制宜地提出相应的替煤目标和煤炭的全程化管理措施；对能源消费预测和能源结构调整、节能和能源供应保障及空间布局等方面提出了明确的规划目标和对策；研究市能源供应安全保障体系及能源供应管理领域深化改革的途径与措施。

6.《北京远郊小城镇发展与城镇体系研究》

市规划院完成的该项研究通过对本市现状小城镇的分类、分级研究，总结了京郊小城镇发展规律和变化特点，指出今后小城镇发展面临的主要问题，对新形势下本市小城镇发展和城镇化的基本模式进行了探索；在现状调研基础上，通过理论探索和不同地区的比较研究，提出北京理想的城镇发展和城镇化模式，进行合理的城镇分类并提出相应的发展策略，以便对不同类型的城镇进行分类指导；研究城镇之间的相互联系和作用，确定中心城镇的辐射范围，为选择重点镇提供依据；提出实施规划的政策建议及需要进一步研究的问题。研究成果为北京城市总体规划修编提供了数据支持，对全市小城镇的进一步研究具有一定的参考价值，对今后区(县)域规划和乡镇规划具有一定的指导和借鉴作用。

7.《应对北京机动车拥有增长的规划策略研究》

市规划院承担完成的该项研究的主要内容包括，本市机动车特别是小汽车的发展历程、分析国外主要大城市机动车特别是小汽车的发展过程、本市机动车特别是小汽车未来发展趋势预测、机动车发展对城市影响的分析、机动车大发展对城市规划提出的要求以及必要的应对措施。研究采用定性与定量相结合的方法，对以往二十年来本市机动车的增长趋势及影响因素进行了全面系统的分析；采用相关的数理统计方法对未来若干年机动车的发展趋势进行科学、合理地预测,并以此为基础,结合《北京城市总体规划(2004－2020年)》对城市功能的定位及城市发展目标,对预测结果进行修正,从而保证预测结果与实际发展趋势更为接近;强调交通与土地开发模式紧密结合,充分发挥交通对城市结构的引导作用,以保证城市与机动车(尤其是小汽车)交通协调发展,最大限度地降低发展过程中产生的负面影响。研究成果将为市政府的规划决策提供依据。

8.《第二批历史文化保护区保护规划》

北京市第二批历史文化保护区包括旧城5片:皇城、东城区北锣鼓巷、东城区张自忠路北、东城区张自忠路南、宣武区法源寺;郊区10片:丰台区宛平城、石景山区模式口、门头沟区三家店、门头沟区爨底下、延庆县榆林堡、延庆县岔道城、顺义区焦庄户、密云县古北口、密云县遥桥峪－小口、海淀区西郊清代皇家园林。本次规划编制对象为除去皇城和海淀区西郊清代皇家园林(已另作规划)之外的13片保护区,总占地面积2895.35公顷。规划编制的主要内容包括对保护区人口状况进行分析研究,调整土地使用功能和道路结构;对保护区内的建筑进行分类,研究保护与更新办法及高度控制要求;对保护区的历史遗存进行整理,重点加强对保护院落的研究工作。规划制定了统一的编制标准,强调保护区的保护与可持续发展,明确保护的基本概念和保护、更新对象;强调风貌保护,严格高度控制;强调院落作为保护更新的基本单位,改善街区道路与市政基础条件;突出郊区保护区特色。

9.《大兴区污水处理工程专项规划》

大兴区污水处理工程专项规划的总体目标为:近期2005年,本规划服务范围内污水处理率平均达到75%以上,其中新凤河流域达到100%,天堂河流域达到100%。其余流域镇区达到50%,使得这些流域的河水变清、无味,逐渐达到城市景观水体的要求。远期2010年,所有规划范围内的污水处理率到达100%。规划确定本规划范围内污水处理厂为:2005年新建成5座,扩建1座,处理总规模为19.25万m^3/d,近期投资约1.8亿元,污水管道总长265公里(干线75km),总投资1.6亿元;远期2010年前建成9座,处理总规模39.5万m^3/d,工程总投资3.2亿元,增加1.4亿元。按本规划方案实施后,将大大降低大兴区污水对河流的污染,环境效益显著。

三、规划管理

1.加强规划管理审批工作

2004年,是规划审批基础数据积累的第一年。规划管理审批程序和办理的规范化工作,实现了市规划委机关与分局联网,全委审批办理规划许可及其他事项17134件,其中规划许可事项14550件(建筑工程11001件,市政工程3549件),其他事项2584件。核发建筑工程《规划意见书》2296件(核定用地规模约10667.67公顷,建筑规模约6808.88万平方米);《建设用地规划许可证》656件,用地规模6178.71公顷;《建设工程规划许可证》4270件,建筑规模约6071.16万平方米。核发市政工程《规划意见书》1035件(核定用地规模约2416.91公顷,道路管线长度约37.72万延米);《建设用地规划许可证》41件,用地规模约142.64公顷;《建设工程规划许可证》1872件,道路管线长度约244.57万延米。

2. 加强立法调研和立法组织工作

市规划委全面开展了《北京市城市规划条例》的立法前期调研工作。配合市有关部门开展起草了《北京历史文化名城保护条例》，下发了《北京市历史文化名城保护规划实施办法》。积极组织实施《北京市无障碍设施建设和管理条例》，要求设计部门和施工图审查机构将无障碍设计纳入设计和审查工作中。完成了《规划编制条例》等近90项法规协调征求意见工作。

3. 严格建设用地规划管理

市规划委积极贯彻落实中央宏观调控政策，按照市委、市政府的统一部署，坚决执行国家的有关规定，暂停办理涉及农用地转非农建设用地项目、基本农田保护区调整及修改土地利用的各类规划审批手续，全面清理、审核所有在建、拟建项目；研究提出了《关于在土地市场治理整顿和清理固定资产投资项目期间若干规划管理工作的实施意见》，会同相关部门制定了《关于停止经营性项目国有土地使用权协议出让的补充规定》等政策措施；完成了清理整顿开发区和清理固定资产投资项目审查工作，对高尔夫球场等项目进行了规划审查；对全市登记备案的1000多项历史遗留的经营性项目用地进行了规划审核，对政府批准可协议出让的300多项历史遗留项目完成了确认或补办规划手续工作；同时为进一步节约土地资源，促进工业开发区集约发展，在清理整顿开发区的基础上，研究制定了《北京工业开发区工业用地规划控制指标的指导意见(暂行)》，已经市政府领导批准同意试行。

4. 北京市规划展览馆开馆

北京市规划展览馆于2004年9月24日正式开馆。该馆集中展示了北京的过去、现在和未来，展示面积约8000平方米，共有1200余张图片、20余部宣传短片、44台可供查询的触摸屏，以及各种声光电设施，成为全市和全国的群众了解北京城市规划和建设的一个窗口。规划展览馆的建成和对外开放，在社会上产生了极大反响。

北京市政府已正式将北京市规划展览馆被命名为市级爱国主义教育基地。同时成为政务公开、规划公示的理想场所和学术交流的良好平台。

5.《北京市地名管理信息系统》开发建设完成

为加强我市地名管理工作，规范地名审批行为，加快全市的地名审批科学化、规范化进程，适应快速发展的城市建设需要，市规划委组织开发了“北京市地名管理信息系统”，并通过专家组验收。该系统利用计算机网络、地理信息(GIS)系统技术支撑，建立了我市的地名管理信息平台，使全市地名审批实现网上办公成为现实。目前该系统已正式启用。今后市规划委有关地名命名、更名及具有地名指示意义的建筑物名称的核准工作，均统一使用该系统进行。

6. 历史文化名城保护专家委员会成立

为加快推进实现旧城风貌保护和危房改造的“双赢”，市委、市政府决定聘请10位在城市规划和文物保护方面德高望重、对首都城市建设作出过巨大贡献的著名专家和学者，组成北京旧城风貌保护和危房改造专家顾问小组。11月17日，市政府向“北京旧城风貌保护与危房改造专家顾问小组”成员郑孝燮、吴良镛、谢辰生、李准、罗哲文、宣祥鎏、徐萍芳、傅熹年、王世仁、王景慧10位专家颁发聘书的仪式。今后，北京的城市建设工作将会更广泛征询社会各界对北京历史文化风貌和旧城危房改造的意见和建议，进一步突出专家咨询作用，给政府的科学决策提供有力依据和技术支撑。

7. 北京市城市雕塑普查工作完成

此次普查是新中国成立以来我市首次全面系统的雕塑普查。经调查，初步掌握北京市有城市雕塑1836座，优良的城市雕塑1277座，占总数的70%，一般的城市雕塑544座，占总数的29 %，另外在案登记的已经拆除的城市雕塑34座。通过此次普查全面、系统地掌握了新中国成立五十五年来北京城市雕塑发展的总体情况，掌握了比较详实的城市雕塑建设数据。在此基础上，完成了《北京城市雕塑发展规划纲要》初稿编制工作。在第十一届首都城市规划建筑设计方案汇报展期间，2004年12月25日至2005年1月19日在北京市规划展览馆公示，广泛听取市民对北京城市雕塑和《北京城市雕塑发展规划纲要》的意见，以进一步完善规划。

8. 一批地方标准(图集)完成

年内市建筑设计标准化办公室编制出版了：《建筑防火涂料设计施工与验收规范》、《预制混凝土检查井》图集、《经济适用房住宅建设标准》、《防空地下室结构设计手册》、《BDJ 01 - 615 - 2003建筑智能化系统设计技术规程》等北京地方标准、图集；《住宅厨房排风道》、《植物纤维强化空心条板》、《祝邦建筑胶工程做法》等企业标准；《屋面》、《楼梯》、《钢质防火门、防火卷帘》、《墙身 - 轻隔墙》、《无障碍设施》、《外装修》、《地下工程防水》、《墙身 - 多孔砖》、《居住建筑室内装修》、《室外工程 - 围墙、围栏》、《隔声楼面、轻质隔声墙》、《墙身 - 外墙保温》等推荐性技术文件；《中水工程》、《照明装置》等华北地区建筑设备、建筑电气通用图集以及《墙身 - 彩色钢板夹心板》华北地区通用图集。

9. 严格勘察设计市场准入、清出制度，加强对勘察设计招投标市场的监管

年内，本市实施建设部、国家测绘局关于《勘察测绘设计企业资质(格)管理规定》和工程测绘勘察设计单位年检的规定，严格执行分级标准，实现市场准入与清出的动态管理。全年受理勘察设计资质申报450件。按建设部要求，完成了2003年度勘察设计资质年检工作，并采取确定免减单位等方式，减轻了企业的负担。北京地区现有勘察设计单位总数为850家。

进一步规范了勘察设计招投标管理程序，编制了勘察、设计招投标示范文本。建立了勘察设计招投标专家库。并将勘察设计招投标管理纳入了规划审批程序。全年共办理勘察设计招投标项目205项。

10. 加强勘察设计质量监督管理，严肃查处违法设计行为

本市共审查建筑项目1954项，总建筑面积达4507.43万平方米。查出违反强制性条文数3914条次，违反一般性规范标准41993条次。市规划委组织专家制定了《北京市建筑工程施工图设计文件审查要点》、《北京市建筑工程施工图勘察文件审查要点》并颁布实施。开展了对施工图审查机构的重新认定工作。目前北京市现有施工图审查机构14家。

市规划委全年共立案查处违法或超越规划设计审批条件的勘察设计80项。初步建立了勘察设计企业资信管理制度，将12家违法勘察设计单位和个人纳入不良记录并向社会公示。

11. 规范勘察、设计、测绘行政许可，推行专业人员注册制度

依据《行政许可法》，本市确定了勘察、设计、测绘相关的10项行政许可，包括：《从事工程勘察资质许可》、《从事工程设计

资质许可》、《从事规划编制资质许可》、《从事测绘工作单位资质许可》、《不采用统一平面坐标系统测绘许可》、《基础性、永久性测量标志迁建许可》、《对外提供保密测绘成果许可》、《建立相对独立坐标系统许可》、《基础航空摄影及遥感测绘许可》、《本市未出版地图的出版、印刷、展示许可》。

我市共有国家一级注册建筑师2210名，一级注册结构工程师3024名，二级注册建筑师1975名，二级注册结构工程师96名，注册城市规划师从事规划编制工作办理注册的382名，规划管理工作办理登记的129名。通过考核取得资格的公用设备工程师1363名，电气工程师1090名，化工工程师366名，土木工程师(港口与航道工程)26名。

12. 完善《北京市测绘条例》配套法规

年内，本市完成了《基础测绘项目管理》、《测绘资质管理》、《测绘成果管理》、《地图管理》、《测绘质量监督管理》、《市规划委各分局测绘管理职责》等6个《北京市测绘条例》配套实施办法的制订工作，并颁布实施。

四、2004年奥运工程规划、建设情况

1. 优化奥运场馆规划设计工作

为贯彻市委、市政府"节俭办奥运"的指示，充分利用现有和正在建设的体育场馆，市规划委牵头组织了对奥运场馆原有规划的局部调整优化。调整涉及到10个比赛场馆、11个比赛项目，同时还新增了小轮车项目场馆的选址。新建场馆由10个调整为5个，优化了场馆设计方案，节省了大量用地和建设资金。

市规划委组织并参与了国家网球中心及国家曲棍球场、北京大学体育馆、北京工业大学体育馆等场馆的建筑设计方案招标工作。完成了北辰西路等奥运中心区22条道路以及老山北路等外围道路工程的规划设计研究工作。

2. 奥运工程建设档案管理工作启动

第29届奥林匹克运动会组织委员会与北京市城市建设档案馆签订了委托代为收集、保管北京奥运场馆建设项目档案备忘录。此举拉开了奥运工程档案的接收、管理工作序幕。《北京市奥运工程建设档案指南》由第29届奥运会组委会秘书行政部、北京市规划委员会、北京市建设委员会、北京市奥运场馆建设指挥部办公室、北京市档案局联合向奥运工程建设各相关单位共同发出印发执行。《指南》对奥运工程建设档案管理职责、奥运工程建设档案归档内容、编制要求、载体形式、移交等明确了工作职责和要求。

3. 奥林匹克社区公园雕塑落成

《圣火》、《奥运风》和《飘动的五环》雕塑在东城区奥林匹克社区公园落成。《圣火》雕塑的火炬高7.5米，不锈钢着色，圆环直径8米，铸铝材料。表现了火炬传递，从第一届雅典奥运会一直传递到北京。体现了更高、更快、更强的奥运精神。《奥运风》雕塑是花岗岩石质浮雕，表现的是奥运大家庭的主题，在五环下展现了36个专项联合会的竞技项目和标识。浮雕高3米，长20米。《飘动的五环》由12个圆形的象征奥运五环的风向标组成。奥林匹克社区公园将奥林匹克理想全面融入社区生活，实现人与自然、人与社会协调发展的新型社区。

4. 奥运重点工程和基础设施规划进展显著

市规划委组织并参与了国家网球中心

及国家曲棍球场、北京大学体育馆、北京工业大学体育馆等场馆的建筑设计方案招标工作。完成了北辰西路等奥运中心区22条道路以及老山北路等外围道路工程的规划设计研究工作。

5. 奥运场馆建设

2004年10月30日上午，北京奥运会自行车馆正式开工建设。

奥运会自行车馆位于北京市石景山区老山国家体育总局自行车和击剑运动管理中心基地西侧新征的约6.6公顷的用地内，总建筑面积32920平方米，赛道周长250米，观众席6000个，其中临时坐席3000个。其巨大的蝶形场馆主体为自行车赛车手头盔的抽象表现。2008年奥运会期间，这里将产生12枚金牌。

6. 北京奥运场馆规划、建设进行调整

2004年下半年，北京市对2008年奥运会比赛场馆的建设进行了优化调整。主要体现在对国家体育场和北京五棵松体育馆建设方案的调整上。优化调整后的国家体育场取消了可开启屋盖，座位席比原来减少了9000个，减少用钢量1.2万吨。五棵松体育馆则取消了原篮球馆上部的商业设施，建筑面积由11.9万平方米大幅减少到6.3万平方米，用钢量更是从4万吨减少到5千吨。

这些奥运工程的“瘦身计划”得到了国际奥委会的认可。

此外，2008年北京奥运会的网球、曲棍球、棒球、垒球和沙滩排球等5个项目的比赛场馆地址已经进行了调整；目前，除马术和公路自行车两个项目的比赛地点还未确定外，其余26个在北京地区进行的项目的比赛场馆地址都已经确定。

北京奥组委原来提出要在2006年完成场馆建设，2004年决定，要推迟到2007年。原来提出的2006年竣工，主要是指土建主体工程，现在提出的2007年完工，是包括场馆内部装修、配套设施等在内的总体工程。

五、2004年北京市重大工程和城市基础设施建设

2004年计划完成31项重点工程：

北京站扩能改造、动物园交通枢纽、张坊应急供水工程、金源时代购物中心、平谷应急水源工程、卢沟桥污水处理厂及配套管线、北京首都机场T1航站楼改造、超大规模集成电路芯片生产建设项目、燃煤锅炉改用清洁能源、电缆入地及配电网改造、南中轴路一期改扩建工程、南中轴路二期、新建永引立交及改建射击场南路、京承路、马家堡西路、北辰西路、凉水河干流综合治理一期工程、天然气应急供气市内工程、有线电视光缆入地、第五代薄膜管液晶显示器件(TFT-LCD)、六环路(黄村-良乡段)工程、京津风沙源治理工程、第二道绿化隔离地区、市属市管高校大学生公寓、经济适用房、文保区及危旧房改造工程、南中轴路大容量快速公交系统、北京市高级人民法院审判办公用房、北京经济技术开发区职业教育园区、顺鑫石门农产品批发市场升级改造、南宫医疗垃圾废物处理厂。

1. 动物园交通枢纽站正式启用

作为本市第一个投入运营的现代化智能交通枢纽站，动物园枢纽站陆续有10条公交线进驻，方便乘客集中换乘。

动物园公交枢纽工程占地14748.9平方米，总建筑面积101787平方米，可停放汽车370辆，自行车3000多辆。其中地上8层，局部10层，地下2层。10个站台在

地上一层自西向东一字排开,每个站台专供一条公交线使用,候车区还有电子显示牌为乘客提供发车的具体时间。为了保证乘客安全,枢纽站实现人车分离,乘客换乘全部得走地下一层。

2. 平谷应急水源工程向京城供水

平谷应急水源工程总供水规模为日均27.4万立方米,年供水量约为1亿立方米,该水源地属一类水质,清冽甘甜。2004年3月8日开工,输水管线于8月11日全线贯通,8月27日举行通水仪式。全程近63公里的输水主管采用了不易生锈的玻璃钢管材,与普通钢管、球墨铸铁管相比,不仅成本低,还可以抵抗酸、碱、盐、海水等众多化学流体的腐蚀以及无藻类等水生衍生物的附着,有效提高了输水能力。随着平谷应急水源工程的全部完工,北京市区供水格局发生了重大改变,此前地表水占三分之二、地下水占三分之一的比例正好倒转过来,变为地下水占三分之二、地表水只占三分之一。

3. 世界上最大的购物中心——金源时代购物中心建成

占地面积189294平方米,总建筑面积68万平方米,一期建筑面积512050平方米的金源时代购物中心是目前世界上最大的购物中心。金源时代购物中心地下2层,地下建筑面积120000平方米;地上5层,建筑面积392050平方米,2003年6月开工,2004年8月竣工,10月正式营业。

在这个偌大的商业空间里,有8条人行大街,200余部电梯同时运转,还有6个能从地下一层望到楼顶的“天井”。此外还有大型室内停车楼,车位达6800余个,开车可达各个商业楼层,堪称目前世界上超大的SHOPPING MALL之一。在这里,购物、休闲、娱乐、饮食等全不耽误,百货、超市、建材家居、汽车展销、专卖店、餐饮、溜冰场、电影院、酒吧、咖啡厅、书店等一应俱全。

4. 北京首都机场改造一号航站楼

北京首都国际机场T1(一号)航站楼改造工程总建筑面积78841平方米,地下一层、地上三层、局部四层。工程于2003年7月8日开工,2004年7月完工并进行各系统的调试运行,9月20日交付使用。

楼只按国内进出港设计,拥有2个卫星岛、13个登机口、50个值机柜台、16个出港安检通道、6个进港行李转盘,可以大大提高进、出港效率,减少旅客排队时间,分流首都机场四分之一的客流。

5. 南中轴路改扩建工程等道路工程

2004年9月底,北京市2004年重点工程之一的南中轴路景观建设工程正式竣工,低矮破旧的房屋,拥挤不堪的“都市村庄”逐渐消失。南中轴路附近20余公顷面积内,栽植了2900余株乔木及5800余株灌木,体现出浓郁的京城特色。

南中轴路一期、二期改扩建工程道路全长分别约1900米、1700米,为城市主干路,宽度为80米至284米,最宽的地方为双向八车道,最窄的地方为双向四车道,内侧车道为大容量公交专用车道。两期工程均于2004年9月末通车。

该工程使二、三、四环及南苑地区有机连接起来,改善了区域交通运输网的结构层次,适应了区域经济发展的需要。该路不仅具有交通功能,而且具有历史及景观功能,是北京古都风貌的重要组成部分。

此外,新建永引立交及改建射击场南路、京承路(三环至四环出京方向)均已通车。马家堡西路的建成将缓解南中轴路和京开路及其延长线紧张的交通状况;北辰西路将改善亚北地区交通环境,为奥运地区提供良好的外部交通条件；六环路良黄段（良乡－黄村）通车运行。

6. 天然气应急供气工程

本市城市天然气气源主要是来自陕甘宁长输管线和华北油田的天然气，原建有的衙门口、次渠、南郊、北郊四座天然气接收门站日供气能力为1900万立方米，而去年采暖季全市用气量高峰日的最大用气量就已达到1901万立方米。今年随着用户的增加，市燃气集团测算，今冬采暖季天然气用气量高峰将达到每日2300万至2400万立方米。

北京市于10月11日正式启动兴建2004年天然气市内应急工程。工程新建采育天然气接收门站1座，敷设天然气超高压管线约28.1公里。采育城市天然气接收站建于北京大兴区采育镇工业区内，与陕甘宁进京第二条长输管线末站毗建。建成后年接收天然气达30亿立方米。12月25日竣工通气。

7. 京津风沙源治理工程

2000年京津风沙治理工程实施以来，北京市生态环境得到明显改善。目前，二级和好于二级的天气已超过60%，监测显示，密云水库的泥沙入库量每年因此减少2.5万吨，直接受益于该工程的实施。不久前来自市发改委的消息说，京津风沙治理工程为北京市带来的生态效益达到400亿元。

京津风沙源治理工程在本市涉及门头沟、延庆、怀柔、密云、昌平、平谷等6区县。今年计划完成封山育林39万亩，飞播造林10万亩，水源工程832处，小流域综合治理145平方公里，人工种草7万亩，生态移民2000人，爆破造林2万亩。年初计划任务于2004年12月完成。

8. 新开工280万平方米经济适用房

12月中旬，今年北京规划建设的最后一个经济适用房项目——定福家园全面开工。至此，今年北京在建的经济适用房项目达到36个，新开工规模达到280多万平方米，超过年初计划新开工200万平方米的预定目标。其中，累计竣工183.63万平方米，为北京中低收入家庭提供1.8万套低价住宅。

2004年，经济适用住房的户型面积问题得到了控制，今年新开工经济适用住房中80平方米左右的中小户型所占比例明显增加，占到新开工总数的54.9%，120平方米以上的大户型明显减少，所占比例已经控制在1.5%以内；明月嘉园、丰体时代花园等项目还建设了一批适合低收入家庭居住的40平方米左右的小户型。

9. 北京站扩能改造工程全面竣工

国内首座7万平方米钢结构无站台柱雨棚、总面积最大的铁路地下行包库在北京站启用。工程自2003年3月开工，主要包括：拆除原有混凝土雨棚，改建为钢结构无站台柱大跨度连续拱式雨棚；增建7、8两座站台和3股到发线；改建原有1至6站台并抬高到1.2米；新建一座地下行包库；向南延长高架候车通廊；改建东西两侧旅客进站天桥；向西延长2条到发线；新建两栋生产综合楼等。

改造工程充分考虑了“以人为本”的设计理念，东西两侧旅客天桥向南延长100米连接新建第7、8站台，由原来封闭式改为钢结构玻璃幕通廊，造型更显晶莹时尚。站台高度由70厘米抬高到120厘米，使旅客乘车更加安全便捷。改建后的站台雨棚为无站台柱新型风雨棚，所有钢结构雨棚支柱都设置在铁路股道线间，使站台更加平坦通透无障碍，是目前国内首座最大的钢结构无站台柱雨棚。按照设计，新改建的北京站接发旅客列车能力将由每天接发列车91对增加到每天接发110对。

10. 张坊水源应急供水工程胜天渠全线通水

为缓解北京城市用水的紧张状况，解决北京西南部部分城市生活用水和工业用水，确保首都的供水安全和可持续发展，张坊水源应急供水工程于2003年12月4日正式开工。工程的主要任务是利用11公里胜天渠和42公里预应力钢筒混凝土管道引水到燕山石化。

建设者利用冬季胜天渠停止灌溉的时机，克服了冬季施工、地形复杂、施工条件差等困难，经过3个月的紧张施工，于2004年3月30日全线通水，及时为胜天渠沿线4万亩农田提供春灌用水，确保了城市应急供水工程建设和农民春灌两不误。

11. 千台燃煤锅炉改用清洁能源

为达到今年本市全年二级及好于二级天数达到62%的环境目标，《第十阶段控制大气污染措施通告》中要求，各区县政府继续进行燃煤锅炉改用清洁能源工作。鉴于今年能源供应短缺，在充分挖掘有限的气、热资源的基础上，2004年，全年燃煤锅炉改造1037台，其中改燃气510台，热力117台，电189台，改其他清洁能源211台，拆除10台。

12. 清河卢沟桥两污水处理厂建成

12月9日，清河污水处理厂二期工程及卢沟桥污水处理厂工程提前完工并正式通水运行。这两个污水处理厂通水运行后，北京城区每天新增污水处理能力30万立方米，每年可多处理污水1亿立方米，全市污水日处理能力达到188万立方米。

13. 大学生公寓竣工近20万平方米

2004年，市属市管高校学生公寓开复工面积23.4万平方米，竣工近20万平方米，可解决2万学生住宿问题。

到2005年底，3年建设66万平方米的目标可基本实现。届时，全市市属市管高校学生公寓总规模将达到180万平方米，基本满足市属市管高校18万学生的住宿要求，从根本上扭转市属市管高校学生公寓短缺、拥挤、脏乱差的状况。

14. 文保危改经济适用房按计划完成

截至2004年11月底，文保区危旧房改造完成投资176.79亿元，拆除危房面积25.49万平方米，超额完成25万平方米的年度计划，动迁居民2.23万户，超额完成2万户的年度计划。经济适用房目前开复工面积729.73万平方米，其中2004年新开工面积255.62万平方米，超额完成年初计划200万平方米的开工规模，竣工面积183.63万平方米。在建项目35项，本年累计完成投资68.22亿元。此两项共完成投资245.01亿元，占重点工程累计完成投资的39.04%。

15. 南宫医疗垃圾废物处理厂一期工程投入使用

南宫医疗废物处理厂一期工程的投入使用，每天能集中处理医疗废物15吨，2005年第二期工程完工后，南宫医疗废物处理厂日处理医疗废物的能力达到30吨。

北京市有7000多家医疗卫生机构，每天产生医疗废物约41吨。从2004年底开始，北京市将有10辆密封专用医疗废物垃圾车到中日友好医院、北京友谊医院、地坛医院等200多家医院收集医疗垃圾，送往南宫医疗废物处理厂进行高温焚烧处理。这标志着北京市医疗废物处理全部纳入规范化安全管理。

16. 第五代薄膜管液晶显示器件(TFT-LCD)生产线投产

京东方第五代TFT-LCD(薄膜晶体管液晶显示器件)项目第一阶段生产线安装

和调试初战告捷，并已按计划生产出首批17英寸液晶显示屏并成功点亮，且各项主要技术参数均达到设计标准。京东方五代线产品成功下线点亮，标志着中国TFT-LCD生产企业将在拥有自主创新技术的基础上参与国际竞争。

第三章　土地供应与市场

一、2004年北京市土地政策概况

2004年是中央加强土地管理、提出土地政策参与宏观调控的一年，也是我市土地政策变化较大的一年，2004年我市土地政策精神概述如下：

（一）土地资源参与经济宏观调控

2004年年初，党中央政治局在分析研究当前形势时指出，当前经济运行中出现的突出问题集中表现在投资增长过快，新开项目过多，在建规模过大，投资结构不合理，某些行业和地区盲目投资和低水平重复建设问题相当严重，由此带来煤电油运和重要原材料供求紧张状况进一步加剧，货币信贷增长再度加快，物价总水平继续上升。为此，党中央作出了加强宏观调控，控制投资过快增长，防止出现通货膨胀或通货紧缩，避免经济大起大落的决策。提出宏观调控的具体两个闸门是金融和土地。

土地资源的配置上升到宏观调控经济的高度，落实了科学发展观，成为保持经济社会可持续发展的重要因素之一。土地管理的重要性得到前所未有的重视。

（二）加大土地市场治理整顿

2004年4月29日，国务院办公厅下发《关于深入开展土地市场治理整顿严格土地管理的紧急通知》（国办发明电[2004]20号），要求从即日起在全国范围内集中半年左右的时间，继续深入开展土地市场治理整顿，治理整顿期间全国暂停审批农用地转非农建设用地。治理整顿结束后，对因检查和整改不力，经验收不合格的地方，报经国务院同意后，继续暂停审批农用地转非农建设用地，直至达到规定的整改要求。

（三）深化改革，严格土地管理

为实行最严格的土地管理制度，贯彻科学发展观，保证经济社会可持续发展，根本解决盲目投资、低水平重复建设、圈占土地、乱占耕地等问题，2004年10月，国务院下发《关于深化改革严格土地管理的决定》（国发[2004] 28号），要求各级政府部门要严格执行土地管理法规；加强土地利用总体规划、城市总体规划、村庄和集镇规划实施管理；完善征地补偿和安置制度，健全征地程序、加强对征地实施过程监管，妥善安置被征地农民；健全土地节约利用和收益分配机制，实行强化节约和集约用地政策、加强土地资源的市场化配置，制定和实施新的土地使用标准；建立完善耕地保护和土地管理的责任制度。

国发[2004]28号文，明确指出调控新增建设用地总量的权利和责任在中央，盘活存量建设用地的权力和利益在地方，保护和合理利用土地的责任在地方各级政府，省、自治区、直辖市人民政府应负主要责任。地方各级人民政府要对土地利用总体规划确定的本行政区域内的耕地保有量和基本农田面积负责，政府主要领导是第一责任人。

（四）经营性项目国有土地使用权全面实行招标拍卖挂牌出让

2004年1月31日，北京市人民政府办分厅文件《关于停止经营性项目国有土地使用权协议出让的补充规定》（[京政办发(2004)4号]）正式出台。该文件规定，自2004年1月9日起，京政办发[2002]33号文件规定可以继续享有协议出让政策的四类经营性用地即"绿化隔离带项目"、"小城镇项目"、"危旧房改造项目"、"高科技项目”需要通过招标、拍卖、挂牌方式在土地市场公开交易。对在1月9日以前的政府有关部门已经受理的上述四类项目,由市发委会同市规划委、市建委、市国土房管局提出需要办理国有土地使用权出让的处理意见,并报市政府批准后执行。

2004年3月31日,国土资源部、监察部联合发布《关于继续开展经营性土地使用权招标拍卖挂牌出让情况执法监察工作的通知》(国土资发[2004]71号),明确规定各地在2004年8月31日前要将历史遗留问题界定并处理完毕。8月31日后,不得再以历史遗留问题为由,采用协议方式出让经营性土地使用权,此即为社会有关方面所称的“8.31大限”。

2004年8月9日,《关于北京市处理经营性用地历史遗留问题政策界定标准的通知》(京政办发[2004]48号)出台,对于上述四类政策发生变化的项目,原则上只有2002年7月1日以后至2004年1月9日前取得项目建议书批复和规划批准文件、相关批文在有效期内,且为在建的房改带危改项目和绿化隔离带建设的扫尾项目才能列入历史遗留问题范围。于是一批尚未进入实质动作阶段的危改项目和绿化隔离带项目被拒绝在协议出让范围以外。

2004年12月17日,北京市国土资源局下发《关于对不符合继续协议出让条件的经营性项目用地进行招标拍卖挂牌出让等有关问题的通知》(京国土出[2004]458号),指出不符合继续协议出让条件的经营性项目用地进行招标拍卖挂牌出让的用地适用范围是:2004年1月9日前已经取得项目建议书批复或规划批准文件且到2004年8月31日前至少有一个文件有效的用地;已取得市危改办或区政府核发规划论证意见函的房改带危改项目用地;2004年8月31前符合绿化隔离带相关政策并已进入实施阶段的项目用地。规定除不符合现行有关政策或需纳入土地储备的土地外,确定可以继续开发的项目,由原建设单位继续进行前期开发;完成前期开发且达到该文件规定的入市交易条件后,由原建设单位向市国土局提出入市交易申请。

该政策的出台,使建设单位前期投入的大量成本得到合法体现,减少政策变化给投资者带来的损失,在一定程度上会加快这类项目前期开发进度以及土地上市交易的速度。

二、征地管理

(一)征地补偿款监管情况

征地单位支付的征地补偿费包括土地补偿费和安置补助费。依照《中华人民共和国土地管理法实施条例》第25条、第26条的有关规定,以及《北京市人民政府办公厅转发市国土房管局关于解决本市各项工程建设拖欠占地补偿款问题意见的通知》(京政办发[2002]2号)第三项第(一)款的规定:“在用地单位正式申请用地后,市政府有关部门审批用地之前,要专项列出占地、拆迁安置等费用,由土地行政主管部门会同金融机构实行监管”等规定,为防止新的占地发生拖欠补偿款行为,加强土地补偿款使用监督管理,保证农村集体和农民的切身利益,北京市国土资源和房屋管理局于2003年9月10日制定《关于加强土地补偿费监管的通知》(京国土房管征[2003]716号),开始对征地补偿费进行监管。

截止到2004年12月31日,经监管银行监管项目22个,监管资金共9.7931亿元,已经支付3.3058亿元,余额6.4873亿元，另支付利息30853元；监管用地单位提前支付被征地农村集体经济组织土地补偿款项目64个，支付补偿款25.3025亿元；监管实物补偿项目18个，折合人民币19.1493亿元。共监管104个项目，合计监管资金54.2449亿元。有效地保护了农民集体经济组织和农民的利益。

(二)北京市建设征地补偿安置办法

随着首都经济的发展，人民生活水平逐步提高，通过土地被征收而转非、转工的大量农民在生产、生活没有长久保障的矛盾日益突出，《北京市建设征地农转工人员安置办法》(16号令)已经不适用于现实的征地工作。为了保护被征地农村村民、农村集体经济组织和征地单位的合法权益，维护社会稳定，根据《中华人民共和国土地管理法》、《中华人民共和国劳动法》等有关规定，我市制定了《北京市建设征地补偿安置办法》(2004年市政府148号令)，并于2004年7月1日起实施。

148号令主要对征地补偿、人员安置、就业促进、社会保险等方面作出了规范性规定。规定了“征地补偿费由征地双方依法协商确定”、“征地补偿费实行最低保护标准制度”以及“征地补偿费用于人员安置后，其余部分作为土地补偿费……”和“转非劳动力应按照国家和本市规定参加各项社会保险”社会保险、人员安置等政策，建立了征地后农转非、转工人员社会保险和就业机制。

随后，我局又测算并公布了《北京市征地补偿费最低保护标准》(京国土征[2004]265号)等与148号令配套的规范性文件，加快了我市的征地改革进程。

(三)市政府批准征(占)地文件登记表(2004年)

表3-1　市政府批准征(占)地文件登记表(2004年)　　万 m^2

区县	用地面积(万 m^2)											
	集体土地									国有土地		
	合计	农用地转用	耕地	粮田	菜地	园地	林地	其他农用地	建设用地	未利用地	农用地	其中耕地	建设用地
朝阳	1667.0042	505.1354	177.9675	166.0975	11.8700	0.0000	29.2365	274.8703	856.1509	4.7459	23.0611	23.0611	277.9109
海淀	823.0368	344.4133	14.5442	188.0930	12.1893	87.4116	33.5707	14.0542	443.3512	0.0000	9.0945	0.0000	26.1778
丰台	541.3449	85.6276	97.9223	67.0696	4.7080	6.0899	7.7601	0.0000	419.4179	0.4320	0.0000	0.0000	35.8674
石景山	250.2987	56.3596	8.6787	8.6787	0.0000	2.0321	41.8652	0.0000	58.2920	0.1106	3.7836	0.3091	131.7529
门头沟	12.6031	11.9290	4.2660	4.2660	0.0000	7.6630	0.0000	0.0000	0.0000	0.6741	0.0000	0.0000	0.0000
昌平	473.0972	255.4223	215.4974	215.4974	0.0000	19.9228	4.7486	15.2535	181.5343	2.8234	0.0000	0.0000	33.3172
密云	70.1820	55.0173	51.8966	51.8966	0.0000	0.0000	2.0000	1.1207	15.1647	0.0000	0.0000	0.0000	0.0000
大兴	558.5647	403.0560	287.6648	271.9662	15.6986	76.8431	24.3710	2.5528	110.0752	21.5141	0.2360	0.0000	23.6834
房山	127.7900	85.1428	72.9482	72.9482	0.0000	1.6080	10.5866	0.0000	32.8547	9.7925	0.0000	0.0000	0.0000
通州	540.4379	317.2704	262.0330	262.0330	0.0000	10.4579	16.2752	28.1275	120.8354	8.5049	0.3768	0.0000	91.4032
怀柔	30.9759	11.9776	10.2876	10.2876	0.0000	0.0000	1.6900	0.0000	18.9983	0.0000	0.0000	0.0000	0.0000
延庆	135.0476	69.2947	41.1481	41.1481	0.0000	3.3133	18.4714	0.0000	27.1012	14.5514	6.3619	0.0000	17.7384
顺义	1772.1803	1170.8744	611.9535	611.9535	0.0000	264.7047	109.5072	169.8208	339.8503	53.6880	14.8882	0.0000	207.7676
平谷	0.0000	0.0000	0.0000	0.0000	0.0000	0.0000	0.0000	0.0000	0.0000	0.0000	0.0000	0.0000	0.0000
合计	7286.6400	3683.5100	1988.8079	1971.9354	44.4659	480.0464	300.0825	505.7998	3459.0500	144.0800	57.8021	23.3702	845.6188

市政府批准征(占)地文件登记表(2004年)(续表)　　万 m^2

区县	商服用地	工矿仓储用地	公用设施用地	公共建筑	住宅用地	交通运输用地	特殊用地	水利设施用地	代征道路	代征绿化	其他代征	林地	农转非	农转工
朝阳	64.8871	25.0245	0.9680	0.0000	426.4422	17.9403	0.0000	0.0000	243.1634	256.4410	632.1377		3899	2491
海淀	37.3683	83.9403	27.2363	40.7679	302.0357	3.8000	18.5034	0.0000	126.8244	178.7186	1.0640	2.7779		
丰台	68.0063	10.3121	0.0000	0.0000	223.7198	0.0000	0.0000	0.0000	121.8979	117.2086	0.2002		3765	2392
石景山	17.7759	0.0000	4.6989	0.0000	36.7738	0.0000	0.0000	3.0725	40.7626	147.2150	0.0000		0	1141
门头沟	0.0000	0.0000	0.6550	0.0000	5.1543	0.0000	3.8660	0.0000	1.8954	0.4917	0.5407		0	0
昌平	62.8949	15.4205	1.1636	0.0000	191.1019	0.0000	33.5334	0.0000	58.8455	107.3943	2.7431		1620	893
密云	0.0000	57.5720	0.0000	0.0000	0.0000	0.0000	0.0000	000000	12.6100	0.0000	0.0000		0	0
大兴	3.1921	232.3056	59.4662	10.0000	60.1332	11.5555	0.9978	0.0000	113.7702	67.1441	0.0000		1641	1024
房山	0.0000	9.0088	0.0000	22.6463	45.5980	0.0000	0.0000	0.0000	20.5508	29.9861	0.0000		0	1428
通州	0.0000	66.5470	0.0000	0.0000	162.5489	0.0000	0.0000	194.9007	75.0375	41.4038	0.0000		2747	1751
怀柔	0.0000	0.0000	1.7760	0.0000	17.6076	1.8182	0.0000	0.1359	3.5830	4.1386	1.9839		0	0
延庆	0.0000	52.1674	40.9902	0.0000	11.0678	0.0000	0.0000	0.0000	18.0190	6.4413	0.0000		0	0
顺义	5.5677	109.4840	24.0782	17.3927	152.6493	1325.8957	0.0000	0.0000	90.9460	17.8167	0.0000	760	9139	4983
平谷	0.0000	0.0000	0.0000	0.0000	0.0000	0.0000	0.0000	0.0000	0.0000	0.0000	0.0000		0	0
	259.6923	661.7822	161.0324	90.8069	1634.8325	1361.0097	56.9006	198.1091	927.9057	974.3998	638.6696	762.7779	22811	16103

三、国有土地使用权出让情况

(一)2004年北京市国有土地使用权出让概况

2004年北京市共出让土地2092宗，出让土地总面积约6053公顷，合同地价款总额约为人民币553.42亿元(表3-2)。其中市局审批出让土地1491宗，出让土地面积约为5066公顷，占全市出让总面积的84%，合同地价款总额约为人民币530.75亿元，占全市地价款总额的96%；区县局审批出让土地601宗，出让土地面积约987公顷，占全市出让总面积的16%，合同地价款总额约为人民币22.67亿元，占全市地价款总额的4%。

表3-2　按区域划分2004年北京市国有土地使用权出让情况

区　县	宗　数	宗地面积(公顷)	合同地价款(万元)
东城区	60	56	343694
西城区	96	103	542683
崇文区	45	52	117825
宣武区	75	118	423221
朝阳区	469	1421	2098566
海淀区	247	761	771182
丰台区	197	429	423334
石景山区	42	94	94631
昌平区	194	1158	330427
房山区	169	320	36720
怀柔区	77	174	43199
门头沟区	28	76	14842
密云县	30	84	6961
平谷区	83	130	12467
顺义区	63	340	75678
通州区	51	283	47581
大兴区	97	242	55460
延庆县	20	39	3813
亦庄经济开发区	49	174	91877
合　计	2092	6053	5534162

(二)2004 年北京市国有土地使用权协议出让情况

2004 年北京市共协议出让土地 1984 宗,出让土地总面积 5687 公顷,合同地价款总额为人民币 516.03 亿元(表 3-3)。其中市局审批出让土地 1459 宗,出让土地面积为 4840 公顷,占全市出让总面积的 85%,合同地价款总额为人民币 500.69 亿元,占全市地价款总额的 97%;区县局审批出让土地 525 宗,出让土地面积 847 公顷,占全市出让总面积的 15%,合同地价款总额为人民币 15.34 亿元,占全市地价款总额的 3%。

表 3-3 按用途划分 2004 年北京市国有土地使用权协议出让情况

用　　途	协议出让			
	宗　数	面积(公顷)	成交价款(万元)	纯收益(万元)
别墅、高档公寓	44	53	303712	303712
普通商品房	695	3085	2270953	2245050
其他住房	8	32	18352	0
交通运输用地	0	0	0	0
商服用地	809	1087	2423679	2416913
工矿仓储用地	413	1418	139707	100666
公用设施用地	4	7	1969	77
水利设施用地	0	0	0	0
公共建筑用地	10	5	1867	239
特殊用地	1	1	89	89
合　　计	1984	5687	5160328	5066746

(三)2004 年北京市国有土地使用权市场交易出让情况

2004 年,有 89 宗经营性土地分别在市和区县土地交易市场成交,涉及土地面积 537.92 万平方米,规划建筑面积 609.51 万平方米,成交价款 115.31 亿元(表 3-4)。其中,在市土地交易市场成交 24 宗,土地面积 359.17 万平方米,规划建筑面积 367.64 万平方米,成交价款 98.71 亿元;在远郊区县土地交易市场成交 65 宗,土地面积 178.75 万平方米,规划建筑面积 241.87 万平方米,成交价款 16.6 亿元。

表 3-4 2004 年度北京市经营性土地使用权入市成交统计表

交易地点	成交宗数	交易类型			土地总面积(万 m^2)	建设用地面积(万 m^2)	规划建筑面积(万 m^2)	成交价款(亿元)
		招标	拍卖	挂牌				
市土地交易市场	24	3	0	21	359.17	252.29	367.64	98.71
远郊区县土地交易市场	65	1	0	64	178.75	151.24	241.87	16.6
合　　计	89	4	0	85	537.92	403.53	609.51	115.31

(四)1999年－2004年北京市国有土地使用权出让情况

1999年－2004年北京市国土资源局共审批出让国有土地使用权5494宗，涉及土地面积约13344公顷，规划建筑面积约25629万平方米。

2004年，北京市共转让土地267宗，涉及土地面积约524公顷，建筑面积约413万平方米，转让金额约69.65亿元。

(五)1999年－2004年北京市国有土地使用权出让情况按用途分类

1999年－2004年北京市国土资源局审批出让国有土地使用权按用途分类情况如下(表3－5)。

表3－5　1999－2004北京市国有土地使用权出让情况(按用途分类)　万 m^2

用途 \ 年度		1999	2000	2001	2002	2003	2004	合计
住宅	土地面积	308.1	461.4	714.4	1236.5	1904.7	3193.8	7818.9
	建筑面积	926.9	1480.6	1903.4	3154.0	3573.3	5901.2	16939.4
公寓	土地面积	11.6	12.7	12.8	39.7	37.7	53.5	168
	建筑面积	76.7	69.9	79.5	217.1	194.3	320	957.5
别墅	土地面积	0.0	34.2	0.0	75.9	131.1	0	241.2
	建筑面积	0.0	5.0	0.0	42.3	67.0	0	114.3
工业	土地面积	213.8	265.6	199.4	419.7	357.4	744.7	2200.6
	建筑面积	29.7	114.1	113.4	211.5	222.9	303.2	994.8
商业	土地面积	35.4	19.5	44.4	63.9	182.7	728.1	1074
	建筑面积	58.3	52.6	75.5	165.1	242.9	1774.7	2369.1
综合	土地面积	41.4	22.7	60.2	45.3	58.5	241.3	469.4
	建筑面积	226.7	81.6	245.1	214.0	272.6	669.7	1709.7
办公	土地面积	8.1	17.7	30.7	31.5	52.7	82.2	222.9
	建筑面积	28.1	57.7	83.8	181.6	276.2	473.2	1100.6
科教文卫	土地面积	0.0	5.5	10.0	7.0	14.2	1.9	38.6
	建筑面积	0.0	4.1	7.2	5.6	10.3	1.2	28.4
其他	土地面积	82.6	77.9	332.1	118.2	393.7	20.6	1025.1
	建筑面积	62.7	32.3	9.6	223.7	1072.9	47.3	1448.5
总计	土地面积	701.1	917.3	1403.9	2037.6	3132.8	5066.1	13258.8
	建筑面积	1409.2	1898.0	2517.5	4415.0	5932.5	9490.4	25662.6

四、划拨城镇建设用地及外资企业用地

(一)2004年划拨用地管理

1. 2004年共办理划拨城镇建设用地73宗，总用地面积447.67公顷(表3－6)，其中建设用地329.86公顷，代征城市道路用地87.69公顷，代征绿地29.73公顷，其他用地0.39公顷。

2004年共收取土地使用权出让预定金2011.78万元，征收防洪费1697.53万元。

表3－6　2004年按划拨土地用途分类统计表

项目类型	宗数(宗)	比　例	用地面积(万 m^2)	比　例
危　改	9	12.32%	57.20	12.77%
经济适用住房	16	21.91%	172.52	38.53%
城市基础设施	16	21.91%	44.84	10.01%
行政办公	7	9.58%	10.18	2.27%
文化教育	7	9.58%	25.56	5.71%
住　宅	13	17.8%	117.54	26.25%
其　他	5	6.84%	19.83	4.43%
总　计	73	100%	447.67	100%

2.2004年市局办理划拨用地涉及我市12个区(表3－7)，从用地位置来看，西城、东城、朝阳、海淀、丰台、昌平等六城区办理的最多，共59宗，占80.82%，用地面积393.62公顷，占87.92%。从用地面积来看，朝阳区最多，共12宗，用地面积104.99公顷，占23.45%；其次是海淀区，10宗，用地面积94.48公顷，占21.1%；丰台区，共11宗，用地面积78.02公顷，占17.42%；昌平区，共6宗，用地面积64.97公顷，占14.51%；其他区办理的较少。

表3－7　2004年按各项目用地位置分类统计表

区　县	宗数(宗)	比　例	用地面积(万 m^2)	比　例
东　城	7	9.58%	19.23	4.29%
西　城	13	17.8%	31.93	7.13%
宣　武	5	6.84%	11.10	2.47%
崇　文	3	4.1%	9.61	2.14%
海　淀	10	13.69%	94.48	21.1%
朝　阳	12	16.43%	104.99	23.45%
丰　台	11	15.06%	78.02	17.42%
石景山	1	1.36%	0.96	0.21%
大　兴	2	2.73%	12.26	2.73%
昌　平	6	8.21%	64.97	14.51%
顺　义	2	2.73%	18.07	4.03%
门头沟	1	1.36%	2.06	0.46%
总　计	73	100%	447.67	100%

(二)1992－2004年划拨城镇建设用地情况

1992－2004年的13年间，共办理划拨城镇建设用地588宗，总用地面积3328.93公顷(表3－8)，其中：建设用地2395.01公顷，代征道路用地788.19公顷，代征绿地127.26公顷，其他用地18.68公顷。

表3－8　划拨城镇建设用地分年度统计表　　公顷

年　度	宗　数	比　例	面　积	比　例
1992	25	4.25%	204.64	6.14%
1993	36	6.12%	241.02	7.24%
1994	39	6.63%	404.80	12.16%
1995	36	6.12%	215.33	6.46%
1996	24	4.08%	55.16	1.65%
1997	33	5.61%	122.24	3.67%
1998	38	6.46%	157.76	4.73%
1999	33	5.61%	187.10	5.62%
2000	35	5.95%	67.40	2.02%
2001	72	12.24%	412.95	12.4%
2002	65	11.05%	311.21	9.34%
2003	79	13.43%	501.66	15.06%
2004	73	12.41%	447.67	13.44%
总　计	588	100.00%	3328.93	100.00%

1．从用地宗数来看，从1992年的25宗开始逐年增加，至1994年达到最高点39宗，之后1995年开始下降，至1996年下降至最低点24宗，从1997年开始又逐年上升，到2003年达到最高点79宗，2004年有所下降至73宗。

从用地面积来看，从1992年的204.64公顷开始逐年增加，至1994年达到最高峰宗404.8公顷，之后1995年开始直线下降，至1996年下降至最低点55.16公顷，从1997年开始又开始逐步上升，到1999年达到一个小高峰187.1公顷，2000年有所下降至67.4公顷，2003年达到又一个高点501.66公顷，2004年稍有回落至447.67公顷。

无论从用地宗数还是用地面积来看，其发展趋势与我市房地产开发的整体形势是一致的，从1992年开始，我市房地产开发逐步升温，到1994年、1995年达到高潮，之后受亚洲金融危机等因素的影响，房地产开发商融资渠道受阻，大量商品房积压，到1996、1997年达到最低潮。其后随着我国经济形势逐年趋好，尤其是近几年随着我市危改工作和城市基础设施建设工作进一步深入，特别是北京申奥成功，房地产开发进入一个新的增长期，用地数量逐年增加。

2．从用地项目来看(表3－9)，危改项目用地最多，共256宗，占43.53%，用地面积1925.18公顷，占57.83%；其次是城市基础设施，共76宗，占12.92%，用地面积316.33公顷，占9.5%；随后是经济适用住房项目共59宗，占10.03%，用地面积521.21公顷，占15.65%；其他项目共58宗，占9.86%，用地面积232.32公顷，占6.97%；文化教育共56宗，占9.52%，用地面积 123.09 公顷，占 3.69%；住宅共 13 宗，占 2.21%，用地面积 117.54 公顷，占 3.53%；最少的是行政办公项目共 70 宗，占 11.9%，用地面积 93.27 公顷，占 2.8%。

表 3-9　划拨城镇建设用地分项目统计表　公顷

项目名称	宗　数	比　例	用地面积	比　例
危　改	256	43.53%	1925.18	57.83%
经济适用住房	59	10.03%	521.21	15.65%
城市基础设施	76	12.92%	316.33	9.5%
行政办公	70	11.9%	93.27	2.8%
文化教育	56	9.52%	123.09	3.69%
住　宅	13	2.21%	117.54	3.53%
其　他	58	9.86%	232.32	6.97%
总　计	588	100.00%	3328.93	100.00%

3. 自 1992-2004 年的 13 年间，市局办理划拨用地涉及我市 12 个区、县，从用地位置来看(表 3-10)，东城、西城、崇文、宣武、朝阳、海淀、丰台等七城区办理的最多，共 551 宗，占 93.7%，用地面积 3043.38 公顷，占 91.42%。其中西城区最多，共 118 宗，占 20.06%，用地面积 585.72 公顷，占 17.59%；其次是海淀区，98 宗，占 16.66%，用地面积 621.05 公顷，占 18.65%；东城区，共 83 宗，占 14.11%，用地面积 447.33 公顷，占 13.43%；崇文区，共 78 宗，占 13.26%，用地面积 475.4 公顷，占 14.28%；宣武区，62 宗，占 10.54%，用地面积 306.78 公顷，占 9.21%；朝阳区，61 宗，占 10.37%，用地面积 313.67 公顷，占 9.42%；丰台区，51 宗，占 8.67%，用地面 293.43 公顷，占 8.81%；而远郊区县办理的较少。

表 3-10　划拨城镇建设用地分区县统计表　公顷

区　县	宗数(宗)	比　例	用地面积	比　例
东　城	83	14.11%	447.33	13.43%
西　城	118	20.06%	585.72	17.59%
宣　武	62	10.54%	306.78	9.21%
崇　文	78	13.26%	475.4	14.28%
海　淀	98	16.66%	621.05	18.65%
朝　阳	61	10.37%	313.67	9.42%
丰　台	51	8.67%	293.43	8.81%
石景山	12	2.04%	52.42	1.57%
大　兴	6	1.02%	80.01	2.4%
昌　平	10	1.7%	120.26	3.61%
顺　义	4	0.68%	23.81	0.71%
密　云	4	0.68%	7.01	0.21%
门头沟	1	0.17	2.06	0.06%
总　计	588	100.00%	3328.93	100.00%

(三)外商投资企业用地

2004年新签外商投资企业用地合同2件,合同用地面积16公顷,年应收土地使用费为137.35万元,另外,修订用地合同3件。

从1993年起到2004年底为止,我市依法办理外商投资企业土地使用合同158家,占地434.94公顷,合同核定年土地使用费10337.42万元,土地使用费由财政局依合同收取。2001年1月18日,收费职能转市地税局。各年用地合同签定情况详见如下(表3-11、表3-12)。

表3-11 外商投资企业用地合同分年度统计表(1993-2004)

年　度	宗　数	用地面积(公顷)	年土地使用费(万元)	备　注
1993	9	17.42	203.74	
1994	19	27.57	541.65	
1995	23	82.07	1830.30	
1996	39	50.57	1743.78	
1997	23	66.57	1366.47	修订10宗
1998	11	17.32	640.70	修订13宗
1999	10	62.15	1061.37	修订5宗
2000	9	43.59	826.60	修订10宗
2001	4	2.16	23.21	修订6宗
2002	5	9.76	939.47	修订10宗
2003	4	39.76	1022.78	修订8宗
2004	2	16.00	137.35	修订3宗
总计	158	434.94	10337.42	65宗

表3-12 外商投资企业用地分项目统计表(1993-2004)

项目名称	宗数	比　例	用地面积(公顷)	比　例	年土地使用费(万元)	比　例
工　业	84	53.16%	329.92	75.85%	4188.16	40.51%
旅游饭店	40	25.32%	44.9	10.32%	4220.9	40.83%
综　合	7	4.43%	12.9	2.97%	899.47	8.70%
写字楼	13	8.23%	9.12	2.10%	753.19	7.29%
其　他	14	8.86%	38.11	8.76%	275.7	2.67%
总　计	158	100.00%	434.94	100.00%	10337.42	100.00%

从各年办理用地情况看，1994年至1997年，外商投资企业要求完善用地手续的积极性较高，这与我市土地管理政策制度的不断完善及我局管理职能及管理规程的逐步规范化密切相关。通过办理用地手续，一方面核定了比较准确的土地使用收费，保证了国家财政收入；另一方面有利于境外资金尽快投入我市，同时，给外商投资企业的正常运营提供了法律保障。1998年至2001年间，由于新的土地使用费标准尚未批准实施，外商投资企业用地管理工作中核费依据不足，外商投资企业持有疑虑，财政部门对土地使用费既核又征等诸多原因，来我局办理用地手续的企业逐年减少。

1993年以后，外商投资企业以缴纳土地使用费获得土地使用权的项目，主要是1992年6月以前成立的外商投资项目和1992年后利用中方原有场地，从事工业、农业、种植业及高新技术产业等生产型项目。从统计中可以看出，工业项目宗数上占到53.16%，用地面积占到75.85%；旅游饭店、综合、写字楼等早期经营性用地，由于土地等级及土地类别等原因，年土地使用费合同核定额占到总核定额的56.82%，而用地面积仅为15.39%。这些客观反映了不同土地等级及类别项目的土地使用状况和近年来土地使用制度的变化。

五、地价监测

(一)地价监测介绍

城市土地价格调查是国土资源部新一轮国土资源大调查的重点项目之一，是贯彻落实《国务院关于加强国有土地资产管理的通知》(国发〔2001〕15号)、《国务院关于深化改革严格土地管理的决定》(国发〔2004〕28号)精神，切实履行国土资源部门参与宏观调控职能，提高地价信息获取能力、分析能力和参与宏观调控能力及土地市场建设的重要基础工作，是加强土地市场动态变化分析和国民经济运行形势分析的重要依据。

北京市按照《城镇土地分等定级规程》、《城镇土地估价规程》及《城市地价动态监测体系技术规范》的要求，设立了城市地价动态监测体系，开展了地价监测点数据更新及地价动态监测系统维护工作，对北京市18个区县不同级别的商业用地、居住用地、工业用地进行季度及年度监测。主要成果包括商业用地监测点分布图和监测点地价表、居住用地监测点分布图和监测点地价表、工业用地监测点分布图和监测点地价表，以及地价指数测算结果。

(二)2001－2004年北京市地价监测工作开展情况及主要成果

根据《新一轮国土资源大调查纲要》、《土地资源监测调查工程项目实施方案》的规定和要求，2001－2004年北京市地价动态监测体系，共选择了330个地价监测点，并对这些监测点的地价水平进行监测。在此基础上，测算出一至六级不同用途土地的地面熟地价及地价指数如下(表3－13，表3－14)。

表3－13　一至六级不同用途土地的地面熟地价　元/m^2

年份	地价类别	城市平均	一级	二级	三级	四级	五级	六级
2001	综合平均地价	3602	11773	8400	8054	5467	3911	2587
	商业平均地价	5731	23519	13468	12079	9439	6036	4868
	居住平均地价	4437	10850	10731	11148	6174	5181	2535
	工业平均地价	637	949	1000	936	789	517	359
2002	综合平均地价	3736	12579	9573	8737	6444	3861	2671
	商业平均地价	6165	26520	17280	14517	11956	6635	4925
	居住平均地价	4425	10268	10410	10789	6667	4436	2711
	工业平均地价	619	950	1029	905	709	512	377
2003	综合平均地价	3776	12729	9837	8843	6473	3941	2690
	商业平均地价	6168	26957	17621	14720	11980	6698	4899
	居住平均地价	4530	10280	10835	10902	6718	4590	2793
	工业平均地价	629	950	1056	906	721	536	378
2004	综合平均地价	3893	12835	10371	9391	6588	4326	2672
	商业平均地价	6367	26838	18280	15324	12040	7090	5055
	居住平均地价	4682	10717	11823	11936	7000	5348	2588
	工业平均地价	630	950	1011	914	724	540	373

附注：本表中的综合平均地价为商业用地、居住用地、工业用地地价的平均数，而非综合用途的地价。

表3－14　一至六级不同用途土地的地价指数

年份	指数类别	城市平均	一级	二级	三级	四级	五级	六级
2001	综合指数	100	100	100	100	100	100	100
	商业	100	100	100	100	100	100	100
	居住	100	100	100	100	100	100	100
	工业	100	100	100	100	100	100	100
2002	综合指数	101	103	109	105	108	98	104
	商业	108	113	128	120	127	110	101
	居住	100	95	97	97	108	86	107
	工业	97	100	103	97	90	99	105
2003	综合指数	103	103	112	105	109	101	105
	商业	108	115	131	122	127	111	101
	居住	102	95	101	98	109	89	110
	工业	99	100	106	97	91	104	105
2004	综合指数	105	104	116	111	111	108	103
	商业	111	114	136	127	128	117	104
	居住	106	99	110	107	113	103	102
	工业	99	100	101	98	92	104	104

附注：本表中的综合指数为商业用地、居住用地、工业用地地价指数的平均数，而非综合用途的地价指数。

六、土地储备

1. 2004 年北京市土地储备情况

自2002年建立土地储备制度以来，截至2004年12月31日，市区两级土地储备机构通过征收、收购、收回等方式共储备土地1175.5公顷(约合17632.5亩)，其中进行土地一级开发后已供应土地547.22公顷(约合8208.3亩)。(详见表3－15)

表3－15　2002－2004年北京市土地整理储备中心储备土地统计表

万 m^2

年度	储备土地宗数	储备方式			储备土地面积	已供应土地面积
		征用	收购	收回		
2002	9	6	3	0	412.58	180.87
2003	52	26	20	6	638.56	179.92
2004	21	2	17	1	124.36	186.43
合计	82	34	40	7	1175.50	547.22

注：2003年供地含奥运场馆BOT招标73.28万平方米。

2004年，市土地储备中心和各区县分中心通过收购、征收、收回等方式储备土地21宗，土地面积约124.36公顷。其中，收购储备土地17宗，土地面积约101.47公顷；征收储备土地2宗，土地面积约3.85公顷；收回储备土地2宗，土地面积约19.04公顷。(详见表3－16、表3－17)

表3－16　2004年北京市土地整理储备中心及分中心储备土地情况汇总表

万 m^2

储备主体	储备土地总数		储备方式					
			征　用		收　购		收　回	
	宗数	土地面积	宗数	土地面积	宗数	土地面积	宗数	土地面积
市中心	6	81.81	0	0	5	64.74	1	17.07
分中心	15	42.55	2	3.85	12	36.73	1	1.97
合　计	21	124.36	2	3.85	17	101.47	2	19.04

2. 经营性土地入市交易情况

截至2004年12月31日，共有146宗1004公顷1233万平方米国有土地分别在市和区县土地交易市场成交，成交价款229亿元，其中政府土地收益增值19亿元。(详见表3－18)其中，2004年，有89宗经营性土地分别在市和区县土地交易市场成交，涉及土地面积537.92公顷，规划建筑面积609.51万平方米，成交价款115.31亿元，政府土地收益增值11.16亿元。其中,在市土地交易市场成交24宗,土地面积359.17万平方米,规划建筑面积367.64万平方米,成交价款98.71亿元,政府土地收益增值7.92亿元;在远郊区县土地交易市场成交65宗,土地面积178.75万平方米,规划建筑面积241.87万平方米,成交价款16.6亿元,政府土地收益增值3.24亿元。(详见表3-19、表3-20)

表3-17 2004年度北京市土地整理储备中心各分中心储备土地统计表 万 m^2/万元

分中心名称	储备土地总数			储备方式								
				征用			收购			收回		
	宗数	土地面积	合同金额	宗数	土地面积	总费用	宗数	土地面积	价款	宗数	土地面积	补偿金额
宣武	1	5.0381	13500	0	0	0	1	5.0381	13500	0	0	0
朝阳	1	0.7285	6290	0	0	0	1	0.7285	6290	0	0	0
丰台	1	1.9583	370.12	1	1.9583	370.12	0	0	0	0	0	0
石景山	0	0	0	0	0	0	0	0	0	0	0	0
海淀	0	0	0	0	0	0	0	0	0	0	0	0
门头沟	2	2.39696	1009	0	0	0	2	2.3696	1009	0	0	0
房山	3	4.9616	3972.95	0	0	0	3	4.9616	3972.95	0	0	0
通州	0	0	0	0	0	0	0	0	0	0	0	0
顺义	3	18.1883	10537.11	0	0	0	3	18.1883	10537.11	0	0	0
昌平	0	0	0	0	0	0	0	0	0	0	0	0
大兴	2	3.8582	367.99	1	1.8871	367.99	0	0	0	1	1.9711	0
怀柔	0	0	0	0	0	0	0	0	0	0	0	0
平谷	0	0	0	0	0	0	0	0	0	0	0	0
密云	0	0	0	0	0	0	0	0	0	0	0	0
延庆	2	5.4411	96.75	0	0	0	2	5.4411	967.5	0	0	0
合计	15	42.5437	37014.67	2	3.8454	738.11	12	36.7272	36276.56	1	1.9711	0

表3-18 2001-2004年北京市经营性土地使用权入市成交统计表

年度	成交宗数	交易类型			土地面积(万 m^2)		规划建筑面积(万 m^2)	成交价款(亿元)	
		招标	拍卖	挂牌	合计	其中建设用地		合计	其中增值收益
2001	1	1	0	0	13.97	13.97	14.14	3.17	0
2002	8	2	1	5	250.48	173.09	331.26	61.35	2.61
2003	48	3	1	44	201.7	158.7	277.87	49.14	5.26
2004	89	4	0	85	537.92	403.53	609.51	115.31	11.16
合计	146	10	2	134	1004.07	749.29	1232.78	228.97	19.03

表 3-19　2004 年北京市经营性土地使用权入市成交统计表

交易地点	成交宗数	交易类型			土地面积(万 m^2)		规划建筑面积(万 m^2)	成交价款(亿元)	
		招标	拍卖	挂牌	合计	其中建设用地		合计	其中增值收益
市土地交易市	24	3	0	21	359.17	252.29	367.64	98.71	7.92
远郊区县土地交易市场	65	1	0	64	178.75	151.24	241.87	16.6	3.24
合计	89	4	0	85	537.92	403.53	609.51	115.31	11.16

表 3-20　2004 年北京市远郊区县经营性土地使用权入市成交统计表

区县	成交宗数	交易类型			土地面积(万 m^2)	建设用地面积(万 m^2)	规划建筑面积(hm^2)	成交价款(万元)	
		招标	拍卖	挂牌				合计	其中增值收益
门头沟	3	0	0	3	2.9593	1.574	13.69	4274	344
房山	3	0	0	3	6.6563	5.1127	8.2673	6180.77	1149.67
通州	1	1	0	0	21.265	13.342	20.003	20800	800
顺义	3	0	0	3	62.1712	51.1934	84.9033	62382.28	26773.49
昌平	1	0	0	1	4.5448	4.1544	5.925	17398.01	0
大兴	5	0	0	5	9.8846	9.3901	13.6049	10583	1874.5
怀柔	3	0	0	3	2.6242	2.2922	3.3974	3485.62	498.4
平谷	45	0	0	45	68.5941	63.7642	90.9255	40045.62	890
密云	0	0	0	0	0	0	0	0	0
延庆	1	0	0	1	0.4136	0.4136	1.1502	850	72
合计	65	1	0	64	178.75	151.24	241.87	16999.30	32402.06

3. 积极探索政府储备土地一级开发的管理模式

截至 2004 年 12 月 31 日，经批准纳入政府储备土地一级开发管理的项目共 59 个，土地面积 7879 公顷。其中：中心作为主体运作的项目 4 个，土地面积 1260 公顷；授权各区县分中心运作的项目 44 个，土地面积 4443 公顷。其中的 6 宗 145 公顷已完成一级开发并上市交易，政府土地收益增值 2.88 亿元；授权企业作为主体实施的土地一级开发项目 11 个，土地面积 2176 公顷。

第四章　房地产开发与建设

一、房地产开发企业情况

房地产开发企业情况

家

资质等级 \ 年份	2001	2002	2003	2004
一	29	35	38	40
二	51	61	80	90
三	42	54	78	86
四	4	15	25	30
暂定	1948	3055	2725	2690
合计	2074	3220	2946	2936

1	北京市崇文区城市建设开发公司	房地产资质壹级
2	北京兴隆置业有限公司	房地产资质壹级
3	北京北辰房地产开发股份有限公司	房地产资质壹级
4	北京华汇房地产开发中心	房地产资质壹级
5	北京北化房地产开发有限公司	房地产资质壹级
6	北京住总房地产开发有限责任公司	房地产资质壹级
7	北京金隅嘉业房地产开发公司	房地产资质壹级
8	北京市朝阳城市建设综合开发公司	房地产资质壹级
9	北京北辰实业股份有限公司	房地产资质壹级
10	北京市天鸿宝业房地产股份有限公司	房地产资质壹级
11	北京天鸿集团	房地产资质壹级
12	北京市东方康泰房地产开发经营有限责任公司	房地产资质壹级
13	北京市大兴城镇建设综合开发集团公司	房地产资质壹级
14	北京顺天通房地产开发有限责任公司	房地产资质壹级
15	北京昊远隆基房地产开发总公司	房地产资质壹级
16	北京市丰台区城建综合开发公司	房地产资质壹级
17	北京市威凯房地产开发经营公司	房地产资质壹级
18	北京海开房地产集团公司	房地产资质壹级
19	北京市高校房地产开发总公司	房地产资质壹级

续表

20	北京市云建房地产开发有限公司	房地产资质壹级
21	北新建材(集团)有限公司	房地产资质壹级
22	北京城建兴华房地产开发有限公司	房地产资质壹级
23	北京市门头沟区建设开发公司	房地产资质壹级
24	北京市密云县房地产开发总公司	房地产资质壹级
25	北京市裕发房地产开发集团	房地产资质壹级
26	北京嘉铭房地产开发有限责任公司	房地产资质壹级
27	北京市石景山区城市建设开发公司	房地产资质壹级
28	北京市顺义大龙城乡建设开发总公司	房地产资质壹级
29	北京市通州区房地产开发总公司	房地产资质壹级
30	北京城建房地产开发有限公司	房地产资质壹级
31	北京市天创房地产开发公司	房地产资质壹级
32	北京城市开发集团有限责任公司	房地产资质壹级
33	北京建工集团总公司	房地产资质壹级
34	北京天恒房地产股份有限公司	房地产资质壹级
35	北京城市开发股份有限公司	房地产资质壹级
36	华润置地(北京)股份有限公司	房地产资质壹级
37	北京大成开发集团有限公司	房地产资质壹级
38	北京新中实经济发展有限责任公司	房地产资质壹级
39	北京市宣武区城市建设综合开发总公司	房地产资质壹级
40	北京房开置业股份有限公司	房地产资质壹级
1	北京市昌平房地产开发总公司	房地产资质贰级
2	北京百环房地产开发有限责任公司	房地产资质贰级
3	北京城和房地产开发有限责任公司	房地产资质贰级
4	北京鸿运置业股份有限公司	房地产资质贰级
5	北京能源房地产开发有限责任公司	房地产资质贰级
6	北京金朝城乡建设开发股份有限公司	房地产资质贰级
7	北京旭日房地产开发有限责任公司	房地产资质贰级
8	北京奥林匹克置业投资有限公司	房地产资质贰级
9	北京世纪城房地产开发有限公司	房地产资质贰级
10	中银建置业有限公司	房地产资质贰级
11	北京市朝阳区房地产经营开发公司	房地产资质贰级
12	北京天运房地产综合开发经营有限责任公司	房地产资质贰级

续表

13	北京市王府井房地产综合开发公司	房地产资质贰级
14	北京市世源城市建设综合开发公司	房地产资质贰级
15	北京东方置地投资发展有限公司	房地产资质贰级
16	北京宝晟住房股份有限公司	房地产资质贰级
17	北京宏业房地产开发有限责任公司	房地产资质贰级
18	北京市新兴房地产开发总公司	房地产资质贰级
19	北京兴集房地产开发有限公司	房地产资质贰级
20	北京美晟房地产开发有限责任公司	房地产资质贰级
21	北京东和嘉业房地产开发有限公司	房地产资质贰级
22	北京银信光华房地产开发有限公司	房地产资质贰级
23	北京鹏润房地产开发有限责任公司	房地产资质贰级
24	北京集达房地产开发公司	房地产资质贰级
25	北京市泰华房地产开发集团有限公司	房地产资质贰级
26	北京市新时特房地产开发有限公司	房地产资质贰级
27	北京市丰台区鸿华房地产开发经营公司	房地产资质贰级
28	北京银地房地产开发有限责任公司	房地产资质贰级
29	北京市永联房地产开发有限责任公司	房地产资质贰级
30	华凯投资集团有限公司	房地产资质贰级
31	北京益恒房地产开发有限责任公司	房地产资质贰级
32	北京东兴联房地产开发有限责任公司	房地产资质贰级
33	北京恒兴物业管理集团	房地产资质贰级
34	北京龙腾房地产开发有限公司	房地产资质贰级
35	北京怡海花园房地产开发有限公司	房地产资质贰级
36	北京安地房地产开发有限责任公司	房地产资质贰级
37	北京泰跃房地产开发有限责任公司	房地产资质贰级
38	北京市公交房地产开发公司	房地产资质贰级
39	北京市京门房地产开发公司	房地产资质贰级
40	北京德成置地房地产开发有限公司	房地产资质贰级
41	北京德成兴业房地产开发有限公司	房地产资质贰级
42	北京亚信房地产开发有限责任公司	房地产资质贰级
43	北京中关村开发建设股份有限公司	房地产资质贰级
44	北京科技园建设股份有限公司	房地产资质贰级
45	北京永泰房地产开发有限责任公司	房地产资质贰级

续表

46	北京飞腾房地产开发有限公司	房地产资质贰级
47	北京宏怀房地产开发有限公司	房地产资质贰级
48	北京万通地产股份有限公司	房地产资质贰级
49	北京远坤房地产开发有限公司	房地产资质贰级
50	北京新荣房地产开发有限公司	房地产资质贰级
51	北京京西百灵房地产开发有限公司	房地产资质贰级
52	北京珠江房地产开发有限公司	房地产资质贰级
53	北京恒居房地产开发公司	房地产资质贰级
54	北京世豪房地产开发有限责任公司	房地产资质贰级
55	全联房地产开发公司	房地产资质贰级
56	昊宇东方集团有限公司	房地产资质贰级
57	北京魏公元鼎房地产开发集团有限公司	房地产资质贰级
58	北京九洲房地产综合开发有限责任公司	房地产资质贰级
59	北京都市房地产开发有限责任公司	房地产资质贰级
60	北京佳隆房地产有限公司	房地产资质贰级
61	北京当代鸿运房地产经营开发有限公司	房地产资质贰级
62	北京泰格经济开发公司	房地产资质贰级
63	北京市城乡房屋建设开发公司	房地产资质贰级
64	北京金第房地产开发有限责任公司	房地产资质贰级
65	北京市天竺房地产开发公司	房地产资质贰级
66	北京万科企业有限公司	房地产资质贰级
67	北京泰福恒房地产开发有限责任公司	房地产资质贰级
68	北京市民望房地产开发有限责任公司	房地产资质贰级
69	北京顺开房地产开发有限公司	房地产资质贰级
70	北京潞隆房地产开发有限责任公司	房地产资质贰级
71	北京嘉利恒德房地产开发有限公司	房地产资质贰级
72	北京金致达房地产开发有限公司	房地产资质贰级
73	北京市京工房地产开发有限公司	房地产资质贰级
74	北京新世界房地产有限公司	房地产资质贰级
75	金融街控股股份有限公司	房地产资质贰级
76	北京西都地产发展有限公司	房地产资质贰级
77	北京金融街建设开发有限责任公司	房地产资质贰级
78	北京兆泰房地产开发有限责任公司	房地产资质贰级

续表

79	北京市通达房地产开发建设总公司	房地产资质贰级
80	北京市恒泰房地产开发有限责任公司	房地产资质贰级
81	北京天创世缘房地产开发有限公司	房地产资质贰级
82	北京世安住房股份有限公司	房地产资质贰级
83	北京敬远房地产开发有限公司	房地产资质贰级
84	北京国际建设集团总公司	房地产资质贰级
85	北京中房长远房地产开发有限责任公司	房地产资质贰级
86	北京宣兴房地产开发股份有限公司	房地产资质贰级
87	北京广华轩房地产开发有限责任公司	房地产资质贰级
88	北京中北长城房地产开发有限公司	房地产资质贰级
89	北京市基础设施投资开发公司	房地产资质贰级
90	北京正华房地产开发有限责任公司	房地产资质贰级
1	北京法政实业有限公司	房地产资质叁级
2	北京九台房地产开发有限责任公司	房地产资质叁级
3	北京元龙房地产开发有限责任公司	房地产资质叁级
4	北京新龙房地产开发有限公司	房地产资质叁级
5	北京碧水庄园房地产开发有限公司	房地产资质叁级
6	北京杰盛华房地产开发有限公司	房地产资质叁级
7	北京亿本房地产开发有限公司	房地产资质叁级
8	北京鸿天泽房地产开发有限公司	房地产资质叁级
9	北京华阳房地产发展有限责任公司	房地产资质叁级
10	北京嘉业住房股份有限公司	房地产资质叁级
11	北京京南住房开发有限责任公司	房地产资质叁级
12	北京顺苑房地产开发有限公司	房地产资质叁级
13	北京日月星房地产开发有限责任公司	房地产资质叁级
14	北京儒林房地产开发有限责任公司	房地产资质叁级
15	北京兴红顺房地产开发公司	房地产资质叁级
16	北京宣颐房地产开发有限责任公司	房地产资质叁级
17	北京兴涛房地产开发有限责任公司	房地产资质叁级
18	北京大兴华房地产集团	房地产资质叁级
19	北京春光房地产开发有限公司	房地产资质叁级
20	北京万成房地产开发有限责任公司	房地产资质叁级
21	北京龙熙房地产开发有限责任公司	房地产资质叁级

续表

22	北京军建利司达房地产开发有限公司	房地产资质叁级
23	北京旭东置业有限公司	房地产资质叁级
24	北京玺萌房地产开发有限公司	房地产资质叁级
25	北京锦秋知春房地产开发有限公司	房地产资质叁级
26	北京金泰房地产开发有限责任公司	房地产资质叁级
27	北京市立元房地产开发有限责任公司	房地产资质叁级
28	北京市安达房地产开发公司	房地产资质叁级
29	北京海天房地产开发有限公司	房地产资质叁级
30	北京慧友房地产开发有限责任公司	房地产资质叁级
31	北京大地房地产开发有限责任公司	房地产资质叁级
32	北京恒阳华隆房地产开发有限公司	房地产资质叁级
33	北京凯帝克房地产有限责任公司	房地产资质叁级
34	北京颂阳房地产开发有限责任公司	房地产资质叁级
35	北京石龙工业开发区投资开发总公司	房地产资质叁级
36	北京中协诚达房地产开发有限公司	房地产资质叁级
37	北京万年永隆房地产开发有限责任公司	房地产资质叁级
38	北京华丰房地产开发有限责任公司	房地产资质叁级
39	北京市祺洋房地产开发有限责任公司	房地产资质叁级
40	北京中鑫源房地产开发集团有限公司	房地产资质叁级
41	北京富通基业房地产有限责任公司	房地产资质叁级
42	北京金都房地产实业股份有限公司	房地产资质叁级
43	北京市长地房地产开发建设有限责任公司	房地产资质叁级
44	北京智能通达房地产开发有限公司	房地产资质叁级
45	北京寅丰房地产开发有限责任公司	房地产资质叁级
46	北京京盛房地产开发中心	房地产资质叁级
47	北京鑫昌盛房地产开发公司	房地产资质叁级
48	北京市万森房地产开发公司	房地产资质叁级
49	北京三元嘉铭房地产开发有限公司	房地产资质叁级
50	北京市住邦房地产开发有限责任公司	房地产资质叁级
51	北京首建建设有限责任公司	房地产资质叁级
52	北京龙洋房地产开发有限责任公司	房地产资质叁级
53	北京天伦房地产开发经营公司	房地产资质叁级
54	北京城韵房地产开发有限公司	房地产资质叁级

续表

55	北京斯贝兰房地产开发公司	房地产资质叁级
56	北京海欣方舟房地产开发有限公司	房地产资质叁级
57	首创置业方舟房地产发展有限公司	房地产资质叁级
58	北京实兴经济技术开发总公司	房地产资质叁级
59	北京市金鼎房地产开发公司	房地产资质叁级
60	北京市兴华房地产开发公司	房地产资质叁级
61	北京市房顺房地产开发有限责任公司	房地产资质叁级
62	北京市裕鑫房地产开发有限公司	房地产资质叁级
63	北京建升房地产开发有限公司	房地产资质叁级
64	北京甄氏房地产开发有限公司	房地产资质叁级
65	北京首汽房地产开发公司	房地产资质叁级
66	北京东方太阳城房地产开发有限责任公司	房地产资质叁级
67	北京市开原房地产开发有限责任公司	房地产资质叁级
68	北京富河房地产开发有限责任公司	房地产资质叁级
69	北京联成房地产开发有限公司	房地产资质叁级
70	北京华源京都房地产开发有限公司	房地产资质叁级
71	北京隆鹤房地产开发有限公司	房地产资质叁级
72	北京市紫金恒房地产开发有限责任公司	房地产资质叁级
73	北京天旭达房地产开发有限责任公司	房地产资质叁级
74	北京市利达汇通房地产开发公司	房地产资质叁级
75	北京市兴地房地产经营开发公司	房地产资质叁级
76	北京荟宏房地产开发有限责任公司	房地产资质叁级
77	中国海洋置业公司	房地产资质叁级
78	北京中融物产有限责任公司	房地产资质叁级
79	北京市天枫房地产开发公司	房地产资质叁级
80	北京市天桥投资开发公司	房地产资质叁级
81	北京二商集团有限责任公司	房地产资质叁级
82	北京市华野房地产开发有限公司	房地产资质叁级
83	北京中盛鑫房地产开发有限公司	房地产资质叁级
84	北京京西北房地产开发有限公司	房地产资质叁级
85	北京夏都房地产开发有限公司	房地产资质叁级

续表

86	北京建雄房地产开发有限责任公司	房地产资质叁级
1	北京翰宏基业房地产开发有限公司	房地产资质肆级
2	北京高德房地产有限责任公司	房地产资质肆级
3	北京东安恒产房地产开发有限公司	房地产资质肆级
4	北京星岛置业有限公司	房地产资质肆级
5	北京世茂房地产开发有限公司	房地产资质肆级
6	北京汇源房地产开发有限公司	房地产资质肆级
7	北京东升房地产开发有限公司	房地产资质肆级
8	北京亿通房地产开发有限公司	房地产资质肆级
9	北京极地房地产开发有限公司	房地产资质肆级
10	北京正成房地产开发有限责任公司	房地产资质肆级
11	北京京西新远房地产经营开发公司	房地产资质肆级
12	北京熠都房地产开发有限公司	房地产资质肆级
13	北京优力凯置业有限责任公司	房地产资质肆级
14	北京瑞达世纪房地产开发有限公司	房地产资质肆级
15	北京中际房地产开发有限公司	房地产资质肆级
16	北京新润房地产开发有限公司	房地产资质肆级
17	北京泰然房地产开发有限公司	房地产资质肆级
18	北京鼎泰房地产开发有限责任公司	房地产资质肆级
19	北京地杰房地产开发有限责任公司	房地产资质肆级
20	北京顺林房地产开发中心	房地产资质肆级
21	北京杨镇房地产开发有限责任公司	房地产资质肆级
22	北京太合万兴房地产开发有限责任公司	房地产资质肆级
23	北京金易房地产开发有限公司	房地产资质肆级
24	北京市供销房地产开发公司	房地产资质肆级
25	北京市京都商业中心管理公司	房地产资质肆级
26	北京市建房房地产开发公司	房地产资质肆级
27	北京京电房地产开发经营公司	房地产资质肆级
28	北京市天工房地产开发有限责任公司	房地产资质肆级
29	北京安康房地产开发有限责任公司	房地产资质肆级
30	北京富源通房地产开发有限责任公司	房地产资质肆级

二、房地产开发投资

(一)开发投资情况

1. 2004 年房地产开发投资情况

2004 年,全市房地产开发完成投资 1473.3 亿元,同比增长 22.5%;占全社会固定资产投资的 58.3%,高于 2003 年同期 2.6 个百分点。

2. 北京市历年房地产开发完成投资情况

北京市房地产开发投资由 1990 年的 22.5 亿元,增长到 2004 年的 1473.3 亿元,年均增长 34.8%,比同期全社会固定资产投资年均增长率高出 14 个百分点,如图 4-1 所示。其中,1990-1995 年房地产开发投资的年均增长率为 73.4%,1996 年和 1997 年房地产开发投资基本保持不变,1998-2004 年房地产开发投资的年均增长率为 25.5%。

表 4-1 房地产开发投资及变动表

	完成投资(亿元)	同比增长(%)	所占比重(%)
合 计	1473.3	22.5	100.0
商品住宅	776	22.6	52.7
办公用房	187.9	31.6	12.8
商业营业用房	94.8	54.5	6.4
其他用房	414.6	13.5	28.1

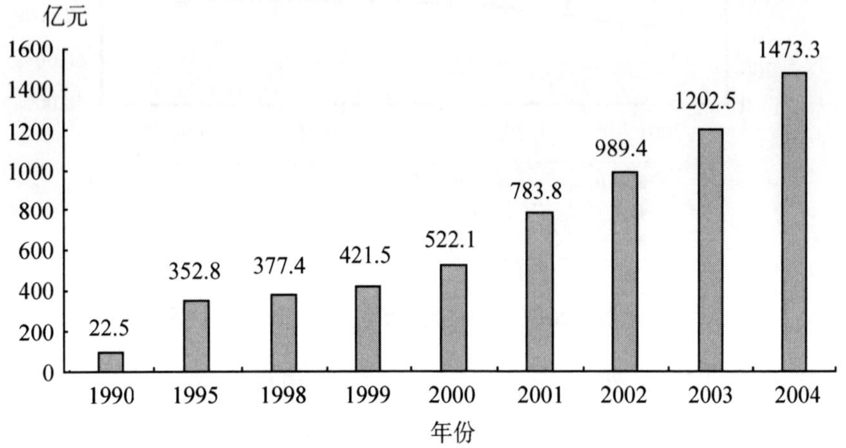

图 4-1 北京市 1990~2004 年房地产开发投资额

从全社会固定资产投资结构中看,房地产开发投资在其中所占比重从 2001 年开始一直保持在 50% 以上,2004 年达到 58.3%。1990 年以来房地产开发投资在固定资产投资中的比重状况如图 4-2 所示。

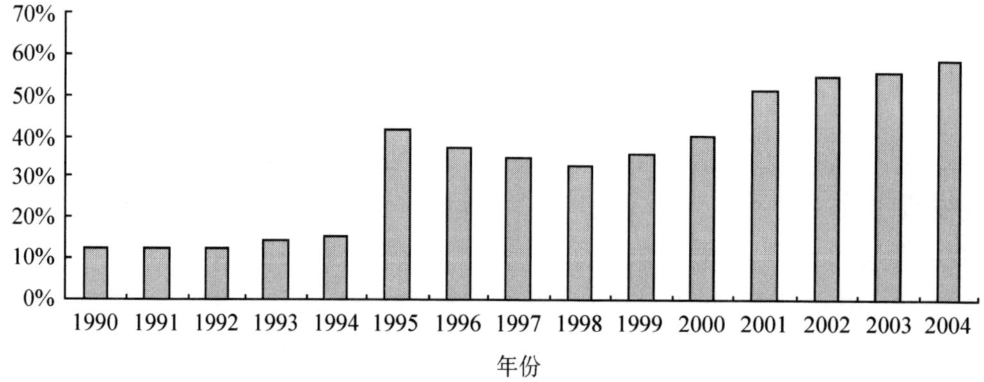

图 4－2　北京市 1990～2004 年房地产开发投资在固定资产投资中所占比重

3. 按投资用途分北京市历年房地产开发完成投资构成

2001 年－2004 年北京市房地产开发投资逐年增加，分别为 783.8 亿元、989.4 亿元、1202.5 亿元和 1473.3 亿元。2004 年北京市完成房地产开发投资与 2001 年相比年均增长了 23.4%。随着房地产投资的不断增长，房地产投资中的商品住宅投资也在不断增加，从 2001 年的 464.2 亿元增加到 2004 年的 776.0 亿元，住宅投资在房地产开发投资的比例基本保持在 52%－60%范围内(如图 4－3 所示)。

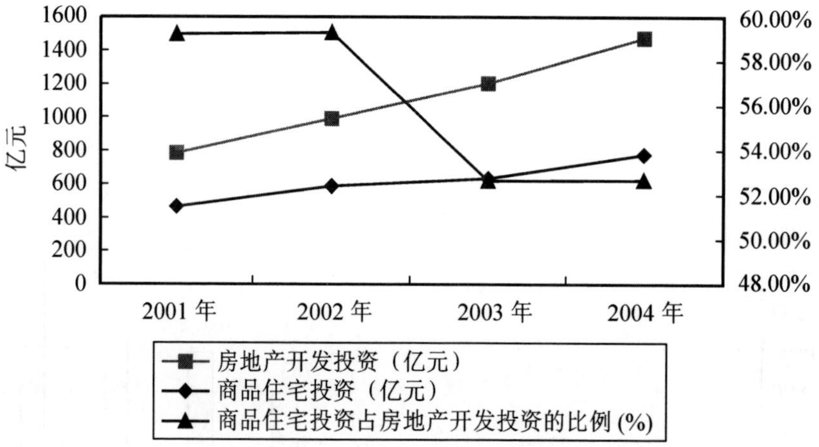

图 4－3　2001 年－2004 年住宅投资变化状况

4. 从投资去向看北京市 2004 年房地产开发投资构成及变动情况

表 4－2　2004 年房地产开发投资构成及变动情况

	完成投资(亿元)	同比增长(%)	所占比重(%)
合　计	1473.3	22.5	100.0
基础设施	25.2	1.3	1.7
国有单位	173.6	－2.9	11.8
商品房建设	797.8	28.0	54.1
土地开发	36.5	－7.6	2.5
其　他	440.2	31.0	29.9

(二)开发资金来源

1. 2004 年房地产开发投资来源情况

表 4-3 2004 年房地产开发资金来源情况

资金来源	到位资金(亿元)	同比增减(%)	比重(%)	所占比重与 2003 年同期相比(%)
合　计	2403.2	28.4	100.0	
国内贷款	550.0	-6.3	22.9	-8.5
外　资	48.5	46.1	2.0	0.2
企业自筹资金	434.5	15.6	18.1	-2.0
其中:自有资金	249.1	29.7	10.4	0.1
其他资金来源	1370.1	56.5	57.0	10.2
其中:定金及预收款	1240.3	67.0	51.6	11.9

2. 北京市历年房地产开发资金来源构成

表 4-4 2000-2003 年房地产开发投资资金来源情况　亿元

年　份	2000	2001	2002	2003
本年资金来源小计	781.2	1151.5	1368.4	1871.4
国家预算内资金	0.3	1.7	-	-
国内贷款	238.8	340.3	382.8	586.9
债　券	0.6	-	1.2	-
利用外资	37.1	20.3	16.8	33.2
自筹资金	130.7	223.0	286.8	375.9
其他资金来源	373.7	566.2	680.8	875.5

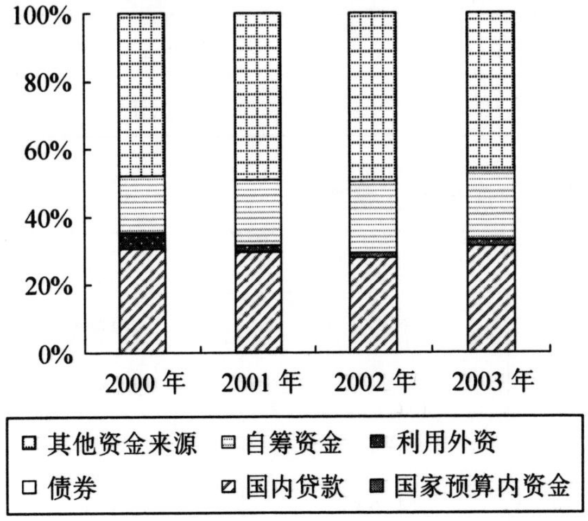

图 4-4 各资金来源在房地产开发投资中所占比例

需要进一步指出的是,其他资金来源中大部分为房地产预售的定金和预收款。如图 4-4 所示,2003 年房地产预售定金和预收款为 742.6 亿,占其他资金来源的 84.8%。不考虑其他资金来源中施工企业的垫资部分,保守的估计预售定金和预收款中 60% 来自于银行贷款。

三、房屋建设情况

(一)房屋建设总体情况

2001 年以来北京市商品房施工面积

逐年增加，从2001年的5966.7万平方米增加到2004年的9931.3，年均增长19.0%。其中商品住宅施工面积从2001年的4349.6万平方米增加到2004年的6759.4平方米，年均增长15.8%，商品住宅竣工面积从2001年的1707.4万平方米增加到2004年的3067.3平方米，年均增长22.6%。截至2004年末，北京市实有房屋建筑面积46522.6万平方米，其中实有住宅建筑面积26199.8万平方米。

(二)商品房新开工及施工情况

全市2004年商品房施工面积9931.3万平方米，同比增幅9.5%，其中商品住宅施工6759.4万平方米，同比增幅6.4%。(见表4－5)新开工面积3054.3万平方米，同比下降11.1%，其中商品住宅新开工2207.2万平方米，同比下降11.8%。(见表4－6)

表4－5　2004年北京市商品房施工情况

类　别	施工面积(万平方米)	同比增长(%)	比重(%)
合　计	9931.3	9.5	100.0
商品住宅	6759.4	6.4	68.1
办公用房	1122.5	24.5	11.3
商业营业用房	641.8	15.1	6.4
其　他	1407.5	11.8	14.2

表4－6　2004年北京市商品房新开工情况表

类　别	新开工面积(万平方米)	同比增长(%)	比重(%)
合　计	3054.3	－11.1	100.0
商品住宅	2207.2	－11.8	72.3
办公用房	262.2	1.2	8.6
商业营业用房	187.0	－17.3	6.1
其　他	397.9	－10.6	13.0

表4－7　2004年北京市各区县商品房新开工情况　　m^2

	新开面积	住　宅	办公楼	商　业
全　市	30542682	22071508	3699130	1869781
东城区	497659	170912	697794	24382
西城区	1532268	390530	635662	131366
崇文区	1336797	1042052	47630	77958
宣武区	919791	632912	75719	93543
朝阳区	8198988	5440604	1153176	450076

续表

	新开面积	住 宅	办公楼	商 业
丰台区	4698508	3479140	678172	177436
石景山区	1194519	1055482	0	42870
海淀区	2559211	1691302	228007	176653
门头沟区	327755	153936	46854	64018
房山区	349544	308123	0	31189
通州区	1935818	1681425	16735	110442
顺义区	1717547	1506983	13330	73009
昌平区	2836669	2642576	47862	70850
大兴区	1713799	1418107	23918	107603
平谷区	104344	64289	20053	26078
怀柔区	222012	192751	8013	23151
密云县	285804	158115	3747	122235
延庆县	111649	42269	2458	66922

表 4-8 2001-2004 年北京市商品房施工情况 万 m^2

	2001 年	2002 年	2003 年	2004 年
施工面积	5966.7	7510.8	9070.7	9931.3
住 宅	4349.6	5397.6	6352.9	6759.4
#公寓别墅	494.4	550.8	705	776
经济适用房	563.1	660.2	802.5	793.2
办公楼	495.5	672.7	901.3	1122.5
商业营业用房	330.6	400.4	557.7	641.8
其 他	790.9	1040.1	1258.8	1407.5

(三)商品房竣工情况

全市 2004 年商品房竣工面积 3067.0 万平方米，同比增幅 18.2%，其中商品住宅竣工 2344.0 万平方米，同比增幅 12.6%（见表 4-9）。

表 4-9 2004 年商品房竣工情况表(按用途分)

类 别	竣工面积(万 m^2)	同比增长(%)	比重(%)
合 计	3067.0	18.2	100.0
商品住宅	2344.0	12.6	76.4
办公用房	154.0	64.5	5.0
商业营业用房	225.3	91.6	7.4
其 他	343.9	13.9	11.2

表 4-10　2001-2004 年全市商品房竣工情况(按用途分)　　万 m^2

	2001 年	2002 年	2003 年	2004 年
竣工面积	1707.4	2384.4	2593.7	3067
住　宅	1393.4	1926.2	2080.8	2344
#公寓别墅	150.8	161.9	127.9	153.2
经济适用房	214	228.4	322.8	298.8
办 公 楼	97.9	97.5	93.6	153.9
商业营业用房	48.2	82.9	117.5	225.3
其　他	167.8	277.9	301.8	343.8

表 4-11　2004 年各区县商品房竣工情况(按区域分)　　m^2

	竣工面积	住　宅	办　公	商　业
合　计	30669879	23439521	1539298	2252584
东城区	876867	588112	75964	67836
西城区	679416	331072	140727	69089
崇文区	1133820	799269	502	149939
宣武区	1667088	1227160	107102	140897
朝阳区	7654292	5992830	242017	245014
丰台区	2546205	1772298	405965	138961
石景山	544157	457764	0	49831
海淀区	5491842	3405722	500766	690892
门头沟	313909	238935	10361	12957
房山区	378249	342290	0	31004
通州区	2060131	1786842	5998	185100
顺义区	918220	857817	0	50734
昌平区	2802740	2520905	25719	109357
大兴县	2301536	2082536	6024	77341
平谷县	86688	72906	1408	1543
怀柔县	193189	178183	8013	10531
密云县	729476	526381	6274	190461
延庆县	292054	258499	2458	31097

四、房屋拆迁管理

(一)2004年北京市房屋拆迁工作综述

1. 北京市拆迁管理体制

本市城市房屋拆迁实行市和区县二级管理体制。市国土房管局主管本市城市房屋拆迁管理工作,负责拆迁办法的组织实施和监督检查;区县国土房管局负责本行政区域内的城市房屋拆迁管理工作。具体拆迁项目的管理以区县为主,区县国土房管局负责进行拆迁公示、核发拆迁许可证、拆迁纠纷裁决等。(注:由于机构调整,原国土房管局房管部分职能于2004年7月1日已并入北京市建设委员会)

2. 北京市现行拆迁政策主要内容

根据国务院《城市房屋拆迁管理条例》,本市制定了《北京市城市房屋拆迁管理办法》及其他一系列拆迁相关规定,同时,根据《北京市集体土地房屋拆迁管理办法》的规定,本市城市房屋拆迁主要有以下两种方式:

(1)一般货币拆迁项目

根据国务院《城市房屋拆迁管理条例》和《北京市城市房屋拆迁管理办法》规定,本市房屋拆迁,拆迁人对被拆迁房屋所有权人按照被拆迁房屋的房地产市场评估价给予补偿。

本市就拆迁评估出台了一系列配套规定,主要包括:《北京市房屋估价办法》(1996年)、《北京市住宅楼房估价技术规范》(1999年)、《北京市非住宅房屋拆迁评估技术标准》(1999年)、《北京市房屋拆迁评估规则(暂行)》(2001年)、《北京市房屋拆迁评估管理暂行规定》(2001年)等。

对于公有住宅房屋,本市规定了承租人可以先按房改政策购买现住房,然后作为房屋所有权人按照拆迁办法规定得到拆迁补偿。本市规定拆迁范围内的公有住房,不论平房楼房、成套非成套,都可以按照房改政策出售。

(2)房改危改项目

为加快城市危旧房改造,进一步改善城市居民住房条件,2000年3月份本市出台了《北京市加快城市危旧房改造实施办法(试行)》,在崇文、宣武、丰台三区五个危改片进行房改带危改的试点;2001年3月,在总结三区五片试点经验的基础上,市政府决定扩大试点范围;2001年11月1日新修改实施的《北京市城市房屋拆迁管理办法》专条对房改危改方式作了规定。在房改危改区,被拆迁人可以实行就地安置、异地安置或者货币补偿三种方式,其中实行就地安置的,被拆迁人按照房改相关政策就地购买经济适用住房。

(3)集体土地房屋拆迁项目

为了规范集体土地上房屋的拆迁,本市出台了《北京市集体土地房屋拆迁管理办法》及相关配套政策,于2004年8月1日起开始实施。该办法对适用范围、拆迁管理、补偿安置等方面做了明确规定;其规定的拆迁管理制度与国有土地房屋拆迁管理既有相同之处,也有不同的内容;确定了房、地分开补偿的原则。

(二)本市房屋拆迁情况统计

1. 近几年全市启动拆迁房屋情况

2001年－2004年,全市共启动拆迁居(农)民约31.6万户,住宅建筑面积1353.4万平方米。具体如表4－12所示:

表 4－12　2001－2004 年全市房屋拆迁情况

年　度	户数(万户)	住宅建筑面积(万 m^2)
2001	9.8	196.7
2002	9.4	356.2
2003	7.4	482.5
2004	5.0	318.0

2.2004 年全市拆迁情况

(1)所有项目拆迁情况总计：

2004 年计划实施 395 个项目，拆迁居民 67101 户，住宅建筑面积 522 万平方米。截至年底全市包括市政基础设施、环境整治、危改、房地产开发等共计批准启动拆迁项目 260 个(占计划比例 65.82%)，拆迁居(农)民 49611 户(占计划比例 73.93%)，拆迁住宅房屋建筑面积 318 万平方米(占计划比例 60.91%)；

(2)各区县情况统计：2004 年度各区县核发拆迁许可证及拆迁量情况见表 4－13。

表 4－13　2004 年度各区县核发拆迁许可证及拆迁量情况　　万 m^2

区　县	项目数	户　数	建筑面积
东城区	24	2906	90398
西城区	34	6179	146200
崇文区	7	2915	82478
宣武区	12	2283	56361
朝阳区	58	20673	1124448
海淀区	50	7571	672798
丰台区	20	1732	132819
石景山区	9	1113	89860
延庆县	0	0	0
怀柔区	2	130	24679
密云县	4	55	4849
昌平区	5	183	14005
顺义区	4	1649	524484
平谷区	2	11	1679
房山区	4	357	21647
大兴区	11	971	131360
通州区	10	875	63027
门头沟区	4	8	744
合　计	260	49611	3181856

(三)拆迁行业管理情况

国务院《城市房屋拆迁管理条例》和建设部《城市房屋拆迁单位管理规定》,1995年本市制定了《北京市城市房屋拆迁单位管理暂行办法》,1999年11月又修改公布了《北京市城市房屋拆迁单位管理办法》。

《北京市城市房屋拆迁管理办法》规定:"本市对城市房屋拆迁单位实行资格管理、资质等级评审和资质年审制度。"凡在本市从事房屋拆迁服务的单位,都必须取得本市房屋拆迁资质;本市房屋拆迁单位分为自行拆迁单位和受托拆迁单位两种;受托房屋拆迁单位资质分为一、二、三级;本市对房屋拆迁单位的资质实行年度审核制度;拆迁工作人员必须经培训考核、持证上岗。

截止2004年12月31日,全市共有房屋拆迁单位258个,其中自行拆迁单位37个,一级受托拆迁单位37个,二级受托拆迁单位32个,三级受托拆迁单位152个。持有拆迁人员岗位证书的拆迁从业人员共计5000人(见表4-14)。

表4-14 拆迁单位情况统计

年 度	2001	2002	2003	2004
拆迁单位数量(个)	240	293	258	258

五、危旧房改造及古都风貌保护情况

2004年,城八区共拆除危房29.9万平方米,动迁居民2.4万户。回迁居民1.9万户。开复工面积1693.3万平方米,其中新开工面积419.5万平方米;自年初累计竣工面积478.1万平方米;完成投资203.1亿元。新启动东城区和平里一、二区、中石油、国华大厦、中青旅、北京移动、西城区南礼士路19号、灵境北、朝阳区金蝉庵、东八里庄、南三里屯、北三里屯、海淀区清河三建宿舍、学清路、吴家场、丰台区大红门西路四号15片危改小区。

表4-15 2001-2004年拆迁情况统计

年度	拆除房屋总量(万 m^2)	拆除危房(万 m^2)	动迁居民(户)	安置居民(户)	新开工面积(万 m^2)	竣工面积(万 m^2)	完成投资(亿元)
2001	262.7	114.2	93443	70011	468.5	255	173
2002	232.44	89.9	73670	54246	454.6	332.2	179.3
2003	184.62	69.97	52772	62152	608.67	382.05	203.9
2004	72.01	29.89	24102	40292	419.53	478.11	203.1
小计	751.77	303.96	243987	226701	1951.3	1447.36	759.3

2004年,经过市区有关部门共同配合,大量调研,并广泛征求人大代表、政协委员及企业意见的基础上,提出了《关于推进我市古都风貌保护和危房改造工作的思路》,宗旨是:切实保护古都风貌,做好解危排险工作,逐步疏散旧城人口,努

力改善居住条件，进一步完善城市功能。针对不同区域，采取不同的保护与改造模式，历史文化保护街区及皇城缓冲区实行整体保护；旧城范围内其他区域实行有重点地保护；旧城外区域加快推进危房改造。

在工作方针上，由过去不分区域，以房地产开发为主的改造模式，转变到针对区域特点，实行“有保有改”的工作方针；在保护方式上，由“推平头”为主的方式，转变到坚持以修缮为主，实行小规模、渐进式、多样化、微循环的推进方式；在实施主体上，由过分依赖开发商为主，转变到突出政府的主导作用；在居民安置上，旧城内居民要由以回迁为主转变为以外迁为主；在资金筹措上，由片面依靠提高容积率进行资金平衡，转变为政府补贴、居民出资、市场融资等多渠道资金筹措机制。

六、经济适用住房建设情况

按照市委、市政府提出的“合理确定经济适用住房建设规模和进度，确定适当户型标准，实行购买申请、审批公示制度，加强上市交易管理”和经济适用住房“十五”建设计划的总体要求，在市经济适用住房建设领导小组各成员单位通力协作下，2004 年，全市经济适用住房建设顺利进行。

全年计划新开工 300 万平方米、竣工 200 万平方米经济适用住房，截止 12 月底，新开工经济适用住房 313 万平方米，竣工 312 万平方米，西府景园、玉景苑、回笼苑、明月嘉园、电子城等 5 个项目竣工拔点，大约 2.8 万户居民通过购买经济适用住房解决了住房困难。

2004 年，国家四部委下发《经济适用住房管理办法》，市领导也多次对经济适用住房工作批示。为总结我市经济适用住房建设 6 年来的经验，实事求是地对经济适用住房政策作科学评析，研究经济适用住房工作中亟待解决的问题，为制定我市“十一五”期间经济适用住房的发展规划打基础。

(一) 1998 年 - 2004 年北京市经济适用房开发建设总量与比例

表 4-16　1998 年 - 2004 年北京市经济适用房开发建设情况

年　份	1998 年	1999 年	2000 年	2001 年	2002 年	2003 年	2004 年	合计
投资总额(万元)			379519	589773	669470	687000	725690	3051452
施工面积(万 m^2)	246.3	401.1	324.9	584.7	660.2	802.5	793.2	3812.9
竣工面积(万 m^2)	28.6	122.9	176	234.3	228.4	322.8	298.8	1411.8
销售面积(万 m^2)		45.8	168.2	185.3	220.7	320.0	306.3	1246.3
销售均价(元/m^2)		2664	2739	2975	2894	2847	3144	
销售额(亿元)			46.1	55.1	63.9	91.1	96.3	352.5
商品住宅均价(元/m^2)	4815	4787	4557	4716	4467	4456	4747	

表 4-17　近年来北京市科教文卫、军队等自建经济适用住房情况

年　份	项目个数	总规模(万 m^2)	其中:军队自建(万 m^2)
2001 年以前	132	278.8	
2002 年	47	91.7	34
2003 年	25	42.3	20.9
2004 年 1-5 月	28	94.5	23.5
总计	232	507.3	78.4

(二)经济适用房布局、规模与价格

目前经济适用住房开发建设面积昌平区为第一;但就项目数量看, 52 个经济适用住房项目则主要分布在朝阳区和丰台区,大部分经济房适用住项目分布在四环以外。

表 4-18　52 个项目区域分布情况

所在区	昌平	朝阳	大兴	房山	丰台	海淀	石景山	宣武	合计
个　数	5	15	2	2	15	6	6	1	52
规模(万 m^2)	1146.5	718.7	94	69.1	401.2	103.8	130.9	19.7	2683.9

(其中海淀区 6 个项目中有 1 个未完成价格审定)

表 4-19　52 个项目按环路分布情况

位置	四环外		三环至四环		二环至三环		合计	
方向	个数	规模(万 m^2)	个数	规模(万 m^2)	个数	规模(万 m^2)	个数	规模(万 m^2)
东	13	658.2	1	48.5	1	12	15	718.7
南	8	253	4	144.1	4	66.3	16	463.7
西	11	252.9	1	35.6	—	—	12	288.5
北	9	1213.6	—	—	—	—	9	1213.2
合计	41	2377.3	6	228.2	5	78.3	52	2683.8

52 个项目的价格范围及所占规模如表 4-20 所示。

表 4-20　经济适用房价格分布

销售价格	项目个数	所占规模(万 m^2)	所占规模比例
3000 元以下	13	1393	51.9%
3000-3500	7	448.2	16.7%
3500-4000	23	650.6	24.2%
4000 元以上	8	189.9	7.1%
价格未定	1	14	0.5%

第五章　房地产交易市场

2004年全市转让成交房屋共计23.77套，2958.25万平方米，比去年同期分别上涨了55%、65%。其中预售商品房转现房办理转移登记手续9.1万套，1183.38万平方米；商品现房转让成交8.91万套、面积1066.59万平方米；存量房转让成交5.76万套、708.28万平方米。

一、新建商品房供应情况

(一) 2004年北京市新建商品房批准预售情况

2004年，全市累计批准上市期房建筑面积3434.79万平方米，比去年增长7%；其中批准住宅类房屋2862.85万平方米，占上市期房总量的83.3%。

2004年预售商品房供应情况 万 m^2

年 份	商品住宅	经济适用住房	办 公	商 业	车位及其他	合 计
2004年	2428.89	433.96	211.49	182.8	177.65	3434.79
同比相比(%)	9.45	-31.89	42.75	-3.16	19.9	7.12

北京市历年商品房批准预售面积 万 m^2

年 份	面 积	其中住宅面积
1999年	1146.09	1080.56
2000年	1444.42	1350.74
2001年	2107	2001.69
2002年	2038.38	1779.44
2003年	3206.53	2721.45
2004年	3434.79	2862.85

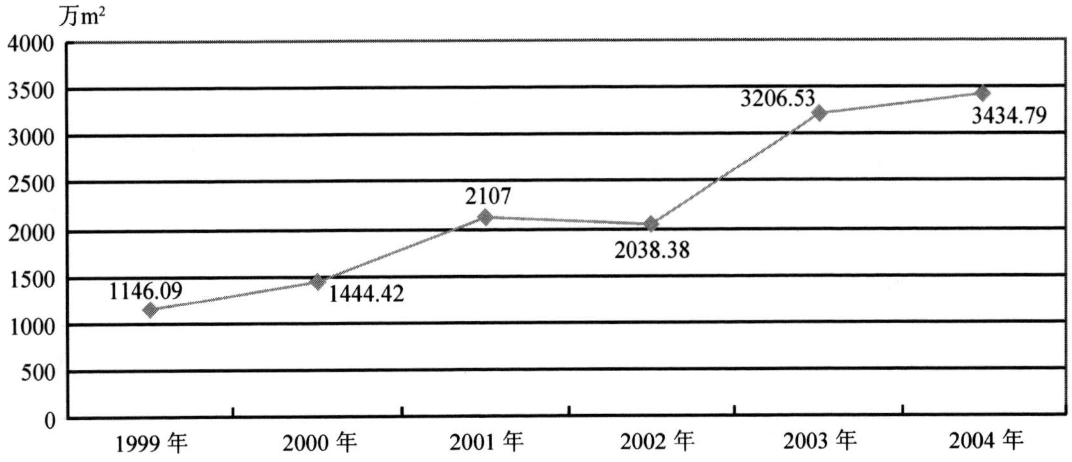

图5-1 1999-2004批准预售商品房上市情况

北京市历年商品住宅批准预售面积

万 m^2

年　份	经济适用住房	普通住宅	高档住宅	合　计
1999 年	221.9	729.12	129.54	1080.56
2000 年	127.95	1034.98	187.81	1350.74
2001 年	564.3	1251.01	186.38	2001.69
2002 年	286.72	1305.44	187.28	1779.44
2003 年	599.62	1841.89	279.94	2721.45
2004 年	433.96	2238.23	190.66	2862.85

北京市历年办公用房批准预售面积

万 m^2

1999 年	2000 年	2001 年	2002 年	2003 年	2004 年	合计
43.09	56.87	61.21	138.49	148.15	211.49	659.3

北京市历年商业、工业用房批准预售面积

万 m^2

1999 年	2000 年	2001 年	2002 年	2003 年	2004 年	合计
22.44	36.81	44.1	120.45	233.7	208.07	665.57

3.2004 年发放销售许可证工程

销售许可证号	项目名称	开发商	地　址
京房售证字(2004)656 号	天天朝阳住宅小区一期工程	北京三合兴房地产开发有限公司	甘露园西里 8 号
京房售证字(2004)644 号	龙山新新家园	北京万通地产股份有限公司	庙城镇(龙山新新小镇二期项目 3 号地块)
京房售证字(2004)649 号	花家地西里小区五组团 2、3 号楼	北京金隅嘉业房地产开发公司	花家地西里小区五组团 2#、3# 楼
京房售证字(2004)652 号	畅茜园 兰德华庭	北京罗兰德房地产开发有限公司	畅茜园兰德华庭 5－12 号院
京房售证字(2004)651 号	京棉一厂危改	北京中环通泰房地产开发有限公司	十里堡(京棉一厂生活区)
京房内证(经)字(2004)45 号	垈头翠成馨园	北京住总房地产开发有限责任公司	垈头翠成馨园 A 地块
京房售证字(2004)653 号	望京 A3 区 3# 住宅组团(宝星园二期)	北京宝星置业有限公司	望京住宅区 A3 区

续表

销售许可证号	项目名称	开发商	地址
京房售证字(2004)648号	千鹤家园	北京住总集团有限责任公司	小营
京房售证字(2004)646号	方泽园住宅小区1#楼等10项	北京中豪房地产开发有限公司	东铁匠营横一条10号
京房售证字(2004)645号	凯恒中心	北京凯恒房地产有限公司	朝内大街2号
京房售证字(2004)647号	国通家园	北京天运通房地产开发有限责任公司	昌平水库路东(国通住宅小区)
京房售证字(2004)650号	亚运新新家园	北京京伯房地产开发有限公司	辛店路1号(亚运新新家园二期丙区)
京房售证字(2004)655号	北苑住宅及办公楼(景龙国际名苑)	北京中建森岚房地产有限责任公司	北苑
京房售证字(2004)642号	樊家村甲2号住宅楼等2项	北京诚诚房地产开发有限公司	樊家村甲2号西院(樊家村甲2号合建住宅楼项目)
京房售证字(2004)640号	尚都国际中心二、三期(SOHO·尚都)	北京建华置地有限公司(SOHO·尚都)	东大桥路8号建华假日花园二、三期
京房内证(经)字(2004)44号	回龙观E06、E09区经济适用住房	北京三元盛泰房地产开发有限公司	回龙观镇
京房售证字(2004)641号	枫竹苑二期	北京名流未来置业有限公司	角门18号
京房售证字(2004)643号	星河城住宅小区G-1地块1#、2#、6-8#楼	北京玺萌置业有限公司	星河城住宅小区二期G-1地块
京房售证字(2004)638号	百子园	北京金马文华园房地产开发有限公司	百子湾路16号(金马文华园住宅小区二期D区)
京房售证字(2004)639号	褐石园14#、16#楼	北京泰跃房地产开发有限责任公司	厢白旗住宅小区14#、16#住宅楼
京房售证字(2004)635号	海通.梧桐苑二期	昊宇房地产开发有限公司	梨园镇小稿村
京房售证字(2004)636号	瑞宸家园	北京金恒通房地产开发有限公司	良乡地区瑞宸家园小区
京房售证字(2004)634号	蓝靛厂居住区绿化管理用房1#、2#楼	北京金源鸿大房地产有限公司	蓝靛厂居住区配套用房1地块、2地块

续表

销售许可证号	项目名称	开发商	地　址
京房售证字(2004)632号	西三环北路72号B座	北京凤凰城房地产开发有限公司	西三环北路72号
京房售证字(2004)631号	国美家园	北京鹏润房地产开发有限责任公司	姚家园青年路115号(国美家园)
京房售证字(2004)630号	久敬佳园	北京中瑞建达房地产开发有限公司	大红门村甲2号
京房售证字(2004)629号	北苑家园茉藜园16－21号	北京城建兴华地产有限公司	北苑家园614－619楼
京房售证字(2004)628号	将府家园	北京将台房地产开发有限公司	驼房营村
京房售证字(2004)623号	北京宣武区樱桃园危改小区2#楼	北京市陶然房地产开发有限责任公司	樱桃二条 樱桃园危改小区2#楼
京房售证字(2004)626号	丽景居住区	北京永同昌京都房地产开发有限公司	将台乡西十里居(丽景居住区)
京房售证字(2004)624号	大发畜产住宅(麒麟家园)	北京东方卓越房地产开发有限公司	肖家河东村1号
京房售证字(2004)622号	清河家园	北京方宏置业有限责任公司	清河镇北京制呢厂
京房售证字(2004)627号	星月家苑	北京银海房地产开发有限公司	卢沟桥南里1号东院
京房售证字(2004)621号	大兴休闲健康社区27号楼A、B、C三座底商以上住宅	北京龙熙房地产开发有限责任公司	黄村镇兴华中路9号
京房售证字(2004)618号	安顺北里	北京同马房地产开发有限公司	永顺镇北马庄村
京房售证字(2004)613号	前林丽景园	北京利民生房地产开发有限公司	玉桥中路10号
京房售证字(2004)614号	南滨河路住宅小区1#楼等	北京华安泰房地产开发有限公司	南滨河路27号
京房售证字(2004)610号	珠江峰景家园	北京东方恒嘉房地产开发有限公司	卢沟桥乡大井村
京房售证字(2004)611号	草桥小区西区9#、10#、11#楼及地下车库(五)	北京市新时特房地产开发有限公司	草桥欣园居住小区西区9#、10#甲、11#楼及地下车库(五)

续表

销售许可证号	项目名称	开发商	地　址
京房售证字(2004)609号	周庄山水文园A区3号楼	北京凯亚房地产开发有限公司	十八里店乡周庄新村(山水文园)A区3号楼
京房售证字(2004)615号	彩虹园	北京东和嘉业房地产开发有限公司	南顶路6#彩虹城(世纪人居)二期四区4、5、6号楼
京房售证字(2004)620号	昌盛园住宅小区	北京世涛基业房地产开发有限公司	介山村
京房售证字(2004)619号	蓝调沙龙雅园	北京天行雅坤房地产开发有限公司	梨园镇
京房售证字(2004)612号	鑫兆雅园	北京城乡房屋建设开发有限责任公司	宋庄路69号鑫兆雅园北区10#楼及地下车库
京房售证字(2004)617号	金泰苑商住小区	北京金泰兴业房地产开发有限责任公司	北大街1号东侧
京房售证字(2004)603号	银谷大厦	北京银谷大厦房地产开发有限公司	中关村路10号
京房售证字(2004)604号	酷特华庭	北京万利通置业有限公司	十里堡时代家园H地块
京房内证(经)字(2004)607号	丰台区青塔小区二期冷夏园2#、3#、4#住宅楼	北京大成开发集团有限公司	卢沟桥乡郑常庄(青塔小区二期)
京房售证字(2004)601号	正旗大厦	北京正旗房地产开发有限公司	角门北路8号
京房售证字(2004)605号	2#A座商住楼、公建	北京金源鸿大房地产有限公司	蓝靛厂居住区四期F区
京房售证字(2004)608号	住宅楼及会所等2项	北京宏东房地产开发有限公司	北三环中路69号
京房售证字(2004)606号	良城美景住宅小区	北京永同昌京都房地产开发有限公司	将台乡驼房营(良城美景住宅小区)
京房售证字(2004)597号	鑫兆佳园	北京城乡房屋建设开发有限责任公司	常营乡鑫兆佳园3号塔楼、4号塔楼及地下车库
京房售证字(2004)602号	朱雀门家苑	北京中集宏达房地产开发有限公司	太平街8号
京房售证字(2004)596号	宝盛里观澳园	北京宝晟住房股份有限公司	东升乡

续表

销售许可证号	项目名称	开发商	地　址
京房售证字(2004)599号	瑞都景园(南区)	北京瑞景房地产开发有限公司	九棵树48号院
京房售证字(2004)598号	世纪财富大厦	北京世源光华房地产开发有限公司	光华路7号规划1号地
京房售证字(2004)600号	大宁山庄	北京集达房地产开发有限公司	长阳镇大宁山庄
京房售证字(2004)595号	樊家村危改(万年花城)	北京万年花城房地产开发有限责任公司	花乡樊家村4号地(一)地块4－8#、4－9#、4－10#楼
京房内证(经)字(2004)42号	定福家园	北京城建房地产开发有限公司	平房乡黄渠村
京房售证字(2004)594号	国美家园	北京鹏润房地产开发有限责任公司	姚家园青年路115号(国美家园)
京房内证(经)字(2004)39号	回龙观文化居住区E06、E09经济适用房居住小区	北京三元盛泰房地产开发有限公司	回龙观镇
京房售证字(2004)592号	金泉家园	北京政泉置业有限公司	大屯里居住区东南部地区
京房售证字(2004)591号	萃板家园	北京祥辉房地产开发有限公司	常营乡(管庄物资供应站)
京房售证字(2004)584号	北京润龙家园住宅小区1#楼等9项	北京金寓豪房地产开发有限公司	旧宫镇润龙家园1－9号楼
京房售证字(2004)588号	石佛营住宅	北京贵竹苑房地产开发有限公司	石佛营东里134号院
京房售证字(2004)586号	南新仓商务大厦	北京香江亿百房地产开发有限公司	东四十条甲22号
京房售证字(2004)587号	崇文区安化北里2号院1号楼	北京联立房地产开发有限责任公司	安化北里危改小区1号楼
京房售证字(2004)583号	南宫苑住宅小区	北京中宸房地产开发有限公司	五里坨隆恩寺路19号院
京房售证字(2004)582号	艺水芳园	北京京通天泰房地产开发有限公司	三间房乡新房村天泰苑新村一期B2.B3区
京房售证字(2004)589号	水色时光花园	北京鑫程愿景房地产开发有限公司	北小营镇北小营村

续表

销售许可证号	项目名称	开发商	地　址
京房售证字(2004)590 号	珠江国际家园一区	北京珠江房地产开发有限公司	潞苑南大街(珠江国际城一期)1＃、18＃－38＃楼
京房售证字(2004)581 号	东方美景家园	北京市崇文区城市建设开发公司	南磨房乡
京房售证字(2004)585 号	长昆名居	北京鸿宇翔房地产开发有限责任公司	半壁街南路 2 号
京房售证字(2004)578 号	绿拆区 1＃、2＃楼及地下车库	北京城市开发股份有限公司	左安门外方庄绿拆区 1＃、2＃楼及地下车库
京房售证字(2004)577 号	懿品阁	北京中科联房地产开发有限公司	北沙滩 7 号
京房售证字(2004)579 号	怡海花园	北京怡海花园房地产开发有限公司	花乡四合庄怡海花园 B 组团
京房售证字(2004)574 号	风荷曲苑	华凯投资集团有限公司	六里桥新村住宅小区二期 C 区
京房售证字(2004)575 号	富力城三期 D16、D17 住宅楼	北京富力城房地产开发有限公司	广渠门外大街北侧富力城 F 地块
京房售证字(2004)576 号	当代万国城	北京当代鸿运房地产经营开发有限公司	香河园街 1 号当代万国城 8＃、9＃、10＃楼
京房售证字(2004)573 号	蓝调沙龙雅园	北京天行雅坤房地产开发有限公司	梨园镇
京房内证(经)字(2004)41 号	三环新城	北京懋源苑房地产开发有限公司	葛家村西里一号
京房售证字(2004)571 号	草桥小区西区 12＃、13＃、14＃楼及地下车库(六)	北京市新时特房地产开发有限公司	草桥欣园居住小区西区 12＃－14＃楼及地下车库(六)
京房内证(经)字(2004)40 号	西山枫林园	北京东和伟业房地产开发有限公司	八大处 A 区经济适用房 2－1,2－2
京房售证字(2004)569 号	韵竹园	北京鲁能陶然房地产开发有限公司	南横街东口
京房售证字(2004)570 号	鸿华家园	北京东方鸿铭房地产开发公司	北苑拥军路北苑农场
京房售证字(2004)572 号	2＃住宅楼等 7 项	北京兴琦房地产开发有限公司	马家堡路 95 号兴琦家园 1－6 号楼及地下车库

续表

销售许可证号	项目名称	开发商	地 址
京房售证字(2004)568号	绿城百合公寓	北京阳光绿城房地产开发有限公司	良乡卫星城西侧10公里
京房售证字(2004)567号	A类户型等5项	北京欧陆房地产开发有限公司	顺义县天竺镇欧陆苑
京房售证字(2004)560号	水郡长安	北京京德顺房地产开发有限公司	茶家东路东侧
京房售证字(2004)559号	京汉旭城家园	北京京汉房地产开发有限公司	吴庄北重西厂院内京汉旭城家园三组团
京房售证字(2004)565号	石佛营二期1号地	北京市朝阳城市建设综合开发公司	石佛营二期1号地
京房售证字(2004)558号	怡禾国际中心	北京怡禾房地产开发有限公司	光华西里商住小区住宅及配套
京房售证字(2004)564号	锋线阁	北京恒乾房地产开发有限公司	清河镇龙岗路北京粉丝厂职工宿舍
京房内证(经)字(2004)38号	朝阳新城A组团	北京金隅嘉业房地产开发公司	东坝乡朝阳新城A组团
京房售证字(2004)561号	顺驰蓝调国际2#住宅楼等3项	北京顺驰置地丰润房地产开发有限公司	莱户营西街117号地一期
京房售证字(2004)562号	富力城二期地下车库	北京富力城房地产开发有限公司	广渠门外大街
京房内证(经)字(2004)37号	垡头翠成馨园	北京住总房地产开发有限责任公司	垡头翠成馨园A地块
京房售证字(2004)532号	南滨河路住宅小区	北京华安泰房地产开发有限公司	南滨河路27号
京房售证字(2004)557号	广华园	北京广华轩房地产开发有限责任公司	西坝河东里2号
京房售证字(2004)554号	紫成嘉园	北京同创嘉业建设开发有限公司	海淀乡树村同方国际公寓3#地块
京房售证字(2004)553号	双花园小区9#地2#、3#、4#楼及K3车库	北京金隅嘉业房地产开发公司	广渠门外大街31号(双花园9号地1#、2#、3#、4#楼、配套及地下车库)
京房售证字(2004)551号	兴丰大厦	中铁华丰(北京)房地产开发有限公司	西客站南广场

续表

销售许可证号	项目名称	开发商	地　址
京房售证字(2004)552号	紫庐家园	北京恒世基业房地产开发有限公司	安外北苑
京房售证字(2004)547号	世纪星城兴业园	北京顺华房地产开发有限公司	杨庄路249号
京房售证字(2004)549号	嘉铭园E组团4#楼	北京嘉铭房地产开发有限责任公司	北苑路86号
京房售证字(2004)550号	京温综合停车楼	京温实业有限公司	永南路高庄西口60号
京房售证字(2004)546号	翰宏花园二期东区A－s型住宅等6项	北京翰宏基业房地产开发有限公司	小汤山镇常兴庄村
京房售证字(2004)555号	泰华滨河苑	北京市泰华房地产开发集团有限公司	南十里居5号
京房售证字(2004)545号	提香草堂	北京锦绣花园投资发展有限公司	窦店镇锦绣路18号
京房售证字(2004)544号	雍和家园二期	北京银泰雍和房地产开发有限公司	和平里东街11号
京房售证字(2004)543号	彩虹园	北京东和嘉业房地产开发有限公司	石榴庄西街232、234号世纪人居(彩虹城))
京房售证字(2004)541号	五路居住宅小区住宅2#－4#楼	德润房地产开发集团有限公司	五棵松路47号
京房售证字(2004)542号	博雅国际中心	北京世纪恒成建设开发有限公司	望京新兴产业区3号地
京房售证字(2004)539号	昌平区小汤山镇马坊桥东	北京太阳城房地产开发有限公司	小汤山镇马坊桥东
京房售证字(2004)538号	郦城(常青通达新村)	北京永泰房地产开发有限责任公司	四季青镇
京房售证字(2004)540号	海通．梧桐苑二期	昊宇房地产开发有限公司	梨园镇小稿村
京房售证字(2004)527号	西北旺镇区二期工程GI区I－3、I－4、I－5号楼	北京德成兴业房地产开发有限公司	东北旺乡西北旺新村G2地块
京房售证字(2004)531号	韵竹园	北京鲁能陶然房地产开发有限公司	南横街东口危改小区北区
京房售证字(2004)537号	北京青年城	北京新华联恒业房地产开发有限公司	来广营乡北苑集团东区(北京青年城)

续表

销售许可证号	项目名称	开发商	地　址
京房售证字(2004)530 号	五栋大楼	北京隆盛房地产开发有限公司	车公庄北里五栋大楼 A、B、C、D 栋及中心花园地下车库
京房售证字(2004)529 号	五路居住宅小区 7－13 号楼、16－21 号楼及一、二期地下车库	德润房地产开发集团有限公司	五棵松路 47 号
京房内证(经)字(2004)36 号	佰嘉经济适用房小区	北京佰嘉置业有限公司	回龙观镇
京房售证字(2004)534 号	玉桥东里小区	北京潞隆房地产开发有限责任公司	乔庄
京房售证字(2004)535 号	外企大厦	北京市新地房地产开发有限责任公司	广渠路 31 号(北内改造 K 区公建及地下车库)
京房售证字(2004)533 号	综合楼等 5 项	北京永达房地产开发有限公司	田村路 12 号
京房售证字(2004)528 号	金方商贸大厦	北京浩搏基业房地产开发有限公司	南方庄 68 号
京房售证字(2004)526 号	众鼎综合楼	北京玉威置业有限公司	马连洼梅园以北
京房售证字(2004)524 号	京九铁路沿线居民搬迁住宅小区 3＃、4＃、5＃、6＃、7－1＃、7－2＃楼及地下车库	北京市兴华房地产开发公司	京九铁路沿线居民搬迁住宅小区 3＃、4＃、5＃、6＃、7＃楼及地下车库
京房售证字(2004)525 号	天朗园	北京北辰实业股份有限公司	朝阳北苑北辰居住区 B3 区
京房售证字(2004)518 号	珠江骏景南区	北京珠江房地产开发有限公司	永外果园 43 号
京房售证字(2004)510 号	香山南路 99 号	北京香山双新房地产有限公司	四季青乡双新新村一期工程 E 地块
京房售证字(2004)517 号	彩虹园	北京东和嘉业房地产开发有限公司	石榴庄西街 232、234 号世纪人居商住小区 A 区 A
京房售证字(2004)514 号	星河城住宅小区 G－1 地块 3＃、4＃楼	北京玺萌置业有限公司	星河城住宅小区二期 G－1 地块
京房售证字(2004)520 号	时点新标家园	北京龙洋房地产开发有限责任公司	左安门外饮马井 1 号、38 号院

续表

销售许可证号	项目名称	开发商	地　址
京房售证字(2004)515号	辉煌时代大厦	北京辉煌世纪房地产开发有限公司	中关村西区综合科贸二区7号地块
京房售证字(2004)521号	兴业新村一期	北京创辉房地产开发有限公司	四季青乡西冉村
京房售证字(2004)519号	亦语林居住宅小区	北京嘉源置业投资有限公司	马驹桥镇西区(马驹桥镇起步区C3住宅小区)
京房售证字(2004)523号	鹿港嘉苑	北京嘉轩房地产开发有限公司	南湖渠(嘉轩城市花园小区B2区)
京房售证字(2004)522号	紫光发展大厦	北京恒世基业房地产开发有限公司	惠新东街
京房售证字(2004)516号	世纪星河名苑	北京永泰宏基房地产开发有限公司	运河园路东果园
京房售证字(2004)513号	望园东里24号楼	北京市丰台区城市建设综合开发公司	丰北路周庄子望园东里1、4、5号楼
京房售证字(2004)511号	运河明珠家园	北京豪光房地产开发有限公司	玉带河大街2号
京房售证字(2004)503号	华杰大厦	北京华之杰房地产开发有限公司	大钟寺13号
京房售证字(2004)509号	碧水庄园	北京必胜房地产开发有限公司	回龙观镇定福皇庄村碧盛花园
京房售证字(2004)502号	云会里金雅园	北京华泰方圆房地产开发有限公司	四季青乡营会寺金雅园A3商品楼
京房售证字(2004)505号	北京市丰台区梅市口路15号	北京中筑置业有限公司	岳各庄新村西区一期2、3、5、6、7、8号楼商业
京房售证字(2004)506号	城市时尚家园	北京芳城房地产开发有限公司	南顶路20号
京房售证字(2004)508号	海湾国际中心	北京海湾京城房地产开发有限公司	中关村西区海淀欣苑Ⅲ-2、Ⅲ-3地块综合体
京房售证字(2004)504号	久敬佳园	北京中瑞建达房地产开发有限公司	大红门村(大红门一期A区C-3#、C-4#、C-5#楼)
京房售证字(2004)507号	国典华园	北京国电房地产开发有限公司	安定路12号国典华园1#、2#、3#、6#住宅楼及配套

续表

销售许可证号	项目名称	开发商	地　址
京房售证字(2004)63号	远中悦莱公寓	北京远中房地产开发有限公司	中关村西区周边“海淀欣苑Ⅰ-3地块”
京房售证字(2004)499号	林达嘉园(远洋新干线)	北京林达华夏房地产开发有限公司	东三环北路丙2号
京房售证字(2004)498号	摩林绿色广场一期西4-01A等72项	北京摩林房地产开发有限公司	李遂镇柳各庄村西侧
京房售证字()985号	通泰小区(郦城)	北京永泰房地产开发有限责任公司	四季青乡通泰小区二期
京房售证字(2004)501号	橘郡花园	北京温碧源住宅有限公司	小汤山镇马坊村东
京房售证字(2004)494号	通泰小区一期商业服务楼及会所	北京永泰房地产开发有限责任公司	四季青乡通泰小区一期商业楼及会所
京房售证字(2004)495号	通泰小区一期	北京永泰房地产开发有限责任公司	四季青乡
京房售证字(2004)497号	田清园	北京山水绿洲房地产开发有限责任公司	东铁营南窑村田清园住宅小区
京房售证字(2004)496号	胜古庄危改二期	北方房地产开发有限责任公司	胜古庄(朝阳区胜古庄危改小区二期)
京房售证字(2004)493号	城市月光家园	北京方恒房地产开发有限公司	北四环东路甲九号(方舟苑9、10号住宅楼及地下车库)
京房售证字(2004)492号	朝阳公园东小区一期N3、N4住宅楼	北京国兴嘉业房地产开发有限责任公司	东四环北路外(朝阳公园东小区一期N3、N4住宅楼及N2配套楼)
京房售证字(2004)491号	朝阳公园东小区南区S1、S2公寓楼和S3写字楼	北京国兴嘉业房地产开发有限责任公司	东四环北路外朝阳公园东小区南区S1、S2公寓楼S3写字楼
京房售证字(2004)486号	绿岛家园	北京市西达房地产开发有限责任公司	剧场东街8号
京房售证字(2004)489号	和光里小区	北京林河兴业房地产开发有限公司	程庄路3号
京房售证字(2004)488号	佳运园	北京市裕发房地产开发集团	东小口镇陈营村

续表

销售许可证号	项目名称	开发商	地址
京房售证字(2004)485号	一世情园	北京华源京都房地产开发有限公司	马驹桥兴华西街
京房售证字(2003)414号	京贸国际公寓	北京天旭运河房地产开发有限责任公司	八里桥南路
京房售证字(2004)482号	世纪东方嘉园	北京世纪城房地产开发有限公司	南磨房(楼梓庄)紫南家园二期(2区1#、3#楼部分及2区4#地下车库2段)
京房售证字(2004)481号	太合嘉园宗地二	北京太合嘉园房地产开发有限责任公司	东四环北路7号
京房售证字(2004)483号	颐德家园	北京颐德房地产开发有限公司	京顺路5号颐德家园一期A座
京房售证字(2004)479号	方丹苑2#楼、3#楼	北京方恒房地产开发有限公司	劲松七区29号
京房售证字(2004)480号	新潮嘉园	北京鹏程房地产开发有限公司	永顺地区小潞邑村
京房售证字(2004)484号	北京嘉州阳光苑(DBC)B区工程	北京卓越房地产开发有限公司	梨园镇(嘉州阳光苑B区)
京房售证字(2004)478号	西马小区B3区3、4号楼	北京金易房地产开发有限公司	西马场南里7号
京房售证字(2004)477号	顺驰蓝调国际2#住宅楼等3项	北京顺驰置地丰润房地产开发有限公司	菜户营西街117号地一期
京房市外证字第180号	欧陆苑别墅	北京欧陆房地产开发有限公司	顺义县天竺镇欧陆苑
京房售证字(2004)475号	富力城一期B地块	北京富力城房地产开发有限公司	广渠门外大街北侧
京房内证(经)字(2004)35号	垡头翠成馨园	北京住总房地产开发有限责任公司	垡头翠成馨园
京房售证字(2004)473号	晨光家园	北京住总房地产开发有限责任公司	十里堡晨光家园B区8号住宅、22号地下车库
京房售证字(2004)474号	上地佳园23号楼	北京实创上地佳园房地产开发有限公司	上地佳园23号楼
京房售证字(2004)470号	翡翠苑	北京华润曙光房地产开发有限公司	黄村镇北翡翠苑B2区北区

续表

销售许可证号	项目名称	开发商	地　址
京房售证字(2004)469号	星河城住宅小区G－1地块9－17#楼	北京玺萌置业有限公司	星河城住宅小区二期G－1地块
京房售证字(2004)471号	五栋大楼	北京隆盛房地产开发有限公司	车公庄北里五栋大楼A、B、C、D栋及中心花园地下车库
京房售证字(2004)472号	凤翔大厦	北京凤翔房地产开发有限公司	青春路4号，商业街2号
京房售证字(2004)466号	昌盛园住宅小区	北京世涛基业房地产开发有限公司	介山村
京房售证字(2004)467号	富尔大厦	北京美迪亚置业有限公司	东三环中路25号富尔大厦
京房售证字(2004)468号	海格国际大厦	北京大华一品置业有限公司	宣武门外大街92号
京房售证字(2004)465号	福华大厦	北京南湖花园公寓有限公司	农展南路朝阳公园西小区A组团
京房售证字(2004)464号	鑫兆佳园	北京城乡房屋建设开发有限责任公司	常营乡鑫兆佳园7#塔楼
京房售证字(2004)463号	晶都苑	北京丰中房地产开发有限公司	酒仙桥一街坊
京房内证(经)字(2004)34号	朝阳新城C组团15#、17#、18#、20#、22#、23#楼	北京金隅嘉业房地产开发公司	朝阳新城C组团
京房售证字(2004)458号	小井新村二期(保利．欣苑)	保利(北京)房地产开发有限公司	卢沟桥乡小井村西侧保利欣苑
京房售证字(2004)460号	炫特区(广厦时代住宅小区)	北京广厦京都置业有限公司	十里堡1号广厦时代住宅小区4－8号楼及配套13号楼
京房售证字(2004)461号	欣日嘉园	北京东升房地产开发有限公司	红螺路西侧
京房内证(经)字(2004)33号	君安家园	北京远望君安房地产开发有限公司	东升乡小营村
京房售证字(2004)448号	1#、3－12#楼	北京兴集房地产开发有限公司	瀛海镇三槐堂村

续表

销售许可证号	项目名称	开发商	地　址
京房售证字(2004)454号	甜水园小区	北京市朝阳城市建设综合开发公司	甜水园小区12、13号住宅楼、服务用房、地下车库
京房售证字(2004)457号	南横街东口危改小区北区N2住宅楼及N2－N3配套裙房	北京鲁能陶然房地产开发有限公司	南横街东口
京房售证字(2004)456号	西罗园6号地住宅小区项目	北京天鸿集团公司	西罗园6号地西罗园6号地住宅小区项目
京房售证字(2004)455号	西北旺新村GⅠ区Ⅰ－1、Ⅰ－2号楼	北京德成兴业房地产开发有限公司	东北旺乡西北旺新村二期G2地块
京房售证字(2004)450号	彩虹园	北京东和嘉业房地产开发有限公司	南顶路6号世纪人居(彩虹城)商住小区二期四区7#楼
京房内证(经)字(2004)32号	西山枫林园	北京东和伟业房地产开发有限公司	八大处A区经济适用房2－1、2－2
京房售证字(2004)446号	久敬佳园	北京中瑞建达房地产开发有限公司	大红门村(大红门一期A区)
京房售证字(2004)452号	京九铁路沿线居民搬迁住宅小区	北京市兴华房地产开发公司	京九铁路沿线居民搬迁住宅小区
京房售证字(2004)449号	碧桂园	北京市碧桂园房地产开发有限公司	长阳镇
京房售证字(2004)451号	文成杰座	北京京西北房地产开发有限公司	学院路六道口7号文成杰座3号楼
京房售证字(2004)444号	苹果社区	北京今典鸿运房地产开发有限公司	百子湾路32号
京房售证字(2004)441号	智慧大厦	北京嘉里锦华房地产开发有限公司	明光村物资小区
京房售证字(2004)445号	保福大厦	北京市保福房地产开发有限公司	保福寺A区
京房售证字(2004)442号	临枫嘉园北里	北京天方世城房地产开发有限公司	四季青乡玉泉新村(二期)4、5、13、14、15号楼
京房内证(经)字(2004)31号	朝阳新城B组团3#、4#、7#、8#、11#、12#、13#楼	北京金隅嘉业房地产开发公司	朝阳新城B组团

续表

销售许可证号	项目名称	开发商	地　址
京房售证字(2004)438号	建安里小区17#、18#楼	北京肆维基业房地产开发有限公司	东关环岛
京房售证字(2004)439号	季景沁园(一期B)/季景沁园(一期A)	北京京励房地产开发有限公司	望京新城K6区
京房售证字(2004)437号	天地美墅	北京恒帝隆房地产开发有限公司	梨园镇公庄村
京房售证字(2004)436号	瑞康佳园	北京东杰房地产开发有限公司	梨园镇
京房售证字(2004)435号	豆各庄5号院	北京万科企业有限公司	豆各庄乡
京房售证字(2004)429号	锋阁嘉园	北京万德福房地产开发有限公司	梨园镇李老公庄
京房售证字(2004)431号	泓景家园	北京成大房地产开发有限公司	板井村蔬菜研究中心园内东圃场河畔家园
京房售证字(2004)433号	康都佳园	北京世纪润通房地产开发有限公司	望京新兴产业区41号
京房售证字(2004)432号	欣达园小区	北京市欣达园房地产开发有限公司	梨园地区大马庄
京房售证字(2004)434号	乐成国际园(一期)	北京达义北方置业有限公司	广渠路31号(北内总厂G区)
京房售证字(2004)430号	麓鸣花园	北京兴昌达博房地产开发有限公司	南邵镇金家坟村
京房售证字(2004)428号	华龙美树苑	北京首汽房地产开发公司	三间房南里4号院(东院)
京房售证字(2004)427号	航丰园科技大厦A座	北京航丰园科技发展有限责任公司	科学城九号
京房售证字(2004)426号	珠江国际家园	北京珠江房地产开发有限公司	潞苑南大街
京房售证字(2004)425号	景泰西里危改小区项目东区	中冶新奥房地产开发有限公司	安乐林路景泰西里危改小区东区
京房售证字(2004)424号	浩隆花园一期	北京浩隆房地产开发有限责任公司	广渠路31号
京房售证字(2004)421号	观唐花园	博华紫光置业有限公司	东郊农场中心区

续表

销售许可证号	项目名称	开发商	地　址
京房售证字(2004)416 号	2#住宅楼等 7 项	北京兴琦房地产开发有限公司	右外马家堡路 95 号兴琦家园 1-6#楼及地下车库
京房售证字(2004)411 号	翠海明珠苑	北京鑫起达房地产开发有限责任公司	南苑乡新宫新村一期 A 区
京房售证字(2004)422 号	万城花园	北京万城置地房地产开发有限公司	万柳西区(万城花园项目 J 地块)
京房售证字(2004)419 号	马家堡丽华住宅小区	北京市鑫华利苑房地产开发有限公司	马家堡丽华住宅小区
京房售证字(2004)420 号	飞腾家园	北京飞腾房地产开发有限公司	五爱屯西街住宅小区
京房售证字(2004)409 号	蓝郡嘉苑	北京兆恒房地产开发有限公司	西环南路
京房售证字(2004)418 号	风景翠园	北京华润曙光房地产开发有限公司	黄村镇高米店西侧
京房售证字(2004)410 号	风格与林苑	北京元亨房地产开发有限公司	花乡黄土岗村黄土岗新村二期工程 15#、18#、19#、22#、23#、26#、27#、29#住宅楼
京房售证字(2004)423 号	新科苑住宅小区	北京市永联房地产开发有限责任公司	角门
京房内证(经)字(2004)30 号	三环新城	北京懋源苑房地产开发有限公司	葛家村西里一号
京房售证字(2004)415 号	鸿华家园	北京东方鸿铭房地产开发公司	北苑拥军路北苑农场
京房售证字(2004)414 号	彩虹园	北京东和嘉业房地产开发有限公司	南顶路 6 号彩虹城(世纪人居)二期五区 1,2 号楼住宅及配套
京房售证字(2004)413 号	珠江华景家园	北京合生北方房地产开发有限公司	西大望路 23 号(珠江帝景家园 B 区)
京房售证字(2004)412 号	韩村河大自然新城—雅苑	北京韩村河房地产开发有限公司	韩村河镇韩村河大自然新城—雅苑 17-23 号楼
京房售证字(2004)408 号	温榆庄园	北京绿水源房地产开发有限公司	后沙峪镇白辛庄西侧

续表

销售许可证号	项目名称	开发商	地址
京房售证字(2004)405号	星河城住宅小区G－1地块18－26#楼	北京玺萌置业有限公司	星河城住宅小区二期G－1地块
京房售证字(2004)406号	朝阳公园东小区	北京国兴嘉业房地产开发有限责任公司	东四环北路外朝阳公园东小区
京房售证字(2004)407号	前林丽景园	北京利民生房地产开发有限公司	玉桥中路10号
京房售证字(2004)404号	御东花园	北京成远房地产开发有限公司	朝外大街元老胡同
京房售证字(2004)403号	锦秋国际大厦	北京锦秋知春房地产开发有限公司	知春路锦秋知春花园电子商务信息中心
京房售证字(2004)397号	成中大厦	北京成中大厦房地产有限公司	建国门外永安西里
京房售证字(2004)396号	清逸园34号住宅楼	北京京吉顺房地产开发有限公司	旧宫镇隆盛庄东路清逸园小区
京房售证字(2004)390号	西三旗花园E区	北京首创阳光房地产有限责任公司	西三旗东升乡德昌公路小营东侧
京房售证字(2004)401号	珠江国际家园	北京珠江中天和置业有限公司	潞苑南大街
京房售证字(2004)399号	莲水怡园小区	北京怡园伟业房地产开发有限公司	马驹桥镇(怡园小区)
京房售证字(2004)398号	久居雅园	北京伯雅房地产开发有限公司	梨园镇魏家坟村(久居雅园B区)
京房售证字(2004)392号	名苑雅居	北京富兴苑房地产开发有限公司	洼里乡龙王堂村
京房售证字(2004)400号	闻涛苑	北京旭日房地产开发有限责任公司	洼里乡林萃西里41－43号楼
京房售证字(2004)391号	东领鉴筑家园(北京文教用品厂住宅楼及商业配套项目)	北京宝汇房地产开发有限责任公司	定福庄北街(北京文教用品厂住宅楼及商业配套项目)
京房售证字(2004)395号	A区1－3号住宅楼	北京九鼎房地产开发有限责任公司	角湾危改小区A1、A2、A3号楼
京房售证字(2004)394号	蓝调沙龙雅园	北京天行雅坤房地产开发有限公司	梨园镇

续表

销售许可证号	项目名称	开发商	地 址
京房售证字(2004)388 号	韵竹园	北京鲁能陶然房地产开发有限公司	南横街东口危改小区北区
京房售证字(2004)389 号	久长花园	北京久长房地产开发有限公司	小汤山镇中心区南侧
京房售证字(2004)387 号	紫东苑小区	北京中横联房地产开发有限公司	广渠门外南八里庄 64 号
京房售证字(2004)384 号	燕语清园	北京天润置地房地产开发(集团)有限公司	北京砂轮厂北区住宅小区
京房售证字(2004)385 号	南宫苑住宅小区	北京中宸房地产开发有限公司	五里坨隆恩寺路 19 号院
京房售证字(2004)386 号	北京太阳城	北京太阳城房地产开发有限公司	小汤山镇马坊桥东
京房售证字(2004)383 号	蓝堡北区办公楼	北京建华时代房地产有限公司	西大望路甲 3 号
京房售证字(2004)374 号	鑫兆雅园	北京城乡房屋建设开发有限责任公司	宋庄路 69 号鑫兆雅园北区 8#、9#楼
京房售证字(2004)372 号	铸诚大厦	北京鸿润房地产开发有限公司	白石桥路甲 4 号
京房售证字(2004)369 号	富力城	北京富力城房地产开发有限公司	广渠门外大街北侧富力城 D 地块、E 地块
京房售证字(2004)382 号	当代名筑家园	北京筑高房地产开发有限公司	九棵树 11 号
京房售证字(2004)378 号	北京人家	北京新龙房地产开发有限公司	回龙观二拨子村北京人家三期
京房售证字(2004)370 号	北京嘉州阳光苑(DBC)B 区	北京卓越房地产开发有限公司	梨园镇(嘉州阳光苑 B 区)
京房售证字(2004)371 号	新科苑住宅小区	北京市永联房地产开发有限责任公司	角门
京房售证字(2004)380 号	华龙美树苑	北京首汽房地产开发公司	三间房南里 4 号(东院)
京房内证(经)字(2004)29 号	四方景园	北京世纪景房地产开发有限公司	成寿寺村
京房售证字(2004)377 号	金侨时代家园	北京时代金侨房地产开发有限公司	梨园镇

续表

销售许可证号	项目名称	开发商	地　址
京房售证字(2004)373 号	临枫嘉园北里	北京天方世城房地产开发有限公司	四季青乡玉泉新村(二期)4、5、13、14、15 号楼
京房售证字(2004)375 号	十里堡甘露园 2 号住宅楼	北京红星房地产开发有限公司	十里堡甘露园 2 号
京房售证字(2004)381 号	青年汇佳园	北京新松房地产开发有限公司	青年路甘露园中里 2 号(青年路住宅小区一期)
京房售证字(2004)376 号	靠山居－艺墅	北京靠山居房地产开发有限公司	长阳镇高佃二、三村
京房售证字(2004)368 号	阳光上东园	北京星泰房地产开发有限公司	将台乡大清寺 C 区
京房售证字(2004)354 号	燕都科学城世界名园一期(夕阳红老年社区)	北京汇金房地产开发有限公司	窦店镇窦店村
京房售证字(2004)367 号	通州经贸大厦	北京市通州区对外经济贸易公司	通胡路 80 号
京房售证字(2004)365 号	清枫华景园	北京华清投资有限公司	林业大学北路
京房售证字(2004)366 号	海德堡花园住宅小区	北京龙洋房地产开发有限责任公司	北七家镇岭上村西
京房售证字(2004)359 号	华声国际大厦	北京天居房地产有限公司	雅宝路 8 号南
京房售证字(2004)361 号	吉晟别墅	北京市玉龙吉胜房地产开发有限公司	回龙观镇南店村住宅小区
京房售证字(2004)362 号	中环世贸中心	北京华熙新苑房地产开发有限公司	建国门外大街 4 号中环世贸中心 C 座
京房售证字(2004)353 号	太阳宫新区(太阳星城)	北京京冠房地产开发有限公司	太阳宫夏家坟村(太阳宫新区、太阳星城)E 区东部组团
京房内证(经)字(2004)28 号	大红门西路住宅小区	北京永安兴业房地产开发有限公司	大红门西路 20#、22#
京房售证字(2004)352 号	西马小区 B3－3、4#住宅、配套及地下车库	北京金易房地产开发有限公司	西马场南里 7 号西马小区 B3－3、4#楼、配套用房及地下车库

续表

销售许可证号	项目名称	开发商	地址
京房售证字(2004)344 号	郦城	北京永泰房地产开发有限责任公司	四季青乡通泰小区二期(部分配套)
京房售证字(2004)347 号	景泰西里危改小区项目东区	中冶新奥房地产开发有限公司	安乐林路景泰西里危改小区东区
京房售证字(2004)356 号	正旗大厦(缺施工证)	北京正旗房地产开发有限公司	角门北路 8 号院 1#楼
京房售证字(2004)348 号	长昆名居	北京鸿宇翔房地产开发有限责任公司	半壁街南路 2 号
京房售证字(2004)355 号	金地世纪国际公寓	北京金地鸿业房地产开发有限公司	建国路郎家园 15 号
京房售证字(2004)351 号	懿品阁	北京中科联房地产开发有限公司	北沙滩 7 号院
京房售证字(2004)350 号	白领家园	北京翔峰房地产开发有限公司	高碑店北路
京房售证字(2004)358 号	颐德家园	北京颐德房地产开发有限公司	京顺路 5 号颐德家园一期 EF 座及地下车库
京房售证字(2004)349 号	远洋新干线	北京林达华夏房地产开发有限公司	东三环北路丙二号
京房内证(经)字(2004)27 号	乐城家园	北京中房长远房地产开发有限责任公司	314
京房售证字(2004)342 号	东一时区嘉园	北京金时代置业有限公司	建国路八里桥南 1 号
京房售证字(2004)345 号	万年花城	北京万年花城房地产开发有限责任公司	花乡樊家村 4#地
京房售证字(2004)337 号	A 区 4 号住宅楼等 5 项	北京九鼎房地产开发有限责任公司	东花市大街角湾危改小区 A4、A5、A6、A8、A9 楼
京房售证字(2004)338 号	彩虹园	北京东和嘉业房地产开发有限公司	南顶路 6 号彩虹城(世纪人居)二期四区 2、3 号住宅及配套
京房售证字(2004)340 号	乐成国际园	北京达义北方置业有限公司	广渠路 31 号(北内总厂 G 区)
京房售证字(2004)339 号	佳运园	北京市裕发房地产开发集团	东小口镇陈营村佳运园

续表

销售许可证号	项目名称	开发商	地 址
京房内证(经)字(2004)26号	西山枫林园	北京东和伟业房地产开发有限公司	八大处A区经济适用房1－3
京房售证字(2004)329号	韵竹园	北京鲁能陶然房地产开发有限公司	南横街东口危改小区北区
京房售证字(2004)334号	北京嘉州阳光苑(DBC)B区工程	北京卓越房地产开发有限公司	梨园镇(嘉州阳光苑B区)
京房售证字(2004)328号	珠江峰景家园	北京东方恒嘉房地产开发有限公司	卢沟桥乡大井村
京房售证字(2004)330号	百旺家苑西区1、2、3、4、6、7、8号楼	北京德成兴业房地产开发有限公司	马连洼地区百旺家苑
京房售证字(2004)336号	天地美墅家园	北京恒帝隆房地产开发有限公司	梨园镇公庄村
京房售证字(2004)333号	滨河路住宅小区3#楼等2项	北京华安泰房地产开发有限公司	南滨河路27号(南滨河路住宅小区北二区)
京房内证(经)字(2004)25号	三环新城	北京懋源苑房地产开发有限公司	葛家村西里一号
京房售证字(2004)327号	富力城三期D1－D3	北京富力城房地产开发有限公司	广渠门外大街北侧富力城F地块
京房售证字(2004)323号	晶都苑(酒仙家园)	北京丰中房地产开发有限公司	酒仙桥一街坊
京房售证字(2004)320号	兴隆小区	北京天翌房地产开发有限责任公司	高碑店乡高井
京房售证字(2004)325号	流星花园	北京新龙房地产开发有限公司	东小口镇马连店村静雅轩住宅小区二期
京房售证字(2004)324号	颐慧佳园	北京泽丰房地产开发有限公司	善家坟东翠路住宅小区A区
京房售证字(2004)321号	都市之光恋日嘉园	北京市华野房地产开发有限公司	草桥北区B区商品住宅5#6#7#楼
京房售证字(2004)304号	太平洋城	北京太平洋城房地产开发有限公司	将台乡酒仙桥村
京房售证字(2004)311号	望园东里22、24、25号楼	北京市丰台区城市建设综合开发公司	丰北路周庄子望园东里1、4、5号楼

续表

销售许可证号	项目名称	开发商	地址
京房售证字(2004)319号	一世情园	北京华源京都房地产开发有限公司	马驹桥镇兴华西街
京房售证字(2004)317号	富锦嘉园4区15#、14#、12#、11#、10#、9#	北京市丰台区城市建设综合开发公司	富锦嘉园A2、A3、A5、A6、A7、A8楼
京房内证(经)字(2004)24号	北京市丰台区华源三里1号楼	北京市华世房地产开发公司	太平桥C组团
京房售证字(2004)310号	紫云轩	北方房地产开发有限责任公司	车道沟10号院西南角公寓及地下车库部分
京房售证字(2004)312号	青年汇佳园	北京新松房地产开发有限公司	青年路甘露园中里2号(青年路住宅小区一期)
京房售证字(2004)315号	华龙美树苑	北京首汽房地产开发公司	三间房南里4号(东院)
京房售证字(2004)314号	草桥欣园四区9#、10#、11#楼及地下车库(五)	北京市新时特房地产开发有限公司	草桥欣园居住小区西区9#、10#甲、11#楼及地下车库(五)
京房售证字(2004)316号	远见名苑	北京裕泰达房地产开发有限公司	广安门外红居街
京房售证字(2004)313号	百善园住宅小区	顺驰置地(北京)房地产开发有限公司	百善镇百善园住宅小区二期
京房售证字(2004)309号	通泰小区(二期)E3综合楼	北京永泰房地产开发有限责任公司	四季青乡通泰小区E2、E3及北区会所
京房售证字(2004)307号	水恋佳庭	北京运河新城房地产开发有限公司	通胡路北侧
京房售证字(2004)308号	道乐大厦	北京庆凯房地产开发有限公司	王家园16号
京房售证字(2004)305号	燕语清园	北京天润置地房地产开发(集团)有限公司	北京砂轮厂北区住宅小区
京房售证字(2004)306号	柏阳景园	北京柏基置业有限公司	王四营乡道口村
京房售证字(2004)299号	康都佳园	北京世纪润通房地产开发有限公司	望京新兴产业区41号
京房内证(经)字(2004)22号	顶秀欣园	北京泰福恒投资发展有限公司	南苑乡

续表

销售许可证号	项目名称	开发商	地　址
京房售证字(2004)301号	公园大道万盛家园	北京富然大厦有限公司	苇子坑欧洲广场
京房售证字(2004)291号	黄村北区1#地7号住宅楼	北京顺驰置地达兴房地产开发有限公司	黄村镇卫星城北区1号地
京房内证(经)字(2004)23号	百环家园	北京百环房地产开发有限责任公司	广渠路南侧44号
京房售证字(2004)287号	枫树家园	北京枫树置业有限公司	北七家镇东沙各庄
京房售证字(2004)290号	鸿翔花园住宅小区	北京丰源祥房地产开发有限公司	雁栖镇雁栖环岛西北侧
京房售证字(2004)288号	乐府家园	北京天平房地产开发经营有限责任公司	永定路1号
京房售证字(2004)293号	西山新村一期	北京三九建业房地产开发有限公司	四季青乡西山新村一期西区
京房售证字(2004)292号	水韵风情庄园	北京市裕发东瑞房地产开发有限公司	北七家镇威尼斯花园B
京房售证字(2004)296号	景苑小区二期	北京天恒房地产股份有限公司	清河三街126号
京房售证字(2004)297号	温榆庄园一期中区	北京绿水源房地产开发有限公司	后沙峪镇白辛庄西侧
京房售证字(2004)286号	青年汇佳园	北京新松房地产开发有限公司	青年路甘露园中里2号(青年路住宅小区一期)
京房售证字(2004)295号	富卓花园广场	北京富卓创业房地产开发有限公司	宣外大街
京房售证字(2004)298号	大发畜产住宅(麒麟家园)	北京东方卓越房地产开发有限公司	肖家河东村1号
京房售证字(2004)285号	上河美墅	北京泰禾房地产开发有限公司	潞城镇堡辛村
京房内证(经)字(2004)21号	垡头翠成馨园	北京住总房地产开发有限责任公司	垡头翠成馨园(A地块)
京房售证字(2004)283号	益丰园小区	北京益恒房地产开发有限责任公司	东高地益丰园小区

续表

销售许可证号	项目名称	开发商	地址
京房售证字(2004)282号	兴城嘉园	北京方正房地产开发有限公司	康庄路10号
京房售证字(2004)280号	兴城嘉园	北京方正房地产开发有限公司	康庄路10号
京房售证字(2004)275号	静雅轩住宅小区二、三、四期	北京新龙房地产开发有限公司	东小口镇马连店村西南静雅轩住宅小区四期
京房内证(经)字(2004)20号	丰台桥北东片危改小区	北京益恒房地产开发有限责任公司	丰台镇
京房售证字(2004)281号	雅丽世居	北京新建房地产开发有限公司	北苑南路
京房售证字(2004)278号	海晟名苑(金地花园南区)	北京海晟房地产开发有限公司	东城区新中街甲12号
京房售证字(2004)279号	国通住宅小区	北京天运通房地产开发有限责任公司	水库路东
京房售证字(2004)274号	垂虹园、晴雪园	北京金源鸿大房地产有限公司	蓝靛厂
京房售证字(2004)276号	碧水庄园三期	北京碧水庄园房地产开发有限公司	沙河镇豆各庄村
京房售证字(2004)277号	大湖山庄(金来欣住宅小区)	北京金来欣房地产开发有限公司	东郊农场中心区
京房售证字(2004)265号	万恒家园	北京万恒永泰房地产开发有限公司	小屯路8号
京房售证字(2003)307号	鹿港嘉苑(嘉轩城市花园)	北京嘉轩房地产开发有限公司	南湖渠
京房售证字(2004)13号	鹿港嘉苑(嘉轩城市花园)	北京嘉轩房地产开发有限公司	南湖渠嘉轩城市花园B1区
京房售证字(2004)272号	西罗园二区	北京元亨房地产开发有限公司	西罗园(西罗园二区商住楼)
京房售证字(2004)273号	富力城三期D5－D11号住宅楼	北京富力城房地产开发有限公司	广渠门外大街北侧富力城F地块
京房售证字(2004)268号	香密田园	北京众益家园房地产开发有限公司	小汤山镇马坊村众益幸福家园住宅小区一期工程

续表

销售许可证号	项目名称	开发商	地址
京房售证字(2004)271号	富力家园	北京富力城房地产开发有限公司	广渠门外大街北侧B地块北侧
京房售证字(2004)270号	海通梧桐苑	昊宇房地产开发有限公司	梨园镇小稿村
京房售证字(2004)269号	蓝郡嘉苑	北京兆恒房地产开发有限公司	西环南路
京房售证字(2004)266号	丰台56#院商住楼(国润科技大厦)	北京新润房地产开发有限公司	丰台路56号
京房售证字(2003)346号	万恒家园	北京万恒永泰房地产开发有限公司	小屯路108号
京房售证字(2004)262号	万通中心	北京万通世界房地产有限公司	朝外大街甲6号
京房售证字(2004)249号	盈创大厦	北京盈泰房地产开发有限公司	金融街G区8号
京房售证字(2004)261号	太阳宫新区	北京太阳宫房地产开发有限公司	太阳宫乡夏家坟村
京房售证字(2004)263号	骏景园北区	北京珠江房地产开发有限公司	永外果园43号
京房售证字(2004)264号	双新新村	北京香山双新房地产有限公司	四季青香山南路
京房售证字(2004)260号	将府家园	北京将台房地产开发有限公司	将台乡驼房营村
京房内证(经)字(2004)19号	青年路居住小区	北京博成房地产有限公司	平房乡黄杉木店
京房售证字(2004)257号	白领家园	北京翔峰房地产开发有限公司	高碑店北路
京房售证字(2004)112号	炫特嘉园(广厦时代住宅小区)	北京广厦京都置业有限公司	十里堡1号
京房售证字(2004)251号	欧陆经典北区	北京太合龙脉房地产开发有限责任公司	亚运村北小营欧陆经典D、E、F座裙房及地下车库
京房售证字(2004)259号	东方美景家园	北京市崇文区城市建设开发公司	南磨房乡

续表

销售许可证号	项目名称	开发商	地　址
京房售证字(2004)255号	滨河西区皓月园	北京国信嘉业房地产开发有限公司	双峪环岛西南侧
京房售证字(2004)253号	骊龙园	北京市公交房地产开发公司	回龙观(公交住宅小区)
京房售证字(2004)252号	草桥欣园	北京恒源伟业房地产开发有限公司	草桥欣园居住小区
京房售证字(2004)248号	黄村1#地(顺驰领海)	北京顺驰置地达兴房地产开发有限公司	黄村卫星城北区1#地块
京房售证字(2004)250号	天秀花园	北京海开房地产股份有限公司	小清河北岸
京房售证字(2004)238号	依莲轩二期(华隆住宅小区)	北京市依莲轩房地产开发有限责任公司	广安门外马连道路6号
京房售证字(2004)244号	朝阳区曙光西里甲5号	北京华润曙光房地产开发有限公司	三元桥北侧(凤凰苑E座、游泳馆、地下车库、商业)
京房售证字(2004)243号	北京嘉州阳光苑(DBC)B区1#、2#商住楼	北京卓越房地产开发有限公司	梨园镇
京房内证(经)字(2004)18号	回龙观文化居住区	北京天鸿集团公司	回龙观镇东小口镇
京房售证字(2004)57号	双花园小区	北京金隅嘉业房地产开发公司	广渠门外大街31号
京房售证字(2004)105号	左安漪园	北京崇开嘉信房地产开发有限公司	左安东里危改小区
京房售证字(2004)245号	未来假日花园	北京名流未来置业有限公司	角门18#
京房售证字(2004)134号	良城美景住宅小区	北京永同昌京都房地产开发有限公司	将台乡驼房营
京房售证字(2004)247号	骏景园	北京珠江房地产开发有限公司	永外果园43号
京房售证字(2004)240号	鼎盛园	北京鼎维原房地产开发有限公司	安乐林中街4号
京房售证字(2004)242号	太平洋城住宅小区A1楼	北京太平洋城房地产开发有限公司	将台乡酒仙桥村

续表

销售许可证号	项目名称	开发商	地　址
京房售证字(2004)241 号	久居雅园 B 区	北京伯雅房地产开发有限公司	梨园镇魏家坟村
京房售证字(2004)236 号	北重西厂住宅三期	北京重厦房地产开发有限公司	吴庄北京重型电机厂
京房售证字(2004)118 号	金海国际花园	北京源海房地产开发有限公司	广渠路 21 号
京房售证字(2004)148 号	和光里小区	北京林河兴业房地产开发有限公司	程庄路 3 号
京房售证字(2004)239 号	太阳星城 E 区	北京京冠房地产开发有限公司	太阳宫夏家坟村
京房售证字(2004)157 号	珠江愉景家园	北京合生愉景房地产开发有限公司	青年路甘露园一号
京房售证字(2004)101 号	珠江华景家园	北京合生北方房地产开发有限公司	西大望路 23 号
京房售证字(2004)237 号	佳运园	北京市裕发房地产开发集团	东小口镇
京房售证字(2004)87 号	畅清园小区	北京裕泰房地产开发公司	双泉堡花虎沟 8 号
京房售证字(2004)235 号	北广家园	北京颐西房地产开发有限公司	黄寺大街 25 号院
京房售证字(2004)234 号	中展住宅楼	北京东安房地产开发有限公司	干杨树街 81 号中展住宅楼(部分)
京房售证字(2004)232 号	泉河园二区	北京缘桥房地产开发有限公司	开放路东侧下园市场改造北区
京房售证字(2004)233 号	东领鉴筑家园(北京文教用品厂住宅楼及商业配套项目	北京宝汇房地产开发有限责任公司	定福庄北街
京房售证字(2004)158 号	万年花城	北京万年花城房地产开发有限责任公司	花乡樊家村
京房售证字(2004)20 号	通泰小区二期	北京永泰房地产开发有限责任公司	四季青乡通泰小区
京房内证(经)字(2004)10 号	垡头翠成馨园	北京住总房地产开发有限责任公司	垡头

续表

销售许可证号	项目名称	开发商	地　址
京房售证字(2004)41号	中海山水田园	北京中海天成房地产开发有限公司	西北旺镇中海山水田园
京房售证字(2003)33号	珠江华景家园	北京合生北方房地产开发有限公司	西大望路23号
京房售证字(2004)227号	长安兴融中心	北京长安兴业房地产开发有限公司	南闹市口大街
京房售证字(2004)191号	通泰小区一期	北京永泰房地产开发有限责任公司	四季青乡
京房售证字(2004)228号	阳光上东园B区	北京星泰房地产开发有限公司	将台乡大清寺
京房售证字(2004)224号	华纺朝阳家园住宅小区	华纺房地产开发公司	姚家园路114号华纺家园住宅小区东区甲地块
京房售证字(2004)225号	双柳树危改小区	北京奇然房地产开发有限公司	陶然亭路2号双柳树危改小区南段一期
京房售证字(2003)111号	锦官苑	北京中民信房地产开发有限公司	车公庄大街3号
京房售证字(2004)226号	瑞都景园(南区)	北京瑞景房地产开发有限公司	九棵树48号院
京房售证字(2004)185号	东方太阳城	北京东方太阳城房地产开发有限责任公司	李桥镇王家场村、仁和镇河南村
京房售证字(2004)229号	格瑞雅居	北京宏泰旸房地产开发有限公司	梨园镇西总屯村南
京房售证字()1151号	银谷大厦	北京银谷大厦房地产开发有限公司	中关村路10号
京房售证字(2004)223号	黄村1#地(顺驰领海)	北京顺驰置地达兴房地产开发有限公司	黄村镇卫星城北区1号地
京房售证字(2004)219号	保利欣苑	保利(北京)房地产开发有限公司	卢沟桥乡小井村西侧保利欣苑
京房售证字(2004)97号	兴盛家园	北京德鸿基房地产开发有限公司	黄村镇兴盛路西侧(兴盛家园住宅小区)
京房售证字(2004)220号	福海御园	北京福环房地产开发有限公司	后沙峪

续表

销售许可证号	项目名称	开发商	地 址
京房售证字(2003)131号	长银大厦	北京邦泰置业有限公司	永定路
京房售证字(2004)221号	富尔大厦(紫云大厦)	北京美迪亚置业有限公司	东三环中路25号
京房售证字(2004)73号	康城花园一期西区	北京银信兴业房地产开发有限公司	双桥东路
京房售证字(2004)222号	华杰大厦	北京华之杰房地产开发有限公司	大钟寺13号院
京房售证字(2004)218号	金地花园(二期)	北京海晟房地产开发有限公司	新中街甲12号
京房售证字(2004)216号	名佳花园三期	北京佳隆房地产开发有限公司	北七家镇
京房售证字(2004)217号	久长花园	北京久长房地产开发有限公司	小汤山镇
京房售证字(2004)215号	新宫新村一期工程	北京鑫起达房地产开发有限责任公司	南苑乡新宫村新宫新村一期A区
京房售证字(2004)214号	世纪星城兴业园居住区一期工程	北京顺华房地产开发有限公司	永顺镇杨庄村
京房售证字(2004)144号	苹果社区	北京今典鸿运房地产开发有限公司	百子湾路32号
京房售证字(2004)210号	灵秀山庄三期	北京春光房地产开发有限公司	旧宫镇旧宫三村
京房售证字(2003)338号	豪柏公寓	北京新松家园房地产开发有限公司	紫竹院三虎桥住宅二期住宅及地下车库
京房售证字(2004)213号	青年汇佳园	北京新松房地产开发有限公司	青年路甘露园中里2号
京房售证字(2004)209号	和义西区(世嘉丽晶)	北京世嘉房地产开发有限公司	和义地区
京房售证字(2004)211号	颐慧佳园(东翠路住宅小区)	北京泽丰房地产开发有限公司	善家坟东翠路
京房售证字(2004)131号	新科苑住宅小区	北京市永联房地产开发有限责任公司	角门

续表

销售许可证号	项目名称	开发商	地址
京房售证字(2004)187号	西山新村一期东区	北京三九建业房地产开发有限公司	四季青乡西山地区
京房售证字(2004)208号	五栋大楼	北京隆盛房地产开发有限公司	车公庄大街
京房售证字(2004)76号	花家地西里小区五组团	北京金隅嘉业房地产开发公司	花家地西里小区
京房售证字(2004)212号	珠江绿洲家园东区	北京合生绿洲房地产开发有限公司	三间房乡椰子井村
京房售证字(2004)83号	彩虹园	北京东和嘉业房地产开发有限公司	石榴庄西街232、234号
京房售证字(2004)207号	田清园	北京山水绿洲房地产开发有限责任公司	东铁营南窑村
京房售证字(2004)206号	石景雅居1#楼	北京天海兆业房地产开发有限公司	杨庄北区
京房售证字(2004)102号	龙泽苑	北京市嘉鸿房地产开发有限公司	回龙观镇龙泽苑小区
京房售证字(2004)115号	浩庭花园	北京浩隆房地产开发有限责任公司	广渠路31号
京房售证字(2003)362号	浩庭花园	北京浩隆房地产开发有限责任公司	广渠路31号
京房售证字(2004)51号	太阳宫新区F区一期、二期	北京太阳宫房地产开发有限公司	太阳宫乡夏家坟村太阳新区F区
京房售证字(2004)205号	嘉多丽园二期(京门综合楼二期)	北京杰盛华房地产开发有限责任公司	东三环南路19号
京房售证字(2004)21号	康都佳园(博雅临湖轩住宅小区)	北京世纪润通房地产开发有限公司	望京新兴产业区41号
京房售证字(2004)203号	荔景园一期(原东亚花园一期)	北京东亚房地产开发有限公司	潞城镇霍屯村
京房售证字(2004)204号	达华庄园	北京达华庄园房地产开发有限公司	北七家镇鲁疃村
京房售证字(2004)81号	丽园小区	北京市大兴城镇建设综合开发集团公司	黄村卫星城兴业路西侧

续表

销售许可证号	项目名称	开发商	地　址
京房售证字(2004)202号	常青藤嘉园	北京常青藤房地产开发有限公司	马连道东街2号
京房售证字(2003)382号	常青藤嘉园	北京常青藤房地产开发有限公司	马莲道东街2号
京房售证字()385号	恒华国际商务中心	北京恒华房地产开发有限公司	月坛北街14号
京房售证字(2004)200号	万达商务国际公寓	北京万达广场房地产开发有限公司	建国门外大街郎家园11号
京房售证字(2004)201号	绿城百合公寓	北京阳光绿城房地产开发有限公司	良乡卫星城西侧10公里
京房售证字(2004)84号	乐府家园	北京天平房地产开发经营有限责任公司	永定路1号
京房售证字()361号	光彩国际中心	泛海建设控股有限公司	东单路口东南角
京房售证字(2004)197号	水景花园	北京塞纳维拉房地产开发有限公司	来广营乡立水桥北里2号
京房售证字(2004)198号	北京嘉州阳光苑(DBC)B区工程5#楼等2项	北京卓越房地产开发有限公司	梨园镇颐瑞中二路
京房售证字(2003)388号	南湖生活区改造项目	北京金隅嘉业房地产开发公司	南湖渠
京房售证字(2004)49号	新华联家园北区	北京新华联伟业房地产有限公司	运河西大街
京房售证字(2004)96号	北辰澜桥国际花园	北京北辰房地产开发股份有限公司	来广营东路北侧
京房售证字(2004)196号	正旭晶典花园	北京正旭晶典房地产开发有限公司	朝阳公园西小区
京房售证字(2004)193号	翠景南里东区	北京市紫金恒房地产开发有限责任公司	梨园镇
京房售证字(2004)195号	靓景明居	北京津华通达房地产开发有限公司	梨园镇半壁店村东
京房内证(经)字(2004)16号	西山枫林园二区	北京东和伟业房地产开发有限公司	八大处福田寺
京房售证字(2004)189号	东风小区三期	北京天鸿集团公司	酒仙桥南十里居

续表

销售许可证号	项目名称	开发商	地　址
京房售证字(2004)186号	煤研所住宅项目(新新天第)	北京金泰房地产开发有限责任公司	大红门三星庄34号
京房售证字(2004)180号	远洋新干线(林达嘉园)	北京林达华夏房地产开发有限公司	东三环北路丙2号
京房售证字(2004)183号	银地家园南区	北京银地房地产开发有限责任公司	花乡
京房售证字(2003)286号	中关村金融中心	北京科技园置业股份有限公司	中关村西区Ⅳ区21号地
京房内证(经)字(2004)11号	百子湾1号院住宅小区	北京建工集团有限责任公司	百子湾
京房售证字(2004)184号	星河城住宅小区	北京玺萌置业有限公司	南三环以南星河城住宅小区
京房内证(经)字(2004)15号	双惠小区45#楼	北京金隅嘉业房地产开发公司	双桥路
京房售证字(2004)181号	四环精细化工厂住宅楼	北京蓝德汇丰房地产开发有限公司	京原路
京房售证字(2004)69号	大湖山庄(金来欣住宅小区)	北京金来欣房地产开发有限公司	东郊农场
京房售证字(2003)99号	沁春家园1#楼	北京城建房地产开发有限公司	西三旗
京房内证(经)字(2004)14号	世纪风景(住宅)小区E区E2、E3#	北京世纪景房地产开发有限公司	成寿寺村
京房售证字(2003)381号	丰汇时代	北京兆泰房地产开发有限责任公司	太平桥大街
京房内证(经)字(2004)4号	大红门西路22号住宅小区	北京永安兴业房地产开发有限公司	大红门22#
京房售证字(2004)179号	京师园住宅小区	北京京师大房地产开发有限责任公司	洼里乡关西庄
京房售证字(2004)174号	平渊里2号商住楼	北京房开置业股份有限公司	菜市口大街西侧平渊里危改区2号商住楼
京房售证字(2004)188号	财满接嘉园(一期)(兴隆北区居住小区西区)	北京国锐房地产开发有限公司	高碑店

续表

销售许可证号	项目名称	开发商	地　址
京房售证字(2004)178号	御东花园	北京成远房地产开发有限公司	朝外大街元老胡同(御东花园)
京房售证字(2004)173号	远洋山水一期	中远房地产开发有限公司	鲁谷地区
京房售证字(2003)278号	北杨名居	北京福瑞房地产开发有限公司	梨园镇杨家洼村
京房售证字(2004)175号	紫金长安家园	北京澳林房地产开发有限公司	西翠路西侧
京房售证字(2004)177号	季景沁园	北京京励房地产开发有限公司	望京新城K6区
京房售证字(2004)176号	兴城嘉园	北京方正房地产开发有限公司	康庄路10号
京房售证字(2003)216号	华声国际大厦	北京天居房地产有限公司	雅宝路8号南
京房售证字(2004)171号	西大望路住宅小区	北京融利达房地产开发有限公司	西大望路26号
京房售证字(2004)46号	金晖嘉园二期	北京新美房地产开发有限公司	西直门外小村33#
京房售证字(2004)170号	京南绿色生态社区	北京龙熙房地产开发有限责任公司	庞各庄镇开发区西侧京南绿色生态社区A区
京房售证字(并)378号	棕榈泉国际名苑	北京世纪朝阳房地产开发有限公司	农展馆南路与西大望路交叉处
京房售证字(2004)169号	罗庄西里16#楼	北京城建兴华地产有限公司	东升乡罗庄西里
京房售证字(2004)34号	广渠门外一号院	北京富力城房地产开发有限公司	东三环南路大路园2号
京房售证字(2004)168号	紫芳园二区	北京城市开发股份有限公司	左安门外紫芳园二区1－6#楼及地下车库
京房售证字(2004)107号	丽华小区	北京市鑫华利苑房地产开发有限公司	马家堡丽华小区B、C栋住宅楼
京房售证字(2004)106号	政泉花园一期	北京政泉置业有限公司	大屯里居住区东南部地区

续表

销售许可证号	项目名称	开发商	地址
京房售证字(2004)113号	清缘小区	北京嘉源置业投资有限公司	清缘小区东区
京房售证字(2004)166号	新发地－锦程园	北京丰泰新房地产开发有限责任公司	花乡新发地住宅小区
京房内证(经)字(2004)13号	回龙观文化居住区	北京天鸿集团公司	回龙观镇东小口镇
京房售证字(2004)90号	翰宏花园	北京翰宏基业房地产开发有限公司	小汤山镇常兴庄村
京房售证字(2004)165号	太阳宫新区E区	北京金隅嘉业房地产开发公司	太阳宫新区E区
京房售证字(2003)334号	太阳宫新区E区	北京金隅嘉业房地产开发公司	太阳宫新区
京房售证字(2004)164号	韵竹园	北京鲁能陶然房地产开发有限公司	南横街东口危改小区
京房售证字(2004)162号	桃园一期	北京天鸿集团公司	西直门内(桃园一期A地块住宅)
京房售证字(2004)159号	都禾世家	北京都禾房地产开发有限公司	甘家口北沙沟
京房售证字(2004)163号	艺水芳园(三间房新村一期)	北京京通天泰房地产开发有限公司	三间房乡新房村
京房售证字(2003)35号	沁春家园	北京都市房地产开发有限责任公司	西三旗
京房售证字(2004)161号	城市家园	中实投资有限责任公司	百万庄大街
京房售证字(2004)31号	五路居住宅小区南区	德润房地产开发集团有限公司	五棵松路47号
京房售证字(2003)141号	紫南家园;世纪东方嘉园	北京世纪城房地产开发有限公司	南磨房楼梓庄
京房售证字(2004)11号	建外SOHO	北京红石建外房地产开发有限公司	建外大街4号
京房售证字(2004)67号	北苑家园	北京城建兴华地产有限公司	立水桥

续表

销售许可证号	项目名称	开发商	地　址
京房售证字(2004)30号	华贸中心	北京国华置业有限公司	西大望路6号
京房售证字(2004)156号	大河庄苑	北京大河房地产开发有限公司	中关村西区
京房售证字(2004)154号	道丰科技商务园	北京中关村丰台园道丰科技商务园建设发展有限公司	中关村丰台园基地二期用地
京房售证字()1180号	怡禾国际中心	北京怡禾房地产开发有限公司	光华西里
京房售证字(并)379号	立骏大厦	北京永利多房地产有限公司	安定门东大街丙7号
京房售证字(2004)151号	泽丰苑住宅小区二期	北京泽丰房地产开发有限公司	铁家坟
京房售证字(2004)95号	南滨河路住宅小区	北京华安泰房地产开发有限公司	南滨河路27号院
京房售证字(2004)153号	珠江国际家园	北京珠江中天和置业有限公司	潞苑南大街
京房售证字(2004)44号	住邦2000	北京市住邦房地产开发有限责任公司	八里庄西里1号
京房售证字(2004)149号	丽泽雅园小区	北京东兴联房地产开发有限责任公司	东管头高楼村
京房售证字(2004)145号	太合嘉园	北京太合嘉园房地产开发有限责任公司	东四环北路7号
京房内证(经)字(2004)1号	建东苑东区	北京金隅嘉业房地产开发公司	管庄
京房售证字(2004)146号	福地家园(兴路住宅小区)	北京兴路房地产开发公司	水库路南侧,干休所东侧,兴路住宅小区7#楼
京房售证字(2004)142号	枫桥别墅	北京精达房地产开发有限公司	马坡镇
京房售证字(2004)139号	水韵风情庄园	北京市裕发东瑞房地产开发有限公司	北七家镇

续表

销售许可证号	项目名称	开发商	地址
京房售证字(2004)10号	望都小区	北京市东湖房地产公司	望京利泽西园
京房售证字(2004)140号	皇石国际公寓	北京中鸿翔房地产开发有限公司	朝阳公园西小区H组团
京房售证字(2003)345号	西豪逸景家园	北京宣福房地产开发有限责任公司	小马厂北片危改小区
京房售证字(2004)135号	城市绿洲家园(北苑住宅楼)	北京华经房地产开发有限公司	安定门外北苑
京房内证(经)字(2004)12号	百环家园	北京百环房地产开发有限责任公司	广渠路南侧44号
京房售证字(2004)137号	丽景居住区	北京永同昌京都房地产开发有限公司	将台乡西十里居
京房售证字(2004)136号	兰华国际大厦(安圆综合服务楼)	北京建工集团有限责任公司	安慧北里
京房售证字(2004)133号	私摩大厦	北京海润房地产开发有限公司	法华寺27号
京房售证字(2004)128号	中加金港国际园	北京中加兴业房地产开发有限公司	西大望路19号
京房售证字(2004)119号	和乔酒店式公寓	北京奥德房地产开发有限公司	光华路8号
京房售证字(2004)132号	枫树家园	北京枫树置业有限公司	北七家镇
京房售证字(2004)120号	中环世贸中心	北京华熙新苑房地产开发有限公司	建国门外大街4号
京房售证字(2004)129号	金燕龙大厦	北京元龙房地产开发有限责任公司	回龙观镇南店村
京房售证字(2004)124号	湖畔雅居	北京法亚房地产开发有限公司	广顺北大街33号
京房售证字(2004)125号	华世天阁	北京城建房地产开发有限公司	大羊坊北甲1号
京房售证字(2004)117号	锋阁嘉园(怡乐二区)	北京万德福房地产开发有限公司	梨园镇李老公庄村

续表

销售许可证号	项目名称	开发商	地　址
京房售证字(2004)111号	小红门新村一期	北京恋日房地产开发有限公司	小红门乡牌坊村
京房售证字(2004)85号	东一时区嘉园(康泉新城)	北京金时代置业有限公司	八里桥南里1号
京房售证字(2004)116号	静雅轩住宅小区(流星花园)	北京新龙房地产开发有限公司	东小口镇马连店村
京房内证(经)字(2004)5号	三环新城	北京懋源苑房地产开发有限公司	葛家村西里1号
京房售证字(2004)108号	当代名筑家园	北京筑高房地产开发有限公司	九棵树11号
京房售证字(2004)114号	九和苑	北京九合创业房地产开发有限公司	北礼士路大街新华里
京房售证字(2004)110号	紫玉山庄三期	北京紫玉山庄房地产开发有限公司	大屯乡
京房售证字(2003)367号	京门商住楼	北京市华世房地产开发公司	太平桥C区
京房售证字(2004)64号	西成忆树园	北京市兴华房地产开发公司	杨庄村杨庄危改小区
京房售证字(2003)144号	银地家园	北京银地房地产开发有限责任公司	花乡
京房售证字(2004)104号	北内改造K区公寓项目(外企国际公寓)	北京市新地房地产开发有限责任公司	广渠路31号
京房售证字(2003)273号	左安漪园	北京崇开嘉信房地产开发有限公司	左安东里危改小区
京房售证字(2004)43号	百善园住宅小区一期北区	顺驰置地(北京)房地产开发有限公司	百善镇
京房售证字(2004)103号	增光路44号住宅及配套楼	北京冠德房地产开发有限责任公司	增光路44号
京房售证字(2004)100号	北京青年城	北京新华联恒业房地产开发有限公司	来广营北苑集团东区
京房售证字(2004)99号	西罗园二区	北京元亨房地产开发有限公司	西罗园(西罗园二区商住楼)

续表

销售许可证号	项目名称	开发商	地　址
京房售证字(2004)98号	清枫华景园	北京华清投资有限公司	林业大学北路
京房售证字(2004)75号	万恒家园	北京万恒永泰房地产开发有限公司	小屯路113号
京房售证字(2004)55号	风格与林苑	北京元亨房地产开发有限公司	花乡黄土岗新村二期工程
京房售证字()396号	蓝堡	北京建华时代房地产有限公司	西大望路甲3号
京房售证字(2003)176号	远见名苑	北京裕泰达房地产开发有限公司	广安门外红居街
京房售证字(2004)92号	清城北区	北京龙熙房地产开发有限责任公司	黄村镇兴华路9号
京房售证字(2004)91号	兰德华庭	北京罗兰德房地产开发有限公司	阜石路35号
京房售证字(2003)374号	京汉旭城家园	北京京汉房地产开发有限公司	吴庄北重厂西厂区院内
京房售证字(2004)89号	万科星园	北京万科企业有限公司	北苑北辰居住区B2区
京房售证字(2004)88号	中水金海嘉苑	中水金海(北京)房地产有限公司	石佛营100号
京房售证字(2004)86号	巷上嘉园(地兴居危改小区)	北京中房万丰房地产开发有限公司	地兴居二巷、三巷
京房内证(经)字(2004)9号	长安新城	北京大成开发集团有限公司	大成里居住区南部
京房售证字(2003)43号	佳兴园住宅小区	北京首佳兴房地产开发有限公司	北苑路5号院
京房售证字(2003)419号	白领家园住宅小区一期	北京翔峰房地产开发有限公司	高碑店北路
京房售证字(2003)390号	典雅庄园	北京典雅房地产开发有限公司	小汤山镇政府东侧

续表

销售许可证号	项目名称	开发商	地 址
京房售证字(2004)77号	海天中心A座办公楼	北京海天房地产开发有限公司	羊坊店东路19号
京房售证字(2004)82号	润星家园	北京红星房地产开发有限公司	旧宫镇南郊农场北场居住二期润星家园
京房售证字(2004)68号	盛业家园	北京盛业房地产开发有限公司	永顺镇龙旺庄村
京房内证(经)字(2004)7号	丰体时代花园	北京富通基业房地产有限责任公司	大井
京房售证字(2004)71号	骏景园北区	北京珠江房地产开发有限公司	永外果园43号
京房售证字(2004)58号	电子城驼房营住宅小区	北京电子城有限责任公司	酒仙桥
京房售证字(2004)70号	正旗大厦	北京正旗房地产开发有限公司	角门北路8号院1#综合楼
京房售证字(2004)62号	碧桂园温泉小区	北京市碧桂园房地产开发有限公司	长阳镇
京房售证字(2004)65号	五孔桥永金里小区6号楼	北京全联房地产开发有限公司	五孔桥永金里小区
京房售证字(2004)60号	京汉旭城家园	北京京汉房地产开发有限公司	吴庄北重厂西厂区院内
京房售证字(2004)47号	立骏大厦	北京永利多房地产有限公司	安定门东大街丙7号
京房售证字(2004)56号	万柳光大西园	中国光大房地产开发有限公司	万泉庄万柳居住区西侧万柳光大花园二期
京房售证字(2003)389号	双花园小区17#地	北京金隅嘉业房地产开发公司	广渠门外大街31号
京房售证字(2004)54号	润景家园	北京市宣武区城市建设综合开发总公司	马家堡西居住区
京房售证字(2004)50号	宣祥家园	北京茂屋房地产开发有限责任公司	永外沙子口路65号
京房售证字(2004)40号	文津世家	北京中卫房地产开发有限公司	交道口北二条29号

续表

销售许可证号	项目名称	开发商	地址
京房售证字(2004)42号	云会里 远流清园(诚品建筑)	北京世博伟业房地产开发有限公司	四季青通达地区
京房售证字(2004)39号	南宫苑住宅	北京中宸房地产开发有限公司	南宫苑住宅
京房售证字(2003)128号	珠江国际家园	北京珠江中天和置业有限公司	潞苑南大街
京房售证字(2004)37号	华悦国际园	北京鸿安伟业房地产开发有限公司	大屯里四区
京房售证字(2004)35号	吉庆里14#楼	北京佳汇房地产开发有限公司	吉庆里
京房售证字(2004)36号	北京世纪风景住宅小区B区Q2楼及地下一层车库	北京世纪景房地产开发有限公司	左安门外成寿寺村
京房售证字(2004)33号	双新新村一期	北京香山双新房地产有限公司	四季青乡双新新村一期工程F地块
京房售证字(2004)32号	西二旗居住区一期(高校住宅)	北京北大博雅投资有限公司	西二旗居住区一期用于高校住宅建设的保留用地
京房售证字(2004)29号	本家．润园(崇文区角湾危改小区)	北京九鼎房地产开发有限责任公司	角湾危改小区A1、A2、A3楼
京房售证字(2004)26号	和义西里住宅小区1住宅楼等10项	北京红星房地产开发有限公司	和义西里和义西区住宅小区(15号地)
京房售证字(2003)417号	临枫嘉园	北京天方世城房地产开发有限公司	四季青乡
京房售证字(2004)28号	华龙苑住宅小区二期	北京三江鸿泰房地产开发有限责任公司	东小口镇霍营
京房售证字(2004)24号	强佑家园	北京强佑房地产开发公司	和平里东街民旺胡同一、二、三巷
京房售证字(2004)25号	源景苑小区	北京中鼎基业房地产开发有限公司	十八里店乡吕家营村
京房售证字(2003)217号	嘉铭园C区3#住宅楼、4#住宅楼、5#住宅楼	北京嘉铭房地产开发有限责任公司	北苑路86号

续表

销售许可证号	项目名称	开发商	地址
京房售证字(2003)281号	蓝堡北区办公楼	北京建华时代房地产有限公司	西大望路甲3号
京房售证字(2004)23号	逸成东苑	北京泰跃房地产开发有限责任公司	东升乡八家新村一期
京房售证字(2004)19号	田村路12号住宅小区	北京永达房地产开发有限公司	田村路12号住宅小区
京房售证字(2004)14号	月季园南里住宅小区	北京信立德房地产开发有限公司	龙泉镇大峪村月季园南里住宅小区(北区)
京房售证字(2004)18号	祥云天地家园	北京祥辉房地产开发有限公司	新华大街164号
京房售证字(2004)12号	都城科技大厦	北京市都城物业发展有限公司	魏公村路3号院
京房售证字(2004)16号	蓝调沙龙雅园	北京天行雅坤房地产开发有限公司	梨园镇
京房内证(经)字(2004)3号	垡头翠成馨园	北京住总房地产开发有限责任公司	垡头
京房售证字(2004)8号	牛街东片18,19号楼(置业家苑商住楼)	北京房开置业股份有限公司	牛街东危改区
京房售证字(并)95号	枫蓝国际中心	北京银都房地产发展有限公司	西土城路36号
京房售证字(2004)5号	公园大道万盛家园(欧洲广场)	北京富然大厦有限公司	苇子坑
京房售证字(2004)6号	燕语清园	北京天润置地房地产开发(集团)有限公司	清河镇三街99号
京房售证字(2003)63号	学院国际大厦	北京鸿威房地产开发有限公司	学知路口西北角
京房售证字(2004)4号	莲花西里市政及商业用房	北京润佳房地产开发有限公司	莲花池西路
京房售证字(2004)3号	豪柏公寓	北京新松家园房地产开发有限公司	紫竹院三虎桥
京房售证字(2004)1号	荣丰嘉园	北京荣丰房地产开发有限公司	广外大街305号8#地二期

二、商品房市场销售情况

(一)预售商品房成交情况

2004年我市商品房预售登记备案2819.21万平方米，比去年增长56.2%，预售房屋主要分布在朝阳区、昌平区、丰台区、海淀区，以上四区预售备案面积占全市的75.28%。商品期房预售率(预售登记面积÷当期批准预售面积)为81.9%，比2003年同期高25.8个百分点。

其中，商品住宅期房批准预售面积2862.85万平方米，同比增长5%；预售登记2642.1万平方米，同比增长56.5%。预售率为92.3%，比2003年同期高30.4个百分点。

2004年北京市各区县新建商品房预售登记情况

万 m^2/万元

登记部门	预售登记套数	预售登记面积	预售登记金额
合　计	241141	2819.22	16920722.91
市交易所	25109	336.99	3419003.36
东城区	1467	22.04	244748.63
西城区	2104	30.2	325001.99
崇文区	4207	48.91	380986.97
宣武区	6452	61.31	433968.38
朝阳区	58408	657.95	4280330.93
海淀区	28422	372	2596339.78
丰台区	40111	397.3	1860149.55
石景山区	9406	93.5	391141.81
通州区	14842	143.76	549300.15
房山区	1111	13.77	43722.15
顺义区	1846	35.65	189133.12
门头沟区	1253	12.82	37600.28
大兴区	7420	86.9	348822.8
怀柔区	581	10.62	26813.22
密云县	0	0	0
昌平区	35453	449.17	1541053.54
延庆县	0	0	0
平谷区	0	0	0
开发区	2949	46.33	252606.25

(二)预售商品房成交价格

商品房预售均价6002元/平方米比去年同期5812元/平方米略有上涨，上涨幅度为3%。商品住宅预售均价5642元/平方米比去年同期5284元/平方米增长了6.8%。

从2004年商品房预售登记情况看，中低价位商品房仍是市场供应的主流，6000元以下的中低价位商品房预售登记面积占全部预售面积的近三分之二，其中4000元以下占35%；4001－6000元的占29%；6001－8000元的占21%；8001元以上的占15%。

2004年各类用途商品房预售登记均价情况

房屋用途	登记套数(套)	登记面积(万m^2)	登记金额(亿元)	均价(元/m^2)
经济适用住房	53835	601.53	189.13	3144
商品住宅	177054	2046.48	1304.8	6376
办　公	1308	49.26	63.4	12870
商业营业用房	4898	62.62	89.66	14318
车位及其他	4046	59.34	45.09	7599
合　计	241141	2819.2	1692.1	6002

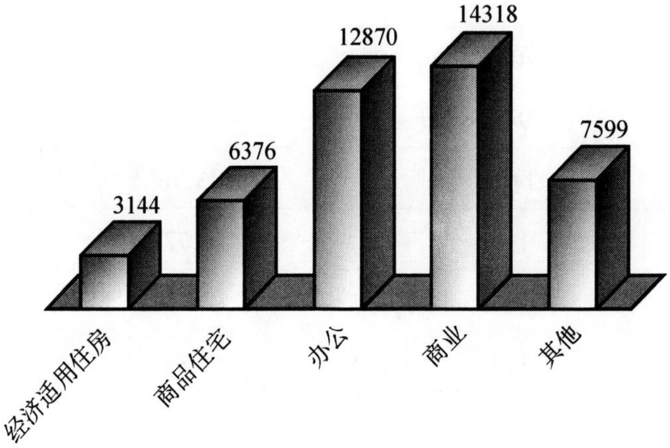

单位:元/平方米

2004年各类预售商品房均价

(三)个人成为市场购房主体

商品住宅购买对象主要以本市城镇居民和外省市个人购买为主，分别占商品住宅总面积的69%和25%。

各类购买对象预售备案情况统计表

万 m^2/亿元

购买对象	预售备案面积	预售备案金额
本市城镇居民购买	1876.91	996.95
本市农民购买	11.98	7.27
外省市个人购买	686.79	475.43
军人购买	9.54	5.3
华侨、港澳台同胞购买	27.15	31.54
外国个人购买	35.71	40.07
境内行政、事业单位购买	52.08	40.34
境内企业、经济组织购买	115.94	91.11
境外行政、企业、经济组织购买	3.11	4.06
合计	2819.21	1692.07

(四)商品房现房转让成交情况

商品现房转让成交8.91万套、面积1066.59万平方米;其中商品住宅转让成交8.73万套、面积1010.9万平方米;办公用房转让成交面积8.9万平方米;商业用房转让成交面积29.3万平方米。

(五)2004年新建商品住房买卖指导价格

1. 使用说明

本年度指导价格计算依据来自于市、区建委(国土房管局房)地产交易管理部门上报的2004年1-12月份新建商品住房买卖预售登记备案(现售交易过户登记)成交数据。成交样本数据包括东城、西城、崇文、宣武、朝阳、海淀、丰台、石景山、昌平、大兴、通州、顺义、门头沟、房山、平谷、延庆、怀柔共17个区(县)。

本次发布的指导价格是17区(县)2004年1-12月份的区(行政区域范围)和区内各新建商品住房买卖价格监测区域(监测区域范围)两个层次的住房买卖指导价格。其中,监测区域指导价格除了对外公布监测区域平均成交均价(核心监测指标)外,还包括以下六项参考监测指标:

(1)最低成交均价(元/m^2):

即监测区域内所有项目均价中的最低值。

(2)最高成交均价(元/m^2):

即监测区域内所有项目均价中的最高值。

(3)成交总套数(套):

即监测区域内所有项目的成交套数总和。

(4)总成交建筑面积(m^2):

即监测区域内所有项目的成交建筑面积总和。

(5)套平均成交建筑面积(m^2):

即监测区域总成交建筑面积除以成交总套数。

(6)套平均成交价格(元):

即监测区域平均成交均价乘以套平均成交建筑面积。

本次发布的指导价格是新建商品住房(普通住宅类和公寓类)以及典型项目的经济适用住房(预售)买卖的指导价格,不是具体个案项目成交均价,也不是具体单套房屋买卖的个案成交价,它代表的是各区或各区内监测区域新建商品住房买卖市场价格的一般水平。买卖双方可以综合考虑供求关系、交通便捷程度、小区环境、公共设施完善程度、楼层、朝向、户型、房屋设施、装修状况等因素的影响，最终确定实际的买卖成交价格。

2.2004年上半年新建商品房价格表

东城区新建商品住房买卖价格监测区域指导价格

监测区域	区域范围	项目类型	平均成交均价（元/m^2）	最低成交均价（元/m^2）	最高成交均价（元/m^2）	成交总套数	总成交建筑面积（m^2）	套平均成交建筑面积（m^2）	套平均成交价格（元）
安定门外区域	东至东土城路、西至人定湖公园、南至北二环东路、北至东城区界	普通住宅	8195	7821	9752	214	23642	110	905372
		公寓	8959	5478	12152	7	1321	189	1690735
东北二环内区域	东至东二环路、西至鼓楼大街－地安门大街－南池子大街、南至前门东大街－崇文门东大街、北至北二环路	普通住宅	9089	4484	12305	230	35107	153	1387268
东直门外区域	东至春秀路、西至东二环路、南至东城区界、北至东城区界	普通住宅	11137	9066	14114	377	60392	160	1783995
		公寓	12031	8545	14371	153	19353	126	1662840

西城区新建商品住房买卖价格监测区域指导价格

监测区域	区域范围	项目类型	平均成交均价（元/m^2）	最低成交均价（元/m^2）	最高成交均价（元/m^2）	成交总套数	总成交建筑面积（m^2）	套平均成交建筑面积（m^2）	套平均成交价格（元）
德外区域	东至北辰路、西至新街口外大街、南至德胜门东大街、北至裕民路	普通住宅	7687	4748	9803	339	43193	127	979432
西直门外、阜成门外、复兴门外区域	东至西三环路、西至三里河路、南至莲花池东路、北至西城区界	普通住宅	9114	6880	12491	184	25227	137	1249559
		公寓	11490	13520	51	6042	118	1458281	12310
西北二环内区域	东至鼓楼大街－地安门大街－北长街、西至西二环路、南至前门西大街－宣武门东大街－宣武门西大街、北至北二环路	普通住宅	10099	7395	15485	185	24896	135	1359127

崇文区新建商品住房买卖价格监测区域指导价格

监测区域	区域范围	项目类型	平均成交均价(元/m²)	最低成交均价(元/m²)	最高成交均价(元/m²)	成交总套数	总成交建筑面积(m²)	套平均成交建筑面积(m²)	套平均成交价格(元)
前门、崇外、东花市区域	东至崇文区界、西至前门大街、南至朱市口东大街－广渠门内大街、北至前门东大街－崇文门东大街	普通住宅	7457	5934	10432	820	75423	92	685863
		公寓	7677	6692	8453	955	90979	95	731358
天坛、体育馆路、龙潭区域	东至广渠门南滨河路、西至前门大街－天桥南大街、南至永定门东滨河路－左安门西滨河路、北至朱市口东大街－广渠门内大街	普通住宅	8070	4630	9748	729	77259	106	855300
永外区域	永外街道行政区域	普通住宅	5710	4609	6299	103	7991	78	443041

宣武区新建商品住房买卖价格监测区域指导价格

监测区域	区域范围	项目类型	平均成交均价(元/m²)	最低成交均价(元/m²)	最高成交均价(元/m²)	成交总套数	总成交建筑面积(m²)	套平均成交建筑面积(m²)	套平均成交价格(元)
广外区域	广外街道行政区域	普通住宅	6581	5000	8164	3353	240363	72	471740
		公寓	7664	7531	7984	106	3688	35	266644
广内、牛街、白纸坊区域	东至宣武门外大街－菜市口大街、西至广安门北滨河路－广安门南滨河路、南至右安门西街－右安门东街、北至宣武门大街	普通住宅	7154	6180	8652	885	89832	102	726183
椿树、大栅栏、陶然亭、天桥区域	东至前门大街－永定门内大街、西至宣武门外大街－菜市口大街、南至永定门西滨河路、北至宣武门东大街－前门西大街	普通住宅	8168	6321	9835	1114	132475	119	971318

朝阳区新建商品住房买卖价格监测区域指导价格

监测区域	区域范围	项目类型	平均成交均价(元/m^2)	最低成交均价(元/m^2)	最高成交均价(元/m^2)	成交总套数	总成交建筑面积(m^2)	套平均成交建筑面积(m^2)	套平均成交价格(元)
东四环南路、南四环东路沿线区域	东至双丰铁路线、西至朝阳区界、南至南顶村路、北至广渠路	普通住宅	6369	4147	9847	1212	168833	139	887167
		公寓	9463	5278	18086	1119	122172	109	1033200
劲松、双井、南磨房、松榆区域	东至西大望路、西至西二环路、南至周家庄路、北至百子湾路	普通住宅	7820	5213	10355	2508	282967	113	882322
		公寓	9259	6275	11647	972	100250	103	954967
豆各庄区域	豆各庄乡行政区域	普通住宅	4847	4731	5021	201	44362	221	1069770
管庄、双桥、三间房区域	东至朝阳区界、西至东五环、南至双桥东路、北至常营路	普通住宅	4880	3657	6812	1648	175704	107	520315
甘露园、高碑店区域	东至东五环路、西至京包铁路、南至建国路、北至姚家园路	普通住宅	5737	4404	9826	1199	125022	104	598240
六里屯、八里庄区域	东至京包铁路、西至金台路－西大望路、南至百子湾路、北至农展南路	普通住宅	7290	4483	9311	1734	176632	102	742556
		公寓	10568	4175	15123	689	117533	171	1802823
三里屯、左家庄、农展馆、朝阳公园朝外、建外区域	东至枣营路－金台路－西大望路、西至东二环路、南至百子湾路、北至霄云路－顺源街	普通住宅	8480	4767	16828	781	84279	108	915038
		公寓	14026	6000	29612	2613	376519	144	2021133
望京区域	东至东五环路、西至北四环东路、南至京顺路、北至北五环东路	普通住宅	5961	4262	9452	3092	339552	110	654596
		公寓	6236	5705	9665	284	32269	114	708590
三元桥、太阳宫区域	东至霄云路、西至城铁13号线、南至香河园路、北太阳宫路	普通住宅	6866	5873	11498	1349	137971	102	702183
		公寓	10947	7121	15995	303	48859	161	1765242
安慧、世纪村(亚运村)区域	东至关庄路、西至天辰路－北辰东路、南至北四环东路、北至北五环路	普通住宅	6266	5307	8455	868	97287	112	702255
		公寓	8084	6643	13861	473	74412	157	1271825

续表

监测区域	区域范围	项目类型	平均成交均价（元/m²）	最低成交均价（元/m²）	最高成交均价（元/m²）	成交总套数	总成交建筑面积（m²）	套平均成交建筑面积（m²）	套平均成交价格（元）
酒仙桥区域	东至东五环路、西至东四环北路、南至亮马桥南路、北至酒仙桥北路	普通住宅	6605	5653	11151	609	46735	77	506861
		公寓	9103	5412	24822	136	27959	206	1871308
健翔桥区域	东至天辰路－北辰东路、西至八达岭高速路、南至小关路、北至科荟西路	普通住宅	6472	5010	7735	705	85540	121	785292
北五环外区域	东至来广营路、西至八达岭高速路、南至北五环路、北至朝阳区界	普通住宅	5244	4165	8251	1536	186987	122	638406
		公寓	8829	6513	11785	39	7807	200	1767492
小关区域	东至城铁13号线、西至安定路、南至北三环路、北至北四环东路	普通住宅	7100	6068	8307	255	37633	148	1047861
		公寓	7271	6238	7925	337	38521	114	831147
东坝区域	东坝乡行政区域	普通住宅	5473	5277	5591	336	50576	151	823850

海淀区新建商品住房买卖价格监测区域指导价格

监测区域	区域范围	项目类型	平均成交均价（元/m²）	最低成交均价（元/m²）	最高成交均价（元/m²）	成交总套数	总成交建筑面积（m²）	套平均成交建筑面积（m²）	套平均成交价格（元）
田村路、阜石路沿线区域	东至永定路－长润路、西至西五环路、南至金沟河路、北至杏石口路	普通住宅	5215	2280	7535	1814	189890	105	545925
北太平庄、花园路区域	东至八达岭高速路－德外大街、西至学院路－西土城路－西直门北大街、南至德胜门西大街、北至北四环中路	普通住宅	8215	7695	8900	592	45552	77	632148.1
紫竹院、北下关区域	东至西土城路－西直门北大街、西至西三环路、南至西直门外大街－紫竹院路、北至北三环西路	普通住宅	6275	4251	11558	883	90937	103	646287
		公寓	9320	5357	32500	194	30667	158	1473262

续表

监测区域	区域范围	项目类型	平均成交均价(元/m^2)	最低成交均价(元/m^2)	最高成交均价(元/m^2)	成交总套数	总成交建筑面积(m^2)	套平均成交建筑面积(m^2)	套平均成交价格(元)
北四环外、学院路区域	东至八达岭高速路、西至城铁13号线、南至北四环路、北至北五环路	普通住宅	6604	5574	8059	602	74945	124	822176
中关村、双榆树区域	东至学院路－西土城路、西至万泉河路、南至北三环西路、北至北四环西路－成府路	普通住宅	8592	4934	9247	65	9259	142	1223885
		公寓	9438	8231	13885	449	69774	155	1466634
上地、马连洼区域	东至安宁庄西路－安宁庄路－城铁13号线、西至黑山扈路、南至北五环路、北至西二旗北路－后广村路	普通住宅	5974	3953	9165	1288	171427	133	795116
西三旗、清河区域	东至海淀区界、西至安宁庄西路－安宁庄路－城铁13号线、南至北五环路、北至海淀区界	普通住宅	5198	3469	9881	2994	292923	98	508571
万柳区域	东至万泉河路－西三环北路、西至常青路、南至紫竹院路、北至北四环西路	普通住宅	6833	4472	9226	4408	593882	135	920560
		公寓	9308	7501	13562	105	17885	170	1585470
甘家口、军博区域	东至三里河路、西至西三环路、南至莲花池东路、北至紫竹院路－西直门外大街	普通住宅	6311	6266	8801	430	66780	155	980152
		公寓	7816	7303	8012	237	32677	138	1077587
翠微区域	东至西三环路、西至西四环路、南至太平路－太平东路、北至阜成路	普通住宅	7375	7100	7495	25	5302	212	1563916
莲花池区域	东至西三环路、西至西四环路、南至海淀区界、北至太平路－太平东路	普通住宅	5455	5493	7253	363	30410	84	456977
北洼路区域	东至西三环路、西至恩济东街、南至阜成路、北至紫竹院路	普通住宅	7518	6987	8366	134	7118	53	399373
四季青、恩济庄、定慧寺区域	东至恩济庄路、西至永定路－常青路、南至阜成路、北至蓝靛厂路	普通住宅	7894	2664	17732	1453	220223	152	1196480
		公寓	7929	7276	8590	88	16521	188	1488669

丰台区新建商品住房买卖价格监测区域指导价格

监测区域	区域范围	项目类型	平均成交均价（元/m^2）	最低成交均价（元/m^2）	最高成交均价（元/m^2）	成交总套数	总成交建筑面积（m^2）	套平均成交建筑面积（m^2）	套平均成交价格（元）
南三环至南四环区域	东至京津塘高速路、西至京开高速路、南至南四环路、北至北三环路	普通住宅	5074	3631	7878	5680	544615	96	486545
方庄区域	东至方庄路、西至景泰路、南至南三环东路、北至北二环路	普通住宅	6741	5219	8204	871	73655	85	570039
西南三环西南四环区域	东至京开高速路、西至西四环南路、南至南四环西路、北至丰台北路	普通住宅	4852	3798	5563	774	80721	104	505991
南四环外区域	东至丰台区界、西至京山铁路、南至丰台区界、北至南四环路	普通住宅	3884	2978	5484	1212	120005	99	384601
右安门外、西罗园、菜户营区域	东至马家堡路、西至西三环南路、南至南三环西路、北至西局东街－三路居路	普通住宅	4921	4050	6780	720	65150	90	445318
六里桥、太平桥区域	东至马连道路、西至小井南路、南至丰台北路－丽泽路、北至莲花池东路	普通住宅	5584	5321	5673	741	61211	83	461301
青塔、岳各庄区域	东至万寿路、西至张仪村路、南至京石高速路、北至莲花池东路西延长线	普通住宅	4582	3834	5665	1177	116098	99	451978
长辛店、宛平城区域	长辛店、宛平城街道行政区域	普通住宅	2910	2468	3387	517	47614	92	268045

石景山区新建商品住房买卖价格监测区域指导价格

监测区域	区域范围	项目类型	平均成交均价（元/m^2）	最低成交均价（元/m^2）	最高成交均价（元/m^2）	成交总套数	总成交建筑面积（m^2）	套平均成交建筑面积（m^2）	套平均成交价格（元）
金顶山、苹果园区域	东至八大处路、西至金顶山路、南至苹果园南路、北至金顶山路	普通住宅	3775	2080	4825	244	23896.31	98	369664
杨庄、八角区域	东至西五环路、西至北辛安路、南至石景山路、北至田村路	普通住宅	4261	2000	5925	1146	99792	87	371027
八宝山区域	八宝山街道行政区域	普通住宅	5190	3000	7550	511	51877	102	526937

通州区新建商品住房买卖价格监测区域指导价格

监测区域	区域范围	项目类型	平均成交均价(元/m²)	最低成交均价(元/m²)	最高成交均价(元/m²)	成交总套数	总成交建筑面积(m²)	套平均成交建筑面积(m²)	套平均成交价格(元)
永顺区域	东至新华北街、西至市场北路－通惠北路、南至通惠河、北至京哈高速公路	普通住宅	3643	1772	4930	1281	129097	101	367084
北苑区域	东至佟麟阁街－新城南路、西至北苑南路、南至运河西大街、北至通惠河	普通住宅	3706	2885	4835	935	82087	88	325394
		公寓	5323	3966	6874	236	26365	112	594702
梨园区域	东至玉桥中路、西至京塘路、南至玉桥中路、北至运河东大街	普通住宅	3397	2514	4304	2127	212824	100	339928
玉桥区域	东至滨河路、西至玉桥西路、南至运河东大街、北至玉带河大街	普通住宅	2993	2874	2874	25	3285	131	393380
九棵树区域	东至公路二环、西至通州区界、南至京哈高速公路、北至潞苑中街	普通住宅	4031	2781	5246	935	75602	81	325897
中仓区域	东至滨河路、西至车站路、南至玉带河大街、北至新华大街	普通住宅	3587	3057	4168	123	13171	107	384112
潞河区域	东至车站路－玉桥西路、西至佟麟阁路－新城南路、南至运河东大街、北至新华大街	普通住宅	3317	2815	4292	509	48616	96	316822
通胡区域	通胡行政区域	普通住宅	3393	3026	4283	660	62836	95	323023

大兴区新建商品住房买卖价格监测区域指导价格

监测区域	区域范围	项目类型	平均成交均价(元/m²)	最低成交均价(元/m²)	最高成交均价(元/m²)	成交总套数	总成交建筑面积(m²)	套平均成交建筑面积(m²)	套平均成交价格(元)
黄村镇区域	黄村镇行政区域	普通住宅	3754	2883	6433	1537	188679	123	460879
西红门镇区域	西红门镇行政区域	普通住宅	4502	4417	4815	41	5339	130	586258
旧宫镇区域	旧宫镇行政区域	普通住宅	4095	3489	5206	1108	128222	116	473872

昌平区新建商品住房买卖价格监测区域指导价格

监测区域	区域范围	项目类型	平均成交均价(元/m²)	最低成交均价(元/m²)	最高成交均价(元/m²)	成交总套数	总成交建筑面积(m²)	套平均成交建筑面积(m²)	套平均成交价格(元)
昌平镇区域	昌平镇行政区域	普通住宅	3009	2221	3531	191	23412	123	368811
回龙观镇区域	回龙观镇行政区域	普通住宅	4063	3197	5093	951	108281	114	462575
北七家镇区域	北七家镇行政区域	普通住宅	3291	3226	3784	44	4619	105	345463
小汤山镇区域	小汤山镇行政区域	普通住宅	3861	4069	7800	48	4821	100	387767
		公寓	5920	4100	5574	18	1749	97	575055
东小口镇区域	东小口镇行政区域	普通住宅	3753	1660	6214	1593	138994	87	327457

顺义区新建商品住房买卖价格监测区域指导价格

监测区域	区域范围	项目类型	平均成交均价(元/m²)	最低成交均价(元/m²)	最高成交均价(元/m²)	成交总套数	总成交建筑面积(m²)	套平均成交建筑面积(m²)	套平均成交价格(元)
仁和镇区域	仁和镇行政区域	普通住宅	3449	3227	3637	157	20595	131	452382
天竺镇区域	天竺镇行政区域	普通住宅	4272	3033	6882	399	66013	165	706848

房山区新建商品住房买卖价格监测区域指导价格

监测区域	区域范围	项目类型	平均成交均价(元/m²)	最低成交均价(元/m²)	最高成交均价(元/m²)	成交总套数	总成交建筑面积(m²)	套平均成交建筑面积(m²)	套平均成交价格(元)
长阳镇区域	长阳镇行政区域	普通住宅	2206	2080	2287.10	2	186	93	205656
韩村河镇区域	韩村河镇行政区域	普通住宅	1785	1598	1947	82	8874	108	193157
良乡镇	良乡镇行政区域	普通住宅	2194	590	7768	345	34694	101	220593

平谷区新建商品住房买卖价格监测区域指导价格

监测区域	区域范围	项目类型	平均成交均价(元/m^2)	最低成交均价(元/m^2)	最高成交均价(元/m^2)	成交总套数	总成交建筑面积(m^2)	套平均成交建筑面积(m^2)	套平均成交价格(元)
平谷镇区域	平谷镇行政区域	普通住宅	1532	241	6826	1427	151693	106	162907

延庆县新建商品住房买卖价格监测区域指导价格

监测区域	区域范围	项目类型	平均成交均价(元/m^2)	最低成交均价(元/m^2)	最高成交均价(元/m^2)	成交总套数	总成交建筑面积(m^2)	套平均成交建筑面积(m^2)	套平均成交价格(元)
延庆镇区域	延庆镇行政区域	普通住宅	1525	600	4617	444	44179	100	173701

门头沟区新建商品住房买卖价格监测区域指导价格

监测区域	区域范围	项目类型	平均成交均价(元/m^2)	最低成交均价(元/m^2)	最高成交均价(元/m^2)	成交总套数	总成交建筑面积(m^2)	套平均成交建筑面积(m^2)	套平均成交价格(元)
龙泉镇区域	龙泉镇行政区域	普通住宅	3103	2660	3679	430	42318	98	313112
永定镇区域	永定镇行政区域	普通住宅	2545	2333	2824	9	1028	114	261602

3.2004年下半年新建商品房价格表

东城区新建商品住房买卖价格监测区域指导价格

监测区域	区域范围	项目类型	平均成交均价(元/m^2)	最低成交均价(元/m^2)	最高成交均价(元/m^2)	成交总套数	总成交建筑面积(m^2)	套平均成交建筑面积(m^2)	套平均成交价格(元)
安定门外区域	东至东土城路、西至人定湖公园、南至北二环东路、北至东城区界	普通住宅	8424	7780	17349	196	24658	126	1043949
东北二环内区域	东至东二环路、西至鼓楼大街－地安门大街－南池子大街、南至前门东大街－崇文门东大街、北至北二环路	普通住宅	10631	2711	11986	390	50315	129	1371544
东直门外区域	东至春秀路、西至东二环路、南至东城区界、北至东城区界	普通住宅	12878	7048	18154	254	48712	192	2469705

西城区新建商品住房买卖价格监测区域指导价格

监测区域	区域范围	项目类型	平均成交均价（元/m^2）	最低成交均价（元/m^2）	最高成交均价（元/m^2）	成交总套数	总成交建筑面积（m^2）	套平均成交建筑面积（m^2）	套平均成交价格（元）
德外区域	东至北辰路、西至新街口外大街、南至德胜门东大街、北至裕民路	普通住宅	8372	6000	10712	357	38955	109	913487
西直门外、阜成门外、复兴门外区域	东至西三环路、西至三里河路、南至莲花池东路、北至西城区界	普通住宅	10070	7315	15896	343	53852	157	2366689
西北二环内区域	东至鼓楼大街－地安门大街－北长街、西至西二环路、南至前门西大街－宣武门东大街－宣武门西大街、北至北二环路	普通住宅	11471	8674	14127	334	54639	164	1876524

崇文区新建商品住房买卖价格监测区域指导价格

监测区域	区域范围	项目类型	平均成交均价（元/m^2）	最低成交均价（元/m^2）	最高成交均价（元/m^2）	成交总套数	总成交建筑面积（m^2）	套平均成交建筑面积（m^2）	套平均成交价格（元）
前门、崇外、东花市区域	东至崇文区界、西至前门大街、南至朱市口东大街－广渠门内大街、北至前门东大街－崇文门东大街	普通住宅	8021	6056	10559	834	86526	104	832162
天坛、体育馆路、龙潭区域	东至广渠门南滨河路、西至前门大街－天桥南大街、南至永定门东滨河路－左安门西滨河路、北至朱市口东大街－广渠门内大街	普通住宅	7595	5493	9754	1245	139696	112	1107389
永外区域	永外街道行政区域	普通住宅	5932	4585	8150	209	18102	87	513788

宣武区新建商品住房买卖价格监测区域指导价格

监测区域	区域范围	项目类型	平均成交均价（元/m^2）	最低成交均价（元/m^2）	最高成交均价（元/m^2）	成交总套数	总成交建筑面积（m^2）	套平均成交建筑面积（m^2）	套平均成交价格（元）
广外区域	广外街道行政区域	普通住宅	6991	6009	9783	506	211182	84	589111
		公寓	7795	7381	8401	100	5138	51	400466
广内、牛街、白纸坊区域	东至宣武门外大街－菜市口大街、西至广安门北滨河路－广安门南滨河路、南至右安门西街－右安门东街、北至宣武门大街	普通住宅	7076	6401	8715	551	43721	79	561443
椿树、大栅栏、陶然亭、天桥区域	东至前门大街－永定门内大街、西至宣武门外大街－菜市口大街、南至永定门西滨河路、北至宣武门东大街－前门西大街	普通住宅	8379	6627	11132	529	71317	135	1129552

朝阳区新建商品住房买卖价格监测区域指导价格

监测区域	区域范围	项目类型	平均成交均价（元/m^2）	最低成交均价（元/m^2）	最高成交均价（元/m^2）	成交总套数	总成交建筑面积（m^2）	套平均成交建筑面积（m^2）	套平均成交价格（元）
东四环南路、南四环东路沿线区域	东至双丰铁路线、西至朝阳区界、南至南顶村路、北至广渠路	普通住宅	5671	4296	9703	704	95973	136	864245
劲松、双井、南磨房、松榆区域	东至西大望路、西至西二环路、南至周家庄路、北至百子湾路	普通住宅	7698	5750	14400	3351	385317	115	889514
		公寓	8041	7482	9014	16	1029	64	517008
豆各庄区域	豆各庄乡行政区域	普通住宅	5006	4375	5931	416	68636	165	825952
管庄、双桥、三间房区域	东至朝阳区界、西至东五环、南至双桥东路、北至常营路	普通住宅	5239	3913	6474	1356	144039	106	556537

续表

监测区域	区域范围	项目类型	平均成交均价（元/m^2）	最低成交均价（元/m^2）	最高成交均价（元/m^2）	成交总套数	总成交建筑面积（m^2）	套平均成交建筑面积（m^2）	套平均成交价格（元）
甘露园、高碑店区域	东至东五环路、西至京包铁路、南至建国路、北至姚家园路	普通住宅	5551	4599	7575	2349	232681	99	549835
六里屯、八里庄区域	东至京包铁路、西至金台路－西大望路、南至百子湾路、北至农展南路	普通住宅	7267	3249	16014	2621	342110	131	1200025
三里屯、左家庄、农展馆、朝阳公园朝外、建外区域	东至枣营路－金台路－西大望路、西至东二环路、南至百子湾路、北至霄云路－顺源街	普通住宅	9422	5078	22087	1285	175651	137	1805522
		公寓	13125	4858	18553	1159	192316	166	2177901
望京区域	东至东五环路、西至北四环东路、南至京顺路、北至北五环东路	普通住宅	6234	4120	10759	3600	389015	108	673617
		公寓	6451	6187	6931	301	45329	151	971463
三元桥、太阳宫区域	东至霄云路、西至城铁13号线、南至香河园路、北太阳宫路	普通住宅	7349	5387	19000	2161	278707	129	947757
		公寓	11055	7300	13749	238	50512	212	2346193
安慧、世纪村（亚运村）区域	东至关庄路、西至天辰路－北辰东路、南至北四环东路、北至北五环路	普通住宅	8042	5423	11512	667	100589	151	1212741
酒仙桥、东风桥区域	东至东五环路、西至东四环北路、南至亮马桥南路、北至酒仙桥北路	普通住宅	6840	4094	20922	2058	219959	107	785717
健翔桥区域	东至天辰路－北辰东路、西至八达岭高速路、南至小关路、北至科荟西路	普通住宅	7866	5533	12481	642	67657	105	828936
北五环外区域	东至来广营路、西至八达岭高速路、南至北五环路、北至朝阳区界	普通住宅	5901	4356	12019	2471	314355	127	750720
小关区域	东至城铁13号线、西至安定路、南至北三环路、北至北四环东路	普通住宅	7614	5000	18604	305	41269	135	1030252
东坝区域	东坝乡行政区域	普通住宅	5302	4436	7345	147	18518	126	667939

海淀区新建商品住房买卖价格监测区域指导价格

监测区域	区域范围	项目类型	平均成交均价（元/m^2）	最低成交均价（元/m^2）	最高成交均价（元/m^2）	成交总套数	总成交建筑面积（m^2）	套平均成交建筑面积（m^2）	套平均成交价格（元）
田村路、阜石路沿线区域	东至永定路－长润路、西至西五环路、南至金沟河路、北至杏石口路	普通住宅	5269	3850	6461	878	94206	107	568447
北太平庄、花园路区域	东至八达岭高速路－德外大街、西至学院路－西土城路－西直门北大街、南至德胜门西大街、北至北四环中路	普通住宅	7794	6243	10139	306	26255	86	668749
		公寓	8855	8583	8976	98	9583	98	865923
紫竹院、北下关区域	东至西土城路－西直门北大街、西至西三环路、南至西直门外大街－紫竹院路、北至北三环西路	普通住宅	7960	4436	20817	934	105041	112	886090
		公寓	8581	8100	9467	83	13217	159	1366403
北四环外、学院路区域	东至八达岭高速路、西至城铁13号线、南至北四环路、北至北五环路	普通住宅	6457	6011	6924	565	59565	105	678032
中关村、双榆树区域	东至学院路－西土城路、西至万泉河路、南至北三环西路、北至北四环西路－成府路	普通住宅	8881	6957	9972	76	11768	155	1187309
		公寓	11097	7107	14727	300	30188	101	1116687
上地、马连洼区域	东至安宁庄西路－安宁庄路－城铁13号线、西至黑山扈路、南至北五环路、北至西二旗北路－后广村路	普通住宅	6597	4690	15976	1223	160230	131	864348
西三旗、清河区域	东至海淀区界、西至安宁庄西路－安宁庄路－城铁13号线、南至北五环路、北至海淀区界	普通住宅	4945	2539	9846	1592	170605	107	530994
万柳区域	东至万泉河路－西三环北路、西至常青路、南至紫竹院路、北至北四环西路	普通住宅	7493	4340	15850	1414	206386	146	1018920
		公寓	9966	8644	15719	134	20030	149	1489746

续表

监测区域	区域范围	项目类型	平均成交均价（元/m^2）	最低成交均价（元/m^2）	最高成交均价（元/m^2）	成交总套数	总成交建筑面积（m^2）	套平均成交建筑面积（m^2）	套平均成交价格（元）
甘家口、军博区域	东至三里河路、西至西三环路、南至莲花池东路、北至紫竹院路－西直门外大街	普通住宅	8019	6838	8579	266	31027	117	935352
翠微区域	东至西三环路、西至西四环路、南至太平路－太平东路、北至阜成路	普通住宅	6955	6220	8829	1643	224836	137	951804
莲花池区域	东至西三环路、西至西四环路、南至海淀区界、北至太平路－太平东路	普通住宅	5639	5609	6080	133	12551	94	540900
北洼路区域	东至西三环路、西至恩济东街、南至阜成路、北至紫竹院路	普通住宅	7284	5459	12905	316	33256	105	688361
四季青、恩济庄、定慧寺区域	东至恩济庄路、西至永定路－常青路、南至阜成路、北至蓝靛厂路	普通住宅	7078	4430	21157	959	191457	200	1725123

丰台区新建商品住房买卖价格监测区域指导价格

监测区域	区域范围	项目类型	平均成交均价（元/m^2）	最低成交均价（元/m^2）	最高成交均价（元/m^2）	成交总套数	总成交建筑面积（m^2）	套平均成交建筑面积（m^2）	套平均成交价格（元）
南三环至南四环区域	东至京津塘高速路、西至京开高速路、南至南四环路、北至北三环路	普通住宅	4896	3340	7833	7589	772083	102	498107
方庄区域	东至方庄路、西至景泰路、南至南三环东路、北至北二环路	普通住宅	6853	5810	8968	473	67527	143	978331
西南三环西南四环区域	东至京开高速路、西至西四环南路、南至南四环西路、北至丰台北路	普通住宅	4628	3691	6117	2346	246030	105	470455

续表

监测区域	区域范围	项目类型	平均成交均价（元/m^2）	最低成交均价（元/m^2）	最高成交均价（元/m^2）	成交总套数	总成交建筑面积（m^2）	套平均成交建筑面积（m^2）	套平均成交价格（元）
南四环外区域	东至丰台区界、西至京山铁路、南至丰台区界、北至南四环路	普通住宅	4104	3340	4684	930	85729	92	351765
右安门外、西罗园、菜户营区域	东至马家堡路、西至西三环南路、南至南三环西路、北至西局东街－三路居路	普通住宅	6240	2530	9394	858	96295	112	699059
六里桥、太平桥区域	东至马连道路、西至小井南路、南至丰台北路－丽泽路、北至莲花池东路	普通住宅	5418	4450	7346	1110	110063	99	534636
青塔、岳各庄区域	东至万寿路、西至张仪村路、南至京石高速路、北至莲花池东路西延长线	普通住宅	4301	3834	6000	1161	105721	91	391693

石景山区新建商品住房买卖价格监测区域指导价格

监测区域	区域范围	项目类型	平均成交均价（元/m^2）	最低成交均价（元/m^2）	最高成交均价（元/m^2）	成交总套数	总成交建筑面积（m^2）	套平均成交建筑面积（m^2）	套平均成交价格（元）
金顶山、苹果园区域	东至八大处路、西至金顶山路、南至苹果园南路、北至金顶山路	普通住宅	3544	2873	4100	400	39437	99	349379
杨庄、八角区域	东至西五环路、西至北辛安路、南至石景山路、北至田村路	普通住宅	4719	4140	6119	934	91907	98	464347
八宝山区域	八宝山街道行政区域	普通住宅	4812	4080	5776	3365	320043	95	457639

通州区新建商品住房买卖价格监测区域指导价格

监测区域	区域范围	项目类型	平均成交均价（元/m^2）	最低成交均价（元/m^2）	最高成交均价（元/m^2）	成交总套数	总成交建筑面积（m^2）	套平均成交建筑面积（m^2）	套平均成交价格（元）
永顺区域	东至新华北街、西至市场北路－通惠北路、南至通惠河、北至京哈高速公路	普通住宅	3342	2136	4422	1766	183852	104	347884
北苑区域	东至佟麟阁街－新城南路、西至北苑南路、南至运河西大街、北至通惠河	普通住宅	3419	2600	4334	613	56520	92	354953
梨园区域	东至玉桥中路、西至京塘路、南至玉桥中路、北至运河东大街	普通住宅	3606	2894	8142	2048	198364	97	349296
玉桥区域	东至滨河路、西至玉桥西路、南至运河东大街、北至玉带河大街	普通住宅	4025	3902	4166	171	15686	92	369181
九棵树区域	东至公路二环、西至通州区界、南至京哈高速公路、北至潞苑中街	普通住宅	3968	3158	5134	1035	89817	87	344360
新华区域	东至公路二环、西至通州区界、南至京哈高速公路、北至潞苑中街	普通住宅	4129	3795	4837	377	45379	120	497057
中仓区域	东至滨河路、西至车站路、南至玉带河大街、北至新华大街	普通住宅	3810	3745	3919	84	8237	98	373613
潞河区域	东至车站路－玉桥西路、西至佟麟阁路－新城南路、南至运河东大街、北至新华大街	普通住宅	3460	2885	4701	186	21970	118	408659
通胡区域	通胡行政区域	普通住宅	4346	2981	12379	1191	100171	84	365552
马驹桥镇区域	马驹桥镇行政区域	普通住宅	3312	3180	3559	232	21717	94	310039

大兴区新建商品住房买卖价格监测区域指导价格

监测区域	区域范围	项目类型	平均成交均价（元/m^2）	最低成交均价（元/m^2）	最高成交均价（元/m^2）	成交总套数	总成交建筑面积（m^2）	套平均成交建筑面积（m^2）	套平均成交价格（元）
黄村镇区域	黄村镇行政区域	普通住宅	4267	2550	13011	1896	251300	133	565586
西红门镇区域	西红门镇行政区域	普通住宅	2280	2280	2280	62	6966	112	256178
旧宫镇区域	旧宫镇行政区域	普通住宅	3884	2550	6018	1721	169865	99	383324
庞各庄镇区域	庞各庄镇行政区域	普通住宅	3564	2850	5618	140	16939	121	431256
瀛海镇区域	瀛海镇行政区域	普通住宅	3044	2900	3056	244	22974	94	286620

昌平区新建商品住房买卖价格监测区域指导价格

监测区域	区域范围	项目类型	平均成交均价（元/m^2）	最低成交均价（元/m^2）	最高成交均价（元/m^2）	成交总套数	总成交建筑面积（m^2）	套平均成交建筑面积（m^2）	套平均成交价格（元）
昌平镇区域	昌平镇行政区域	普通住宅	3098	2060	3552	1103	137172	124	385302
回龙观镇区域	回龙观镇行政区域	普通住宅	4323	3100	6384	1748	207097	118	512189
北七家镇区域	北七家镇行政区域	普通住宅	4334	2701	11276	1112	177127	159	690402
小汤山镇区域	小汤山镇行政区域	普通住宅	7107	3231	12647	597	105744	177	1258869
东小口镇区域	东小口镇行政区域	普通住宅	4143	2600	6824	2106	189142	90	372083
百善镇区域	百善镇行政区域	普通住宅	4757	2176	8021	166	65765	396	1884683

顺义区新建商品住房买卖价格监测区域指导价格

监测区域	区域范围	项目类型	平均成交均价（元/m²）	最低成交均价（元/m²）	最高成交均价（元/m²）	成交总套数	总成交建筑面积（m²）	套平均成交建筑面积（m²）	套平均成交价格（元）
仁和镇区域	仁和镇行政区域	普通住宅	3800	2657	3944	179	23569	132	500296
天竺镇区域	天竺镇行政区域	普通住宅	4267	3039	7132	113	20284	180	958435
高丽营镇	高丽营镇行政区域	普通住宅	4639	3177	7028	553	81448	147	693316
后沙峪	后沙峪镇行政区域	普通住宅	4426	5466	6558	35	8223	235	1332715

房山区新建商品住房买卖价格监测区域指导价格

监测区域	区域范围	项目类型	平均成交均价（元/m²）	最低成交均价（元/m²）	最高成交均价（元/m²）	成交总套数	总成交建筑面积（m²）	套平均成交建筑面积（m²）	套平均成交价格（元）
长阳镇区域	长阳镇行政区域	普通住宅	3095	3861	4050	154	20577	134	531345
窦店区域	窦店镇行政区域	普通住宅	4201	3942	5420	17	3925	231	970137
良乡镇	良乡镇行政区域	普通住宅	2352	1833	3598	406	49288	121	361552

平谷区新建商品住房买卖价格监测区域指导价格

监测区域	区域范围	项目类型	平均成交均价（元/m²）	最低成交均价（元/m²）	最高成交均价（元/m²）	成交总套数	总成交建筑面积（m²）	套平均成交建筑面积（m²）	套平均成交价格（元）
平谷镇区域	平谷镇行政区域	普通住宅	1354	232	9774	1432	153352	107	172508

延庆县新建商品住房买卖价格监测区域指导价格

监测区域	区域范围	项目类型	平均成交均价（元/m²）	最低成交均价（元/m²）	最高成交均价（元/m²）	成交总套数	总成交建筑面积（m²）	套平均成交建筑面积（m²）	套平均成交价格（元）
延庆镇区域	延庆镇行政区域	普通住宅	1557	627	2500	327	34287	105	163260

门头沟区新建商品住房买卖价格监测区域指导价格

监测区域	区域范围	项目类型	平均成交均价(元/m^2)	最低成交均价(元/m^2)	最高成交均价(元/m^2)	成交总套数	总成交建筑面积(m^2)	套平均成交建筑面积(m^2)	套平均成交价格(元)
龙泉镇区域	龙泉镇行政区域	普通住宅	2968	2700	3150	450	47621	106	314047
永定镇区域	永定镇行政区域	普通住宅	3005	2800	3051	257	25605	100	299437

怀柔区新建商品住房买卖价格监测区域指导价格

监测区域	区域范围	项目类型	平均成交均价(元/m^2)	最低成交均价(元/m^2)	最高成交均价(元/m^2)	成交总套数	总成交建筑面积(m^2)	套平均成交建筑面积(m^2)	套平均成交价格(元)
庙城镇区域	庙城镇行政区域	住宅	4151	4286	5229	15	4340	289	1200896

三、存量房市场成交情况

(一)存量房成交情况

2004年存量房转让成交达57554件，708.28万平方米，比去年同期分别增长了66%、82%，已购公房成交套数为3.02万套，比去年同期增长了77%。但与增量房相比仍存在差距，目前存量房和增量房(预售转让过户和现房过户)交易量之比为1∶3.2左右。

2004年，全市存量房买卖平均价格4217元/平方米，同比增长7.46%。其中，二手商品住宅买卖平均价格4491元/平方米，增长7.44%；已购公房再上市买卖平均价格3947元/平方米，增长7.49%。

2001年至2004年北京市存量房成交情况

万 m^2;亿元

年度	成交面积	成交金额
2001年	300.12	71.27
2002年	311.53	84.59
2003年	390.03	122.2
2004年	708.27	226.92

(二)北京历年已购公房和经济适用住房再上市情况

年度	1999年	2000年	2001年	2002年	2003年	2004年
成交套数	5	1669	4658	7978	17097	30223
月均成交套数	3	139	388	657	1425	2518
成交面积(万 m^2)	0.0255	11	28.9	51.26	117.38	260.36
成交金额(亿元)	0.0041	2.43	7.83	14.2	36.5	88.73

(三)2004年已购公房和经济适用住房再上市买卖指导价格

1. 说明

公布的是各区(以行政区域为范围)和区内各典型区域(以典型区域为范围)两个层次的已购公房再上市买卖指导价格以及典型项目的经济适用住房再上市买卖指导价格,计价标准为每平方米建筑面积单价。

2. 公布的指导价格是基准住房的指导价格,代表了各区和各区内典型区域已购公房和经济适用住房再上市买卖价格的市场水平,不包含买卖双方因房屋买卖发生的其他费用

买卖双方可以综合考虑供求关系、交通便捷程度、小区环境、公共设施完备度、建成年代、楼层、朝向、户型、房屋设施、装修状况等因素的影响,最终确定实际的实际成交价格。

3. 指导价格的基准住房的标准

(1)已购公房再上市基准住房标准:

20世纪80、90年代建设;多层楼房2或4层,高层楼房中间层;一居室建筑面积$40m^2-52m^2$,二居室建筑面积$53m^2-65m^2$、三居室建筑面积$66m^2-85m^2$;多层楼房正向房,高层楼房西房;配套设施齐全;一般装修的已购公房。

(2)经济适用住房再上市基准住房标准:

多层楼房2或4层,正向房;配套设施齐全;一般装修的经济适用住房。

2004年已购公房再上市买卖指导价格

区属	典型区域	区域范围	2004年上半年已购公房再上市买卖指导价格(元/m^2)	2004年下半年已购公房再上市买卖指导价格(元/m^2)
东城区	建国门东单地区	东至朝阳门南大街 西至王府井大街 南至建国门内大街 北至金宝街	6261	6393
	东直门外地区	东至春秀路 西至东直门大街 南至吉市口八条 北至安定门东大街	6250	6304
	安定门外地区	东至东土城路 西至什坊街 南至安定门大街 北至健安东路	5802	5836
西城区	月坛三里河地区	东至复兴门大街 西至三里河路 南至莲花池东路 北至阜成门外大街	6277	6417

续表

区属	典型区域	区域范围	2004年上半年已购公房再上市买卖指导价格（元/m^2）	2004年下半年已购公房再上市买卖指导价格（元/m^2）
西城区	西直门内地区	东至西四北大街 西至三里河路 南至阜成门外大街 北至德胜门西大街	6169	6331
西城区	德胜门外地区	东至鼓楼外大街 西至新街口外大街 南至德胜门东大街 北至裕民路	5779	5910
崇文区	前门东崇文门西大街沿线地区	东至崇文门外大街 西至前门大街 南至西打磨厂街 北至前门东大街	5485	5888
崇文区	花市地区	东至白桥大街 西至崇文门外大街 南至花市大街 北至崇文门东大街	5177	5135
崇文区	龙潭体育馆金鱼池地区	东至广渠门南滨河路 西至前门大街 南至长青路 北至广渠门内大街	5157	5241
崇文区	永定门外地区	东至景泰路 西至马家堡东路 南至南三环中路 北至永定门东滨河路	4598	4640
宣武区	前门西宣武门东大街沿线地区	东至前门大街 西至宣武门外大街 南至宣武门河沿街 北至宣武门东大街	5711	6041
宣武区	槐柏树西便门地区	东至宣武门外大街 西至广安门北街 南至广安门内大街 北至北滨河路	5652	5708

续表

区属	典型区域	区域范围	2004年上半年已购公房再上市买卖指导价格（元/m^2）	2004年下半年已购公房再上市买卖指导价格（元/m^2）
宣武区	白纸坊地区	东至菜市口大街 西至广安门南街 南至白纸坊街 北至南横西街	5179	5211
	右安门内地区	东至菜市口大街 西至广安门南街 南至右安门西街 北至白纸坊街	4790	5175
	椿树地区	东至宣武门外大街 西至广安门北街 南至骡马市大街 北至宣武门河沿街	5417	5802
	广安门外地区	东至广安门南滨河路 西至西站南路 南至菜户营西街 北至莲花池东路	4737	5198
	红土店地区	东至太平街 西至菜市口大街 南至右安门东街 北至骡马市大街	4915	5282
	天桥地区	东至天桥南大街 西至虎坊路 南至永定门西街 北至珠市口西大街	4898	4873
	牛街地区	东至菜市口大街 西至广安门南街 南至枣林前街 北至广安门内大街	5577	5781
朝阳区	北沙滩地区	东至鼎成路 西至北苑路 南至北四环中路 北至小营北路	5109	5274

续表

区属	典型区域	区域范围	2004年上半年已购公房再上市买卖指导价格（元/m^2）	2004年下半年已购公房再上市买卖指导价格（元/m^2）
朝阳区	大屯地区	东至北苑路 西至北辰东路 南至慧忠路 北至科荟东路	5114	5134
	世纪村地区	东至鼎成路 西至北苑路 南至北四环中路 北至小营北路	4954	5283
	安贞安华地区	东至安定门外大街 西至八达岭高速路 南至外馆斜街 北至北四环中路	5511	5889
	小关地区	东至城铁13号线 西至北辰东路 南至北三环东路 北至慧忠路	5455	5625
	芍药居地区	东至城铁13号线 西至惠新东街 南至北土城东路 北至北四环东路	5046	5144
	望京地区	东至望京街 西至望京西路 南至京顺路 北至利泽西街	4452	4603
	酒仙桥地区	东至京包铁路 西至东三环北路 南至东风南路 北至酒仙桥北路	4366	4586
	和平里地区	东至城铁13号线 西至小黄庄北街 南至安定门东大街 北至北三环东路	5602	5671

续表

区属	典型区域	区域范围	2004年上半年已购公房再上市买卖指导价格（元/m^2）	2004年下半年已购公房再上市买卖指导价格（元/m^2）
朝阳区	柳芳西坝河地区	东至东直门外斜街 西至城铁13号线 南至东直门大街 北至北三环东路	5550	5643
	曙光里地区	东至霄云路 西至东坝河路 南至北三环东路 北至东坝河	5488	5574
	亮马桥地区	东至枣营路 西至东三环北路 南至农展北路 北至霄云路	5370	5517
	三源里地区	东至东三环北路 西至新东街 南至亮马河南路 北至东直门外斜街	5671	5536
	三里屯地区	东至东三环北路 西至朝阳门大街 南至关东店北街 北至亮马河路	5889	5881
	团结湖地区	东至水碓子东路 西至东三环中路 南至朝阳路 北至农展馆南路	5705	5810
	金台路地区	东至东三环北路 西至朝阳门大街 南至关东店北街 北至亮马河路	5307	5474
	东八里庄地区	东至京包铁路 西至东四环中路 南至朝阳路 北至姚家园路	4784	4814

续表

区属	典型区域	区域范围	2004年上半年已购公房再上市买卖指导价格（元/m^2）	2004年下半年已购公房再上市买卖指导价格（元/m^2）
朝阳区	甘露园地区	东至兴隆西街 西至东四环中路 南至京通快速路 北至朝阳路	4628	4785
	定福庄地区	东至双桥路 西至东五环中路 南至通惠河 北至青年排水沟	3539	3535
	双桥农场地区	东至双桥东路 西至双桥路 南至大稿沟 北至京秦铁路	3425	3489
	垡头地区	东至王村路 西至垡头街 南至化工路 北至京沈高速公路	3427	3577
	磨房地区	东至东四环南路 西至东三环南路 南至弘燕路 北至南磨房路	4405	4549
	松榆地区	东至大望路 西至东三环南路 南至松榆南路 北至南磨房路	4805	4968
	双井地区	东至大望路 西至忠实里一巷 南至南磨房路 北至京秦铁路	5263	5502
	劲松地区	东至东三环南路 西至广渠门滨河路 南至华威南路 北至广渠门外大街	5069	5216

续表

区属	典型区域	区域范围	2004年上半年已购公房再上市买卖指导价格（元/m²）	2004年下半年已购公房再上市买卖指导价格（元/m²）
朝阳区	建外朝外地区	东至大望路 西至朝阳门大街 南至通惠河 北至朝阳门外大街	6265	6253
	北苑地区	东至城铁13号线 西至安立路 南至北五环东路 北至城铁13号线	3857	4077
	东坝地区	东至管庄路 西至东五环北路 南至楼梓庄路 北至姚家园路	3431	3068
海淀区	温泉地区	东至稻香湖东路 西至温阳路 南至温泉路 北至北清路	2461	2965
	马连洼地区	东至树村路 西至黑山扈路 南至农大南路 北至东北旺路	4317	4470
	上地地区	东至城铁13号线 西至上地西路 南至朱房路 北至东马连洼路	5083	5148
	安宁庄地区	东至八达岭高速路 西至城铁13号线 南至小营西路 北至西二旗北路	3997	4228
	建材城地区	东至城铁13号线 西至八达岭高速路 南至西小口路 北至建材城路	3672	3636

续表

区属	典型区域	区 域 范 围	2004年上半年已购公房再上市买卖指导价格（元/m^2）	2004年下半年已购公房再上市买卖指导价格（元/m^2）
海淀区	清河地区	东至黑泉路 西至城铁13号线 南至清河路 北至小营西路	4128	4157
	成府路地区	东至矿大路 西至中关村东路 南至北四环西路 北至清华东路	5399	5772
	二里庄地区	东至八达岭高速路 西至志新西路 南至北四环中路 北至清华东路	5676	6101
	牡丹园地区	东至八达岭高速路 西至学院路 南至北三环中路 北至花园北路	5852	6041
	小西天地区	东至新街口外大街 西至西直门北大街 南至德胜门西大街 北至学院南路	5906	6179
	蓟门桥地区	东至西土城路 西至城铁13号线 南至学院南路 北至知春路	5786	6036
	皂君庙地区	东至城铁13号线 西至皂君庙路 南至娘娘庙胡同 北至北三环西路	5704	5912
	中关村大街地区	东至皂君庙路 西至西三环北路 南至民族大学南路 北至知春路	6092	6323

续表

区属	典型区域	区域范围	2004年上半年已购公房再上市买卖指导价格（元/m^2）	2004年下半年已购公房再上市买卖指导价格（元/m^2）
海淀区	万泉庄地区	东至苏州街 西至蓝靛厂北路 南至长春桥路 北至北四环西路	5889	6075
	北洼地区	东至西三环北路 西至蓝靛厂南路 南至玲珑路 北至北三环西路	5668	5964
	甘家口地区	东至三里河路 西至西三环中路 南至阜成路 北至紫竹院路	5867	6046
	北蜂窝地区	东至三里河路 西至西三环中路 南至莲花池东路 北至复兴路	5738	5818
	翠微地区	东至西三环中路 西至西翠路 南至太平东路 北至玉渊潭南路	5425	5670
	西八里庄地区	东至蓝靛厂南路 西至西四环北路 南至玉渊潭南路 北至徐庄路	5056	5320
	永定路地区	东至西四环中路 西至玉泉路 南至京九铁路 北至大台铁路	4794	5078
丰台区	南苑地区	东至南苑路 西至槐房路 南至警备西路 北至久敬庄路西延长线	2993	3094

续表

区属	典型区域	区域范围	2004年上半年已购公房再上市买卖指导价格（元/m²）	2004年下半年已购公房再上市买卖指导价格（元/m²）
丰台区	卢沟桥地区	东至刘庄子路 西至西五环南路 南至丰裕路 北至卢沟桥南路	2928	3017
	五里店地区	东至程庄路 西至京石高速路 南至丰台西路 北至卢沟桥路	3391	3503
	丰台镇地区	东至东大街 西至程庄路 南至正阳大街 北至京石高速路	3822	4036
	看丹桥地区	东至樊羊路 西至建新路 南至南四环西路 北至正阳大街	3566	4005
	青塔地区	东至青塔西路 西至玉泉路 南至吴家村路 北至京九铁路	4281	4313
	六里桥地区	东至西站南路 西至莲花池西路 南至西局东街 北至莲花池东路	4706	4935
	玉林地区	东至开阳路 西至菜户营南路 南至南三环西路 北至右安门东滨河路	4743	4900
	草桥地区	东至马家堡西路 西至京开高速路 南至角门路 北至南三环西路	4061	4466

续表

区属	典型区域	区域范围	2004年上半年已购公房再上市买卖指导价格（元/m^2）	2004年下半年已购公房再上市买卖指导价格（元/m^2）
丰台区	西罗园地区	东至海户路 西至开阳路 南至南三环中路 北至右安门东街	4212	4597
	马家堡地区	东至南苑路 西至马家堡西路 南至临泓路 北至南三环中路	4191	4409
	西马场地区	东至南苑路 西至马家堡西路 南至南四环中路 北至临泓路	3747	4234
	刘家窑桥地区	东至南苑路 西至马家堡西路 南至临泓路 北至南三环中路	4099	4324
	蒲黄榆地区	东至蒲黄榆路 西至景泰路 南至南三环中路 北至右安门西街	4602	4903
	方庄地区	东至方庄路 西至蒲黄榆路 南至南三环东路 北至右安门西街	4789	5014
石景山区	永乐地区	东至严正路 西至京原路 南至人民渠 北至老山北街	3901	4102
	古城地区	东至游乐场路 西至北辛安路 南至体育场路 北至阜石路	3920	4044

续表

区属	典型区域	区 域 范 围	2004 年上半年已购公房再上市买卖指导价格（元/m^2）	2004 年下半年已购公房再上市买卖指导价格（元/m^2）
石景山区	金顶街地区	东至金顶街 西至广宁路 南至金顶南街 北至模式口大街	3462	3751
	苹果园地区	东至八大处路 西至苹果园西大街 南至苹果园南路 北至永定河路	3507	3744
	昌平科技园地区	东至龙水路 西至昌盛路 南至白浮宫路 北至南环东路	2130	3019
昌平区	昌平镇地区	昌平镇行政区域 （除昌平科技园外其他区域）	1753	2704
	沙河镇地区	沙河镇行政区域	2116	2574
	北七家镇地区	北七家镇行政区域	2363	3306
	南口镇地区	南口镇行政区域		1980
	东小口镇地区	东小口镇行政区域		3334
	回龙观镇地区	回龙观镇行政区域		3442
	百善镇地区	百善镇行政区域		2079
大兴区	义和地区	东至京山铁路 西至义和庄北路 南至矿林路 北至永华路	1953	2178
	林校地区	东至黄村镇东交界线 西至兴华南路 南至林校北路 北至京山铁路	2231	2486
	黄村地区	东至京广路 西至兴华中路 南至黄村大街 北至清源路	2601	2727

续表

区属	典型区域	区域范围	2004年上半年已购公房再上市买卖指导价格（元/m^2）	2004年下半年已购公房再上市买卖指导价格（元/m^2）
大兴区	滨河地区	东至京广路 西至兴华北路 南至清源路 北至枣园路	2263	2673
	小营地区	东至兴华北路 西至兴业北路 南至丽园路 北至康庄路	2178	2612
	双河地区	东至凤河 西至京广路 南至通黄公路 北至凤河	2363	2519
	新安地区	东至广阳大街南延长线 西至凤河 南至团河路 北至清源东路东延长线	2167	2207
	兴政地区	东至京广路 西至兴华南路 南至林校北路 北至黄村大街	2458	2741
	天堂河地区	天堂河农场行政区域	1394	1303
	团河地区	团河农场行政区域	1728	1881
	亦庄镇地区	亦庄镇行政区域	2988	2921
	旧宫镇地区	旧宫镇行政区域	2937	2916
	西红门镇地区	西红门镇行政区域	2934	2915
	三合地区	东至兴业中路 西至京山铁路 南至永华路 北至清源西路	2114	2641
	丰台地区	丰台区南苑镇行政区域	3005	3465
	采育镇地区	采育镇行政区域		1562
	大兴开发区地区	黄村镇大兴工业开发区行政区域	2357	2822

续表

区属	典型区域	区域范围	2004年上半年已购公房再上市买卖指导价格（元/m^2）	2004年下半年已购公房再上市买卖指导价格（元/m^2）
通州区	北潞苑地区	东至潞邑西路 西至安顺路 南至京哈高速路 北至潞苑北街	2023	2453
	玉桥地区	东至九棵树西路 西至乔庄路 南至轻轨八通线 北至运河大街	2424	2521
	新城地区	东至玉桥中路 西至新城南路 南至运河东大街 北至玉带河大街	2242	2475
	果园地区	东至新城南路 西至半壁店大街 南至翠屏西路 北至京秦铁路	2770	2808
	西马庄地区	东至市场北街 西至京通快速路 南至八里桥南街 北至京哈高速公路	3147	3017
	北苑地区	东至佟麟阁街 西至北苑南路 南至玉带河大街 北至通惠河	2731	2850
	吉祥如意地区	东至滨河路 西至新华北街 南至通惠河 北至京哈高速公路	2743	3069
	中仓地区	东至故城东路 西至佟麟阁路 南至玉带河大街 北至新华大街	2660	2970

续表

区属	典型区域	区域范围	2004年上半年已购公房再上市买卖指导价格（元/m²）	2004年下半年已购公房再上市买卖指导价格（元/m²）
通州区	永顺地区	东至新华北街 西至京承铁路 南至通惠河 北至京哈高速公路	2604	2397
	台湖镇地区	台湖镇行政区域		2209
房山区	长阳镇地区	长阳镇行政区域		2296
	良乡镇地区	良乡镇行政区域	2198	2152
	城关镇地区	城关镇行政区域	1004	1337
	周口店镇地区	周口店镇行政区域	899	842
	琉璃河镇地区	琉璃河镇行政区域		773
	河北镇地区	河北镇行政区域	808	822
门头沟区	城子大街地区	东至滨河路 西至增峪路 南至门头沟路 北至民族胡同	1990	2454
	黑山大峪地区	东至新桥大街 西至增峪路 南至大峪南路 北至门头沟路	2252	2723
	双峪环岛地区	东至滨河路 西至新桥大街 南至中门寺沟 北至门头沟路	2192	2761
	三家店地区	东至永定河 西至门头沟区界 南至门头沟区界 北至门头沟区界		2035
	建设地区	东至新平东路 西至西环南路 南至新平南路 北至府前西街	1162	1535

续表

区属	典型区域	区域范围	2004年上半年已购公房再上市买卖指导价格（元/m^2）	2004年下半年已购公房再上市买卖指导价格（元/m^2）
平谷区	旧城地区	东至泃河 西至新平东路 南至园田街 北至新平北路	977	1272
	新平地区	东至新平东路 西至西环北路 南至府前西街 北至北环西路	1055	1463
	岳各庄地区	东至西环北路 西至洳河 南至新平南路 北至迎宾街	1126	1683
	航空科技园地区	东至西环南路 西至双河路 南至阳北街 北至航宇北街		967
延庆县	川北地区	东至新城街 西至妫水北街 南至滨河街 北至高塔街	1779	1895
	高塔新兴地区	东至京银路 西至三里河路 南至高塔街 北至庆园街	1687	1627
	南菜园地区	东至京银路 西至菜园西街 南至八达岭路 北至妫水湖		1275
	石河营地区	东至京银路 西至东外小区东路 南至滨河街 北至东外大街	1180	1202

续表

区属	典型区域	区域范围	2004年上半年已购公房再上市买卖指导价格（元/m^2）	2004年下半年已购公房再上市买卖指导价格（元/m^2）
延庆县	顺城街地区	东至妫水北街 西至三里河 南至南顺城街 北至高塔街	1200	1216
	八达岭镇地区	八达岭镇行政区域	1349	1251
顺义区	机场地区	首都机场街道办事处行政区域	2690	2772
	牛栏山镇地区	牛栏山镇行政区域	1448	1584
	石园地区	东至石园东路 西至顺通路 南至平各庄路 北至石园北路	1974	2871
	顺义公园地区	东至滨河南路 西至光明南街 南至石园北路 北至府前东街	1885	2907
	卧龙环岛地区	东至京承铁路 西至小中河 南至府前西街 北至城北减河	1820	2785
	新顺南大街地区	东至光明南街 西至京承铁路 南至石园北路 北至府前西街	1915	2668
	幸福地区	东至滨河北路 西至京承铁路 南至府前西街 北至城北减河	1947	2687

续表

区属	典型区域	区域范围	2004年上半年已购公房再上市买卖指导价格（元/m^2）	2004年下半年已购公房再上市买卖指导价格（元/m^2）
密云县	鼓楼地区	东至新东路 西至白河 南至新南路 北至鼓楼北路	991	1782
	密云镇果园地区	东至白河 西至京承铁路 南至旧京承路 北至密西路	1165	1509
	密西地区	东至白河 西至京承铁路 南至密西路 北至新北路	1055	1436
	沙河地区	东至新东路 西至白河 南至鼓楼北路 北至站西路	893	1485
	檀营地区	东至石桥路 西至新东路 南至京承路 北至京承铁路	918	1617
	溪翁庄镇地区	溪翁庄镇行政区域	1102	1287
亦庄开发区	亦庄开发区	亦庄开发区行政区域		3366

2004年北京市济适用住房典型项目再上市买卖指导价格

区(县)	项目名称	指导价格(元/m^2)
昌平区	松园小区	2675
	天通苑	3107
	回龙苑	3254
	回龙观	3289
	通达花园	3266
房山区	行宫园	2743
	北潞园	2865
大兴区	团河	2903
	瑞海新城	3153
石景山区	田村路北	3632
	翠谷玉景	4346
	晋元庄小区	3796
	西山枫林园	4175
海淀区	玉海园	4485
	清华园北	5175
	安宁西里	3711
	今日家园	4895
	君安家园	3856
宣武区	莲花晴园	4735
丰台区	顶秀欣园	4119
	顶秀二期	4119
	丰益花园	4177
	长安新城	4375
	首科花园	4676
	开阳里	4722
	正阳小区	4180
	正阳二期	4180
	诚苑小区	2927
	建欣苑	4197
	丰体花园	4200
	三环新城	4200
	西府景园	4230
	世纪风景	4231
	怡然家园	4302
	明月嘉园	4332

续表

区(县)	项目名称	指导价格(元/m²)
朝阳区	定福家园	3945
	望京A4区	4476
	望馨园	4587
	电子城	4164
	朝阳新城	3501
	建东苑	3588
	翠成馨园	3611
	宣祥家园	4611
	双惠居住区	3688
	青年路	4621
	富华家园	4634
	百子湾	4655
	通惠家园	4678
	百环花园	4887
	芍药居	5011
	百环家园	5175

四、房屋租赁

(一)房屋租赁市场基本情况

截止到2004年,全市房屋总建筑面积达4.65亿平方米,其中住宅房屋总建筑面积达2.62亿平方米,据推算,全市住宅房屋出租面积约2600万平方米。

(二)2004年北京市住房租赁指导价格

1. 说明

(1)表内数字为区内各典型区域普通住宅楼房的基准住房租赁指导价格。

(2)政府规定的各项税收由租赁双方各自交付,水电费由承租方交付,供暖费及物业费由出租方交付。

(3)租赁双方可参考指导价格,综合考虑装修状况、住房配套设施齐备程度、距公共交通站点的距离、所处小区环境和物业管理状况、住房租金付款方式等因素确定实际成交租金。

(4)指导价格的基准住房的标准是:

楼房基准住房标准

20世纪80年代、20世纪90年代建设;一般装修(铺地砖,粉白墙,简单浴室及厨房装修);有简单家具,简单家电,有管道天然气(或煤气)、管道暖气、热水器及厨具;一居室建筑面积40－52m²;二居室建筑面积53－65m²;三居室建筑面积66－85m²;位于典型区域内交通便利的地点;周围环境一般。

2. 租赁指导价格表

住房租赁指导价格

区属	典型区域名称	典型区域范围	一居室租赁指导价格(元/月)				二居室租赁指导价格(元/月)				三居室租赁指导价格(元/月)			
			1季度	2季度	3季度	4季度	1季度	2季度	3季度	4季度	1季度	2季度	3季度	4季度
东城区	安定门外地区	东至东土城路、西至人定湖公园、南至北二环、北至裕民路东延长线	1350	1356	1340	1311	1650	1674	1660	1674			1975	2050
	朝内建内	东至东二环中路、西至南池子大街、南至前门东大街、北至朝阳门内大街	1500	1483	1519	1422	1900	1953	1894	1915				
	东四北新桥地区	东至东二环、西至鼓楼大街、南至朝阳门内大街、北至北二环	1500	1500	1600	1588	1850	1840	1822	1779				
	东直门外地区	东至亮马河西段、西至东二环北路、南至吉市口八条、北至安定门东滨河路	1450	1475	1463	1379	1750	1889	1886	1869				2436
西城区	德胜门外地区	东至鼓楼外大街、西至新街口外大街、南至北二环、北至裕民路	1450	1483	1463	1360	1800	1800	1717	1617				
	月坛三里河地区	东至西二环、西至三里河路、南至莲花池东路、北至阜成门外大街	1400	1411	1508	1394	1750	1825	1810	1969			2348	
	展览路地区	东至新街口内大街、西至三里河路、南至阜成门外大街、北至德胜门西大街	1500	1485	1507	1433	1800	1825	1811	1847				
崇文区	前门东花市地区	东至忠实里一巷、西至前门大街、南至广渠门内大街、北至前门东大街	1250	1306	1363	1300	1650	1604	1651	1661				
	体育馆路龙潭地区	东至广渠门滨河路、西至崇文门外大街、南至南二环路、北至广渠门内大街	1200	1220	1198	1138	1550	1656	1533	1415				
	永定门外地区		1150	1175	1113		1400	1500	1383					

续表

区属	典型区域名称	典型区域范围	一居室租赁指导价格(元/月)				二居室租赁指导价格(元/月)				三居室租赁指导价格(元/月)			
			1季度	2季度	3季度	4季度	1季度	2季度	3季度	4季度	1季度	2季度	3季度	4季度
宣武区	椿树大栅栏地区	东至前门大街、西至长椿街、南至骡马市大街、北至宣武门东大街	1350	1385	1413	1443	1600	1775	1744	1755				
	广内白纸坊西便门地区	东至牛街、西至西护城河、南至右安门西街、北至西便门东街	1250	1094	1205	1156	1500	1622	1572	1530			1945	1950
	牛街陶然亭地区	东至永内大街、西至牛街、南至白纸坊东街、北至骡马市大街	1200	1106	1175	1250	1500	1528	1519	1421				
	天宁寺鸭子桥地区	东至西二环、西至手帕口南街、南至三路居路、北至莲花池东路	1200	1229	1238	1274	1500	1638	1638	1545				
	小红庙马连道地区	东至手帕口南街、西至西客站南路延长线、南至三路居路、北至莲花池东路	1150	1157	1156	1200	1450	1530	1522	1427				
朝阳区	亚运村安慧地区	东至北苑路、西至北辰东路、南至北四环中路、北至科荟路	1250	1329	1385	1347	1600	1757	1668	1712			2140	
	世纪村小营地区	东至关庄路、西至北苑路、南至北四环中路、北至辛店路	1150	1247			1450	1650	1539	1625				
	小关地区	东至轻轨13号线、西至安立路、南至北三环东路、北至北四环东路	1250	1233	1347	1303	1550	1676	1683	1550			1979	
	安贞安华地区	东至安立路、西至八达岭高速公路、南至外馆斜街、北至北四环中路	1300	1350	1353	1333	1600	1720	1715	1638				2143
	和平里地区	东至太阳宫桥、西至小黄庄北街、南至安定门东滨河路、北至北三环东路	1300	1367	1256	1346	1550	1565	1721	1630			2067	
	柳芳三元桥地区	东至燕莎桥、西至东土城路、南至新源南路、北至太阳宫桥	1350	1232	1346	1317	1650	1608	1674	1740	1900	1850		2050

续表

区属	典型区域名称	典型区域范围	一居室租赁指导价格(元/月)				二居室租赁指导价格(元/月)				三居室租赁指导价格(元/月)			
			1季度	2季度	3季度	4季度	1季度	2季度	3季度	4季度	1季度	2季度	3季度	4季度
朝阳区	三里屯地区	东至枣营路、西至春秀路、南至关东店北街、北至亮马河路	1350	1524	1408	1402	1650	1675	1689	1787			2218	
	朝外建外地区	东至东大桥路、西至东二环、南至通惠河、北至新源南路	1500	1533	1465	1390	1900	1940	1862	1839	2300	2250		
	京广国贸地区	东至大望路、西至东大桥路、南至通惠河、北至关东店北街	1450	1511	1415	1376	1850	1975	1838	1772	2150	2000	2100	2069
	团结湖地区	东至东四环中路、西至东三环中路、南至建国路、北至农展馆南路	1250	1300	1327	1287	1600	1643	1635	1576	1850	2020	2043	1931
	东八里庄地区	东至兴隆西街、西至东四环中路、南至京通路、北至姚家园路	1150	1108	1134	1072	1400	1310	1314	1405	1700	1639		
	定福庄地区	东至双桥路、西至东五环中路、南至京通路、北至定福北路北口	900	847	879	813	1150	1080	1132	1083				
	劲松地区	东至东三环南路、西至东二环、南至华威南路、北至京秦铁路线	1200	1254	1171	1184	1450	1508	1461	1435				1878
	松榆地区	东至东四环南路、西至东三环南路、南至十里河桥、北至广渠路	1100	1150	1136	1123	1350	1350	1340	1347				
	酒仙桥地区	东至京包铁路、西至东三环北路、南至东风南路、北至酒仙桥北路	1000	998	1025	967	1250	1307	1272	1317				
	望京地区	东至望京街、西至望京西路、南至京顺路、北至利泽西街	1100	1083	1221	1173	1500	1492	1544	1523				
海淀区	万泉庄地区	东至苏州街和西三环路、西至西四环北路、南至板井路北至四环西路	1450	1400	1480	1465	1700	1800	1800	1864				

续表

区属	典型区域名称	典型区域范围	一居室租赁指导价格(元/月)				二居室租赁指导价格(元/月)				三居室租赁指导价格(元/月)			
			1季度	2季度	3季度	4季度	1季度	2季度	3季度	4季度	1季度	2季度	3季度	4季度
海淀区	文慧园地区	东至新街口外大街、西至四道口路、南至德胜门西大街、北至北三环中路	1500	1452	1433	1410	1750	1727	1667	1665	2050	2003	2188	2050
	西八里庄地区	东至西三环北路、西至西四环北路、南至阜成路、北至板井路	1300	1261	1330	1278	1550	1818	1694	1666			2033	2067
	北京西客站地区	东至西二环中路、西至西三环中路、南至莲花池东路、北至复兴门外大街	1300	1500	1421	1341	1500	1907	1740	1627				
	中关村大街沿线地区	东至四道口路、西至苏州街、南至西直门外大街、北至北四环西路	1500	1518	1490	1464	1900	1969	1892	1916	2200	2300	2462	2344
	一线地铁沿线地区	东至木樨地桥、西至西四环中路、南至莲花河、北至阜成路	1350	1319	1387	1335	1600	1823	1771	1677	1900	2200	2208	2075
	甘家口地区	东至三里河路、西至西三环北路、南至玉渊潭南路、北至紫竹院路	1350	1444	1405	1355	1700	1714	1723	1761			2300	2142
	牡丹园地区	东至八达岭高速路、西至轻轨13号线、南至北三环中路、北至北四环中路	1400		1450	1410	1700		1820	1696	2050	2135	2253	2319
	学院路四环外地区	东至八达岭高速公路、西至颐和园路、南至北四环、北至后八家路	1400	1383	1405	1445	1650	1729	1735	1845			2206	
	四环以外永定路地区	东至西四环路、西至玉泉路、南至莲花河、北至京门铁路线	1100	1133	1083	1129	1400	1490	1310	1301				
	清河地区	东至海淀区界、西至城铁13号线、南至清河路、北至建材城路	1000	950	963	980	1250	1175	1204	1166				
	上地地区	东至城铁13号线、西至上地西路、南至朱房路、北至东马连洼路	1200	1146	1120		1500	1436					1383	

续表

区属	典型区域名称	典型区域范围	一居室租赁指导价格(元/月)				二居室租赁指导价格(元/月)				三居室租赁指导价格(元/月)			
			1季度	2季度	3季度	4季度	1季度	2季度	3季度	4季度	1季度	2季度	3季度	4季度
丰台区	青塔地区	东至西四环中路、西至玉泉路、南至吴家村路、北至莲花河	900	871					1400					
	方庄地区	东至成寿寺路北口、西至景泰路、南至南三环东路、北至南二环东路	1250	1250	1206	1215	1500	1435	1427	1441				1869
	丰台镇地区	东至万柳桥、西至大瓦窑桥、南至海鹰路、北至京石高速公路	900	900	915	900	1150	1100	1118	1109				
	六里桥地区	东至马连道路北口、西至莲花池西路、南至六里桥南丰管路、北至莲花池东路	1100	1138	1136	1027	1350	1474	1435	1457				
	右安门外地区	东至木樨园、西至莱户营南路、南至南三环西路、北至南二环西路	1050	1140	1150		1300	1300	1207					
	南三环外地区	东至成寿寺路、西至京开高速路路、南至南四环中路、北至南三环中路	900	1014	953	984	1200	1178	1229	1245			1650	1566
石景山区	永乐地区	东至玉泉路、西至八宝山南路、南至吴家村路、北至田村山南路	1000	1167	1054	1035	1200	1229	1185	1094				
	鲁谷地区	东至八宝山南路、西至西五环中路、南至京原铁路、北至田村山南路	900	900	825	813	1200	1200	1169	1171				
	八角苹果园地区	东至西五环中路、西至金顶街北街、南至丰沙铁路、北至东下庄路	850	863	816	880	1100	1128	1113	1062				

续表

区属	典型区域名称	典型区域范围	一居室租赁指导价格（元/月）				二居室租赁指导价格（元/月）				三居室租赁指导价格（元/月）			
			1季度	2季度	3季度	4季度	1季度	2季度	3季度	4季度	1季度	2季度	3季度	4季度
昌平区	昌平镇地区	昌平镇行政区域						879						
	昌平区13号城铁沿线地区	昌平区行政区域内13号城铁沿线南北3公里范围		800	1000	857	1100	1168	1189	1047				
大兴区	黄村镇地区	黄村镇行政区域			500	500		723	681	657				
	旧宫镇地区	旧宫镇行政区域			625	553		800	838	763				
通州区	通州镇地区	通州镇行政区域			678	697		788	941	850				
门头沟区	门城地区	门城地区行政区域（包括大峪、东辛房、城子街道和龙泉镇行政区域）	500		425		700	600	700	638				

五、房地产评估

(一)房地产评估机构情况

根据对全市房地产估价行业的检查结果截止2004年7月底,北京市具备房地产价格评估资质的机构共128家,除五家为新办资质尚未取得营业执照,另有三家为部队系统事业单位外,参加估价行业检查的共计120家机构。北京市估价机构在检查中按要求上网填报基本情况表格的共117家,已填报数占总数的97.5%。网上填报的房地产估价师总数1225人,占北京市估价师总数的64.3%。根据机构网上填报的数据统计:

1. 根据机构的注册资金分等级情况见表5-1。

表5-1 按注册资金分等级情况表

注册资金	家 数	比例(%)
100万元(含100万元)以上	66	56.4
50万元(含50万元)以上至100万元	26	22.2
30万元(含30万元)以上至50万元	21	17.9
30万元以下的	4	3.5

2. 按机构专职房地产估价师人数分见表5-2。

表5-2 按专职房地产估价师人数分等级情况表

专职估价师人数	机构数量(个)	比例(%)
10人(含10人)以上	27	23.0
7人(含7人)以上至10人	23	19.6
5人(含5人)以上至7人	43	36.7
不足5人的	24	20.7

3. 全市估价机构近四年来经营业绩汇总情况见表5-3。

表5-3 2001年-2003年估价机构经营业绩汇总表

年 度	项目个数(个)	总建筑面积(万 m^2)	评估价值(百万元)	业务总收入(百万元)
2001年	9538	4331767.58	471122.42	155.46
2002年	13978	10211021.04	2066856.04	536.3
2003年	13864	11763.47	18244.76	4178.37
2004年	56777	11750.3	20433.29	47965.64

4. 机构按企业类型分类情况见表 5-4。

表 5-4 估价机构按企业类型分类情况表

企业类型	个数(个)	比例(%)
有限责任制	108	92.3
合伙制	9	7.7

5. 按估价师执业类型分类情况见表 5-5。

表 5-5 估价师执业类型分类情况表

执业类型	人数(人)	比例(%)
专职估价师	834	68.5
兼职估价师	348	28.6
非执业估价师	34	2.9

2004 年,经中国房地产估价师与经纪人学会和香港测量师学会共同认定,我市十名房地产估价师获得了互认的香港测量师资格,见表 5-6。

表 5-6 获得互认香港测量师资格的估价师名单

姓　名	单　位	职　位
高千里	北京京港不动产评估有限公司	董事长
阎旭东	北京仁达房地产评估有限公司	董事长
孙仁先	中国建筑设计研究院	研究员
杨亚彪	北京中大行房地产评估有限公司	董事长
杜鸣	北京杜鸣联合房地产评估有限公司	董事长
陈再进	北京百城守信房地产评估有限公司	董事长兼总经理
陈荣梅	北京涉外房地产信息咨询服务中心	总经理
白龙吉	北京北方房地产咨询评估有限责任公司	总经理
齐宏	北京康正房地产评估事务所	执行董事、总经理
陆伟俊	北京市中恒业房地产评估有限责任公司	总经理

(二)2004 年北京市房地产评估机构名单

2004 年,新申请设立并经我委批准具备北京市房地产价格评估资质的机构有 21 家。新设立机构具体情况见表 5-7。

表 5-7 2004 年新批准资质的房地产估价机构列表

公司名称	资质证书编号	办公地址	联系人	联系电话
北京市伟拓晋丰房地产评估有限公司	(2004)京建房估资准字第 0116 号	朝阳区吉庆里小区蓝筹名座 E 座 2 区 16 层	康壮	13701014947
北京国泰宏业评估有限公司	(2004)京建房估资准字第 0117 号	海淀区友谊宾馆雅园公寓 63942 号	周亮	13911108447
北京海基伟业房地产评估事务所	(2004)京建房估资准字第 0118 号	海淀区蓝靛厂南路 25 号牛顿办公区 820 室	陈健梅	88400008
北京建正合生房地产评估有限公司	(2004)京建房估资准字第 0119 号	朝阳区东土城路甲 6 号五环商贸写字楼五层	仝文利	84290616
北京明卓房地产评估事务所	(2004)京建房估资准字第 0120 号	海淀区西翠路 5 号 2 号楼 1403 室	宫明	13321168588
北京瑞德房地产评估有限公司	(2004)京建房估资准字第 0121 号	朝阳区凤凰城 A-1103 室	陈秀来	13601334510
北京中海润房地产评估有限公司	(2004)京建房估资准字第 0122 号	海淀区西直门北大街 41 号天兆家园 2 幢 B 单元 501 室	胡光铭	13911817278
北京中企华房地产估价有限公司	(2004)京建房估资准字第 0123 号	朝阳区朝外大街 22 号泛利大厦 912A	张延	65883588
北京瑞华腾房地产评估有限公司	(2004)京建房估资准字第 0124 号	朝阳区安贞西里三区 11 号	周绍清	64480997
北京中衡嘉业房地产评估有限公司	(2004)京建房估资准字第 0125 号	丰台区芳群园四区 22 号金城中心 910	蒯维康	13911009942
北京申洋房地产评估有限公司	(2004)京建房估资准字第 0126 号	顺义区建新南区甲 32 号楼	刘媚	13031088068
北京亿富房地产评估有限公司	(2004)京建房估资准字第 0127 号	海淀区万柳阳春光华家园 2 号楼 906 号	李金发	13701226033
北京中坤房地产评估有限公司	(2004)京建房估资准字第 0128 号	朝阳区现代文学馆路 35 号中煤信息大厦	詹庆辉	13601077389
北京天健房地产评估有限公司	(2004)京建房估资准字第 0129 号	西城区金融街 27 号投资广场 A 座 17 层	王睿	13910636544
北京金地房地产评估有限公司	(2004)京建房估资准字第 0130 号	通州区天桥湾 16 号楼 441 室	王金蕊	13501382056
北京一鸿房地产评估有限公司	(2004)京建房估资准字第 0131 号	西城区万通新世界 A1901	沈彤	68578646
北京诚志房地产评估中心	(2004)京建房估资准字第 0132 号	昌平区回龙观龙腾苑三区 21 #-1-302	王清	13501251900
北京科园保诚房地产评估有限公司	(2004)京建房估资准字第 0133 号	昌平区昌平镇超前路 9 号	吴宏立	13911803769
北京海评兴业房地产评估有限公司	(2004)京建房估资准字第 0134 号	海淀区燕山大酒店 1505	商传志	13601204112
北京岳华中天房地产评估有限公司	(2004)京建房估资准字第 0135 号	朝阳区霄云路 26 号鹏润大厦 B1201-1203	齐辉	84584406
北京邦邦房地产评估有限公司	(2004)京建房估资准字第 0136 号	朝阳区延静东里甲 3 号 308 室	张宁	65955740

自2000年北京市房地产价格评估机构脱钩改制以来，历年批准的估价机构合计136家(情况见表5-8)。其中有8家机构在估价行业检查中办理了资质合并、暂停资质或机构注销的，而实际在北京地区从业的估价机构共计128家。

表5-8 脱钩改制后历年批准估价机构情况

年　度	2000	2001	2002	2003	2004
新增机构数	39	37	18	21	21
当年累计机构数	39	76	94	115	136

2004年，建设部批准了我市两家房地产评估机构晋级为一级资质，我市具备建设部一级资质的房地产估价机构的共计27家。新批准的我市一级机构情况见表5-9。

表5-9 2004年新批准的建设部一级房地产估价机构列表

公司名称	办公地址	联系人	联系电话
北京圣元房地产评估咨询有限公司	海淀区知春路113号银网中心A座304室	李绍玲	13661275543
北京中资房地产评估有限公司	海淀区海淀区首体南路22号国兴大厦17层A2	张　珂	88357080-217

(三)注册房地产估价师情况：

北京市通过2004年全国房地产估价师考试的共有89人，经建设部批准予以初始注册的有245名房地产估价师。自1993年来全市考试合格的有1995人，批准注册的合计1995人。历年考试通过及注册的人数见表5-10。

表5-10 北京市房地产估价师历年考试通过及注册人数

年　度	1993	1994	1995	1996	1998	1999	2001	2002	2003	2004
考取数	16	54	275	326	334	242	206	159	294	89
注册数	16	54	275	321	301	250	180	197	156	245

六、房地产经纪

(一)房地产经纪概况

改革开放以来，在城镇住房制度改革及相关政策的推动下，住房消费得到有效启动，房地产市场日趋活跃，以提供中介服务为主要内容的房地产经纪行业也逐渐形成并发展起来，自1996年开始实施资质证书制度以来，到2004年底，经市建委(原国土房管局)备案合格取得《北京市房地产经纪机构备案证书》(资质证书)的房地产经纪机构已达2245家,从业人员5万多人,已取得《北京市房地产经纪资格考试合格证》的人员达2.2万人。其中2004年新增经纪机构721家,新增《北京市房地产经纪资格考试合格证》持证人6655人。房地产经纪行业对完善市场媒介,提高成交效率、加速房地产商品流通具有重要作用,是房地产市场不可缺少的重要环节。

(二)房地产经纪机构

根据建设部1996年1月8日发布的《城市房地产中介服务管理规定》,北京市房屋土地管理局于1996年8月19日发布《北京市房地产经纪机构管理规定》,开始实行房地产经纪机构资质证书管理。《北京市房地产经纪机构管理规定》第三条规定:"设立房地产经纪机构,必须向北京市房屋土地管理局提出书面申请,经审查符合条件的,由市房地局发给资质证书,方可从事房地产经纪活动"。截止到2004年底,经市建委(原国土房管局)备案合格取得《北京市房地产经纪机构备案证书》(资质证书)的房地产经纪机构已达2245家(不包括被注销资质证书的房地产经纪机构)。随着房地产市场的不断发展,房地产经纪机构的数量仍在逐年增加,见表5-11。

表5-11　北京市房地产经纪机构统计表

注册资本(万元) / 数量 / 组织形式	10-30	30-50	50-100	100以上	合　计
有限责任公司	379	495	688	548	2110
合伙制企业	1	0	2	0	3
三资企业	0	1	4	40	45
股份合伙制企业	4	5	7	7	23
全民所有制企业	4	16	10	12	42
集体所有制企业	2	6	8	3	19
其　他	0	0	1	2	3
合　计	390	523	720	612	2245
备　注	注册资本含下限,不含上限				

房地产经纪机构的组织形式以有限责任公司为主,2245家房地产经纪机构中,有限责任公司2110家,占94%,三资企业共45家,占2%。(见图5-2)

设立房地产经纪机构最低注册资本要求为10万元,注册资本在10万元以上30万元以下的390家,占17.4%,100万元以上612家,占27.3%。(见图5-3)

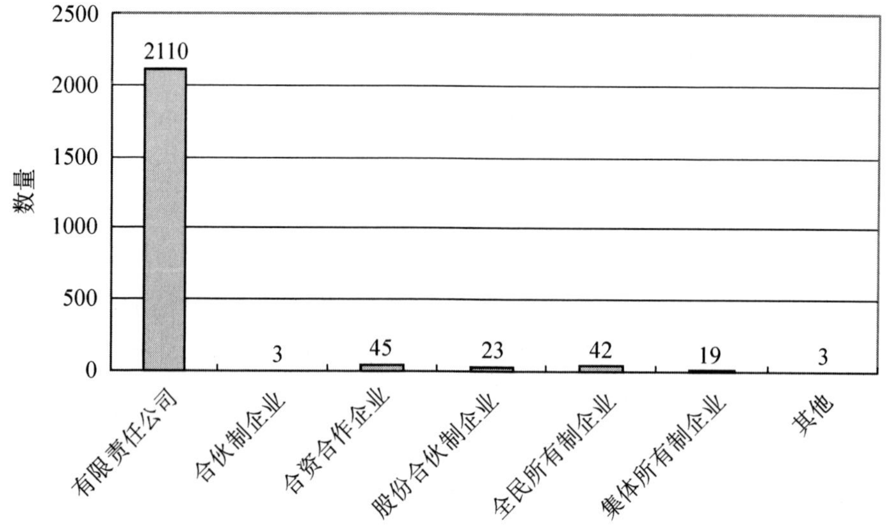

图 5-2 北京市房地产经纪机构企业类型状况图

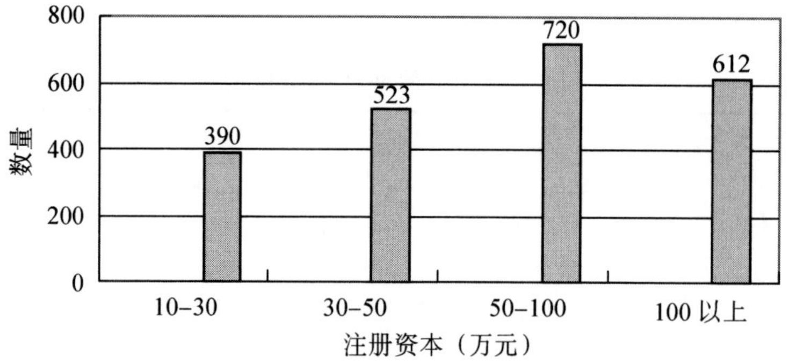

图 5-3 北京市房地产经纪机构注册资本情况

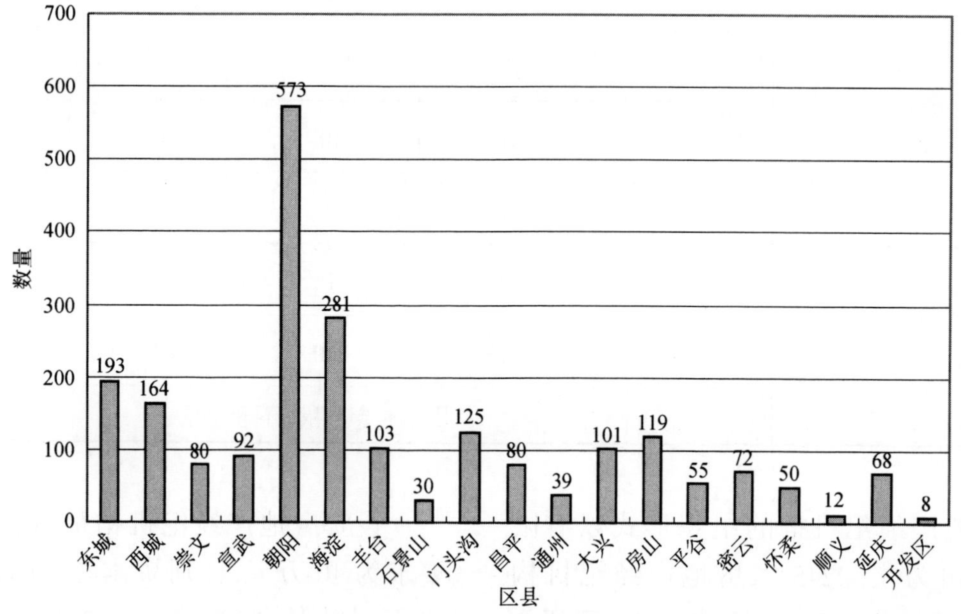

图 5-4 房地产经纪机构在各区县分布情况

目前房地产经纪机构在近郊区分布最集中,占43%,其中朝阳区573家,占25.5%。

见图5-4、图5-5

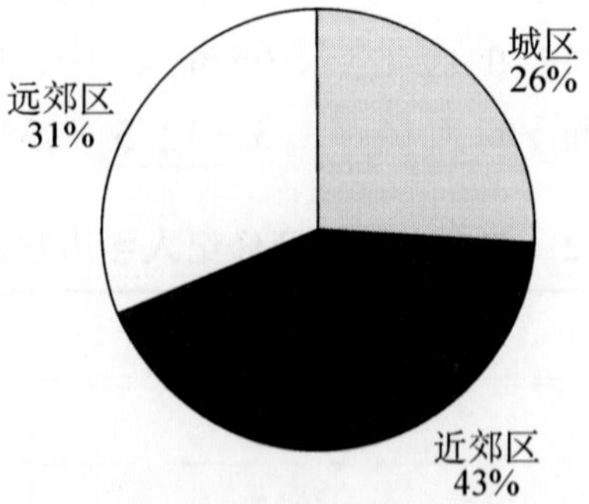

图5-5 房地产经纪机构区域类别分布图

房地产经纪机构数量增长趋势表

年 份	1996	1997	1998	1999	2000	2001	2002	2003	2004
房地产经纪机构总量(含已注销企业)	106	192	339	523	807	1046	1522	2254	3010
现存房地产经纪机构数量(不含已注销企业)	94	168	299	429	713	424	900	1565	2245
备 注	2001年市国土房管局与市工商局联合开展房地产经纪机构清理整顿活动,至2001年底,部分经纪机构未完成变更,未统计在内								

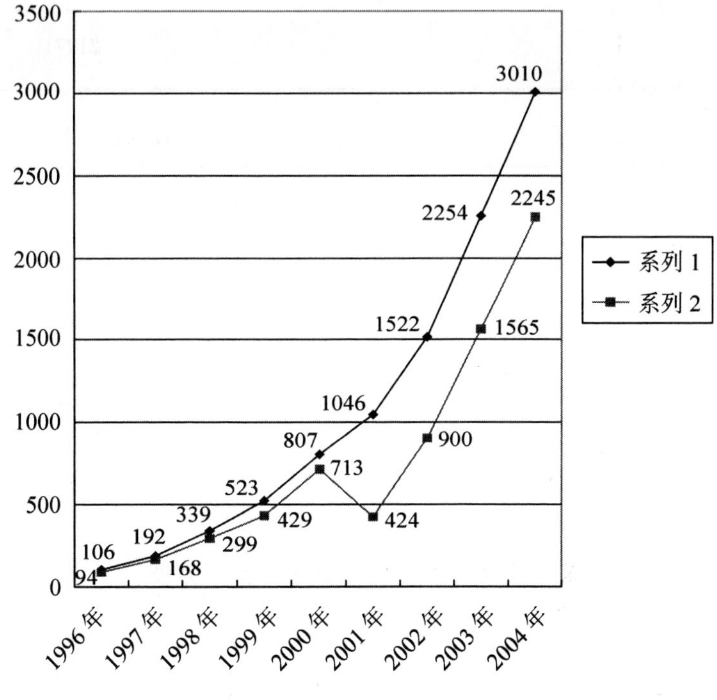

图5-6 房地产经纪机构区域类别分布图

(三)房地产经纪从业人员

截止到2004年底,共有5万多人从事房地产经纪业务,其中,取得由北京市国土房管局与北京市工商局共同颁发的《北京市房地产经纪资格考试合格证》的人员共2.2万人,占从业总人数的44%。

已取得《北京市房地产经纪资格考试合格证》的从业人员中,大专以上学历占65%,其中,有大专学历的占45%(见表5-12,5-13)。

表5-12 北京市房地产经纪人学历状况表

学　历	人　数	百分比
研究生及以上	251	1%
大本	4223	19%
大专	9923	45%
高中	4949	23%
中专	2625	12%
合计	21971	100%

注:房地产经纪人是指已取得房地产经纪资格证书的人员。

表5-13 北京市房地产经纪人数量增长趋势表

年份	1996年	1997年	1998年	1999年	2000年	2001年	2002年	2003年	2004年
数量	241	509	923	1214	1729	6067	12162	16054	21971

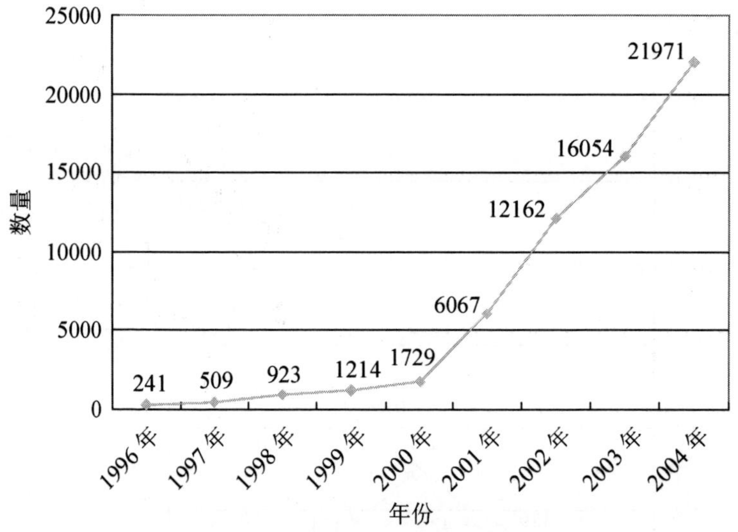

北京市房地产经纪人数量增长趋势图

(四)房地产经纪管理

1. 房地产经纪机构设立条件

根据《北京市房地产经纪机构管理规定》及北京市工商行政管理局与北京市国土资源和房屋管理局共同发布的《关于加强房本市地产经纪机构管理的通知》,在北京市设立房地产经纪机构应具备下列条件：

(1)企业法人

①四名以上(含)取得市国土房管局和市工商局共同颁发的《北京市房地产经纪资格考试合格证》的专职人员；

②《公司法》、《企业法人登记管理条例》及其他法律法规规定的设立条件。

(2)合伙制企业

①有四名以上(含)合伙人，合伙人必须是取得《房地产经纪资格考试合格证》的人员；

②《合伙企业法》及其他法律法规规定的设立条件。

2. 房地产经纪机构登记办理程序

①设立专业从事房地产经纪业务的房地产经纪机构，应向市工商局申请办理注册登记手续，企业名称应以“房地产经纪”作为行业特征，经营项目统一核定为“房地产经纪”，取得营业执照之日起 30 日内应向所在区县国土房管局申请办理备案登记，经市国土房管局核准后发给《北京市房地产经纪机构备案证书》(以下简称《备案证书》)。

②符合上述条件的房地产评估机构、受托房屋拆迁单位、物业管理公司可以兼营房地产经纪业务，此类企业应向原登记的工商行政管理机关申请办理变更登记手续，增加“房地产经纪”项目，取得营业执照之日起 30 日内向所在区县国土房管局申请办理备案登记，经市国土房管局核准后发给《备案证书》。其他类型的企业不得经营房地产经纪业务。

③房地产经纪机构设立分支机构，每个分支机构应有两名以上(含)取得《北京市房地产经纪资格考试合格证》的从业人员。设立分支机构，应向分支机构所在地工商分局申请办理注册登记手续，取得营业执照之日起 30 日内到所在区县国土房管局备案。区县国土房管局应自收到申请单位提交的全部材料之日起 5 个工作日内完成备案工作并核发《北京市房地产经纪机构(分支机构)备案证书》。

3. 房地产经纪从业人员管理

(1)申请取得《北京市房地产经纪资格考试合格证书》的人员应具备以下条件：

①具有完全民事行为能力；

②在本市有固定住所；

③具有高中或中专(含)以上学历；

④具有房地产或相关专业技术职称及相应的专业技能(相关职称是指建筑类、财经类及法律类相应的专业技术职称)；

⑤申请房地产经纪资格之前连续三年没有犯罪和经济违法行为。

(2)申请《北京市房地产经纪资格考试合格证》的人员通过由市国土房管局与市工商局(房地产行业考评办公室及北京经纪人协会)共同组织的房地产经纪资格考试后方可取得该证书。

(3)《北京市房地产经纪资格考试合格证》持证人应发起设立或受聘于房地产经纪机构后方可开展房地产经纪业务，不得以个人名义从事房地产经纪活动。

(4)《北京市房地产经纪资格考试合格证》持证人不得同时在两个以上房地产经纪机构执业。持证人进行初始执业或变更执业单位，须到所在区县国土房管局办理备案手续。

4. 房地产经纪纠纷投诉处理及违法行为查处

消费者对房地产经纪机构及其从业人员的投诉由区县国土房管局负责调解处理。

对消费者投诉和国土房管行政机关执法检查中发现的房地产经纪违法行为，由各区县国土房管局会同有关部门进行行政处罚，将房地产经纪不良行为报市国土房管局记入房地产经纪信用档案系统并进行公示。

2004年共受理房地产经纪纠纷投诉300起，涉及房地产经纪机构80多家。

(五)房地产经纪机构管理适用的法律法规

1.《中华人民共和国城市房地产管理法》1994年7月5日第八届全国人民代表大会常务委员会第八次会议通过，1995年1月1日起施行

2.《关于修改＜城市房地产中介服务管理规定＞的决定》建设部令第97号2001年8月15日(《城市房地产中介服务管理规定》建设部令第50号1996年1月8日)

3.《国家计委　建设部关于房地产中介服务收费的通知》国家计划委员会　建设部计价格(1995)971号1995年7月17日

4.《北京市房地产经纪机构管理规定》北京市房屋土地管理局　京房地市字(1996)第530号1996年8月19日

5.《关于房地产中介服务收费的通知》京价(房)字(1997)398号北京市物价局　北京市房屋土地管理局1997年12月1日起施行

6.《关于加强本市房地产经纪机构管理的通知》京工商发[2001]126号　北京市工商行政管理局　北京市国土资源和房屋管理局2001年5月24日

7.《关于加强本市房地产经纪机构管理工作的通知》京国土房管市二字[2001]第555号北京市国土资源和房屋管理局2001年6月11日

8.《关于加强本市房地产经纪行为管理工作的通知》京国土房管市二字[2002]第1127号北京市国土资源和房屋管理局2002年12月18日

9.《关于房地产经纪信用档案系统管理若干问题的通知》京国土房管市二字[2002]第1128号北京市国土资源和房屋管理局2002年12月18日

10.《关于实施房地产经纪机构备案制度有关问题的通知》京国土房管市二字[2004]第759号北京市国土资源和房屋管理局2004年6月30日

第六章　房屋和土地权属

一、土地权属登记

(一)土地使用权登记

2004年,全市申请办理城镇国有土地使用权登记的有17201宗,涉及土地面积10794.05万m^2,其中出让土地为14757宗,面积5527.92万m^2,分别占本年度全市登记总宗数的85.8%和总面积的51.2%;划拨土地2444宗,面积为5266.13万m^2,分别占本年度全市登记总宗数的14.2%和总面积的48.8%。从各土地权属登记机关受理登记的情况看,市土地权属登记事务中心办理登记达12419宗,面积1356.03万m^2,分别占本年度全市登记总宗数的72.2%和总面积的12.6%;各区县的土地权属部门办理的数量为4782宗,面积9438.02万m^2,分别占本年度全市登记总宗数的27.8%和总面积的87.4%。

2004年北京市土地登记发证统计表

区县	宗数	合计面积(万m^2)	其中出让土地		其中划拨土地	
			宗数	面积(万m^2)	宗数	面积(万m^2)
东城房地局	299	92.59	29	22.21	270	70.38
西城房地局	194	268.50	72	44.62	122	223.88
崇文房地局	75	47.00	21	20.58	54	26.42
宣武房地局	179	107.68	79	46.03	100	61.65
朝阳房地局	860	1759.88	460	816.25	400	943.63
海淀房地局	372	850.98	178	409.38	194	441.60
丰台房地局	393	550.76	200	292.53	193	258.23
石景山房地局	112	193.01	48	83.35	64	109.66
门头沟房地局	90	214.06	32	49.78	58	164.28
通州房地局	162	758.09	124	511.09	38	247.00
昌平土地局	243	957.17	84	62.78	159	894.39
房山房地局	474	701.91	271	288.01	203	413.90
顺义房地局	267	779.11	91	512.33	176	266.78
大兴土地局	349	802.62	250	427.99	99	374.63
平谷土地局	158	274.78	106	158.20	52	116.58
怀柔房地局	202	324.21	150	252.23	52	71.98
密云房地局	108	214.84	83	168.25	25	46.59
延庆房地局	190	408.22	123	191.38	67	216.84
亦庄开发区	55	132.61	55	132.61	0	0.00
市土地权属登记事务中心	12419	1356.03	12301	1038.32	118	317.71
总计	17201	10794.05	14757	5527.92	2444	5266.13

（二）土地使用权抵押登记

2004年，全市共办理土地使用权抵押登记13178宗，面积5635.03万m^2，贷款金额10234732.98万元。其中，市土地权属登记事务中心办理2434宗，面积671.39万m^2，贷款金额为3245599.35万元，分别占本年度全市土地使用权抵押登记总宗数的18.5%、总面积的11.9%和总贷款金额的31.7%；各区县土地权属登记部门共办理10744宗，面积4963.64万m^2，贷款金额为6989133.63万元，分别占本年度全市土地使用权抵押登记总宗数的81.5%、总面积的88.1%和总贷款金额的68.3%。

2004年北京市土地使用权抵押登记情况

区 县	宗 数	面积（万m^2）	贷款额（万元）
东城区	23	8.27	186697
西城区	32	81.12	313543.24
崇文区	39	49.13	242243
宣武区	21	13.69	147510
朝阳区	197	243.25	1481442.73
海淀区	8797	455.84	2209321.01
丰台区	116	164.42	445271.81
石景山区	14	24.95	45270.81
门头沟区	22	42.36	34310
通州区	265	888.61	481022.83
昌平区	67	441.62	238429
房山区	207	468.9	185779.58
顺义区	152	499.8	251337
大兴区	197	424.35	230097.98
平谷区	118	169.71	40363.32
怀柔区	177	211.11	64920.22
密云县	120	309.44	111066.9
延庆县	111	326.63	42023.8
亦庄开发区	69	140.44	238483.4
市土地权属登记事务中心	2434	671.39	3245599.35
总计	13178	5635.03	10234732.98

(三)历年土地使用权登记发证情况

截止到2004年底,全市共累计办理国有土地使用权登记67044件,累计登记土地面积98107.79万 m^2。其中2004年办理国有土地使用权登记17021件,土地面积10794.05万 m^2,分别占历年发证总件数的25.4%和总面积的11%。

1993－2004年北京市国有土地使用权登记发证情况

年 份	件 数	面积(万 m^2)	累计发证件数	累计发证面积(万 m^2)
1993年	583	827.57	653	838.39
1994年	796	1363.22	1449	2201.61
1995年	944	1629.21	2393	3830.82
1996年	1537	2632.16	3930	6402.98
1997年	2215	4559.95	6145	10962.93
1998年	3802	14157.76	9947	25120.69
1999年	7862	11250.36	17809	36371.05
2000年	5108	8131.83	22917	44502.88
2001年	7350	13494.63	30267	57997.51
2002年	8180	9448.07	38447	67445.58
2003年	11396	19868.16	49843	87313.74
2004年	17201	10794.05	67044	98107.79

(四)国有土地使用权抵押登记

1999年办理国有土地使用权抵押登记889件,抵押金额1636780.54万元;2000年办理794件,比上年减少了10.7%,抵押金额1569197.64万元,比上年减少了4.1%;2001年办理1457件,比上年增长了83.5%,抵押金额3144433.55万元,比上年增长了100.4%;2002年办理2141件,比上年增长了46.9%,抵押金额4953896.22万元,比上年增长了57.5%;2003年办理3874件,比上年增长了80.9%,抵押金额17207192.52万元,比上年增长了247.3%;2004年办理13178件,比上年增长了240.2%,抵押金额10234732.98万元,比上年减少39.9%了。

1999－2004年北京市国有土地使用权抵押登记情况

年 份	宗 数	面积(万 m^2)	抵押额(万元)
1999年	889	948.19	1636780.54
2000年	794	783.83	1569197.64
2001年	1457	2913.11	3144433.55
2002年	2141	2686.97	4953896.22
2003年	3874	4344.28	17027192.52
2004年	13178	5635.03	10234732.98

二、房屋所有权登记

(一)房屋所有权初始登记

2004年,全市办理房屋所有权初始登记的有63497件,建筑面积4098.30万m^2,分别占本年度全市各类登记总件数的14%和总面积的26%。其中市房屋土地权属登记中心办理166件,建筑面积329.69万m^2,分别占本年度全市房屋所有权初始登记总件数的2%和总面积的8%;各区县房地局登记部门办理的有63331件,建筑面积3758.61万m^2,分别占本年度全市房屋所有权初始登记总件数的98%和总面积的92%。

2004年北京市房屋所有权初始登记情况

区县	件数	建筑面积(万m^2)
东城区	77	15.41
西城区	20936	193.78
崇文区	77	156.08
宣武区	70	150.30
朝阳区	522	913.81
海淀区	10852	148.13
丰台区	2745	509.87
石景山区	104	97.81
门头沟区	80	72.68
通州区	18076	445.80
昌平区	147	142.88
房山区	290	9.51
顺义区	8423	274.44
大兴区	524	254.17
平谷区	70	46.88
怀柔区	55	19.26
密云县	91	130.54
延庆县	137	64.58
亦庄开发区	55	122.68
市房屋土地登记事务所	166	329.69
合计	63497	4098.30

(二)房屋所有权变更登记

2004年,全市共办理房屋权属变更登记7011件,面积为981.11万m^2,分别占本年度全市房屋所有权登记总件数的1.5%和总面积的6.2%。其中市房屋土地权属登记事务中心办理178件,面积205.89万m^2,分别占本年度全市变更登记总件数的2.5%和总面积的20%,而各区县房地权属登记部门共办理6833件,面积775.22万m^2,分别占本年度全市转移登记总件数的97.5%和总面积的80%

2004年北京市房屋所有权变更登记情况

区　县	件　数	建筑面积(万m^2)
东城区	1516	16.32
西城区	521	103.58
崇文区	63	24.45
宣武区	582	104.42
朝阳区	276	121.41
海淀区	527	73.57
丰台区	625	19.06
石景山区	337	8.38
门头沟区	68	9.13
通州区	400	7
昌平区	701	19.17
房山区	47	8.02
顺义区	331	62.97
大兴区	481	47.32
平谷区	22	8.49
怀柔区	215	15.6
密云县	44	104.99
延庆县	36	20.98
亦庄开发区	41	0.36
市房屋土地登记事务所	178	205.89
合　计	7011	981.11

三、历年房屋权属发证情况

(一)历年房屋所有权登记发证情况

截止到2004年底,全市累计登记发证建筑面积85424.03万m^2。其中2004年发放房屋所有权证476789件,建筑面积14659.16万m^2,占历年发证总建筑面积的17%。

1993－2004年北京市房屋所有权登记发证情况

年　份	件　数	建筑面积(万m^2)	累计发证建筑面积(万m^2)
1993年	27134	1407.7	21473.8
1994年	75579	1631.93	23105.63
1995年	55517	2095.86	25201.49
1996年	64491	2328.75	27530.24
1997年	80818	2715.67	30245.91
1998年	105104	3251.63	33497.54
1999年	212782	4632.24	38129.78
2000年	406823	5603.2	43732.98
2001年	378629	7009.47	50472.45
2002年	329835	10797.41	61263.86
2003年	296859	9501.01	70764.87
2004年	476789	14659.16	85424.03

(二)历年房改售房登记发证情况

截止到2004年底,全市累计发放房改房产权证167559件,其中中央在京党和国家机关房改售房发放产权证48938件,占房改售房登记总件数的29%。2000年全市共发放房改房产权证349774件,占历年登记总件数的20.5%,2001年发放房改房产权证296848件,占历年登记总件数的17.4%,2002年全市共发放房改房产权证237565件,占历年登记总件数的13.9%,2003年全市共发放房改房产权证137066件,占历年登记总件数的8%,2004年全市共发放房改房产权证117383件,占历年登记总件数的70%。

1996－2003年北京市房改售房登记发证情况

年　份	总件数	建筑面积(万m^2)	中央机关房改房发证件数
1996年	51069	814.09	—
1997年	61117	369.47	—
1998年	71970	475.31	—
1999年	178771	1216.5	5608
2000年	349774	2347.08	45228
2001年	296848	4113.9	75587
2002年	237565	1544.17	73267
2003年	137066	890.93	50602
2004年	167559		48938

第七章　物业管理

一、全市物业管理情况

2004年是《物业管理条例》颁布实施以后的第一年，北京市全行业进行了积极的贯彻和宣传，物业管理观念逐步深入人心，物业管理市场进一步扩大。截至2004年12月31日，全市实行物业管理的项目共3332个，总建筑面积2.46亿平方米：其中住宅项目2306个，总建筑面积1.97亿平方米，非住宅项目1026个，总建筑面积0.49亿平方米，物业管理覆盖率达到了74%。截至2004年底，全市共有2085家物业管理企业取得《中华人民共和国物业管理资质证书》，组建业主大会和业主委员会206个。2004年有14个项目获得全国物业管理示范项目称号，78个项目获得北京市物业管理优秀项目称号，截至2004年底获得优秀称号的物业项目已经达到了538个。2004年共归集商品住宅专项维修资金17.725亿元，截至2004年12月底，全市已归集商品住宅专项维修资金43.35亿元。截至2004年底，物业管理从业人员已逾20万人，共对2.05万人进行了岗位培训。

北京市实行物业管理项目一览表

类型	数量(个)	面积(万平米)
住宅	2306	19697.58
办公楼	725	2558.25
工业区	25	575.52
其他	276	1723.47

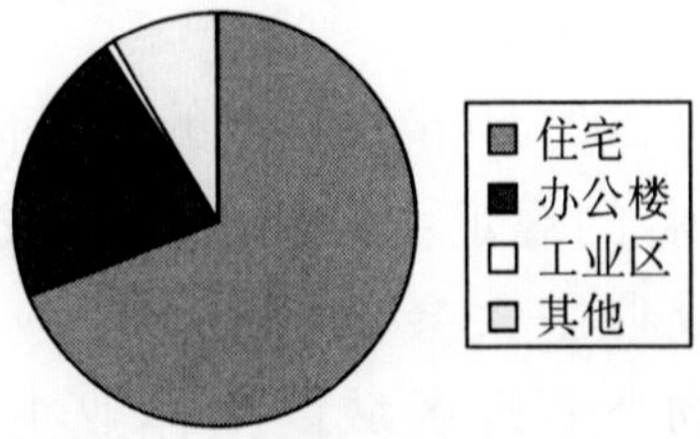

北京市实行物业管理项目分类型情况图

北京市实行物业管理项目分区情况表

辖区	项目数量(个)	建筑面积(万 m^2)
东城	228	802.73
西城	320	1290.51
崇文	92	688.53
宣武	186	848.22
朝阳	734	5576.25
海淀	666	4732.79
丰台	343	2766.54
石景山	95	759.52
门头沟	17	86.01
昌平	146	1917.85
通州	119	1500.91
大兴	81	683.35
房山	73	1311.73
平谷	12	53.49
密云	29	245.35
怀柔	93	208.23
顺义	53	778.67
延庆	8	45.9
开发区	37	258.24
合计	3332	24554.82

二、业主大会和业主委员会

自1997年6月开始，北京市国土资源和房屋管理局依据建设部《城市新建住宅小区管理办法》(1994年第33号令)和《北京市居住小区物业管理办法》(北京市政府1995年第21号令)的规定，开始在全市开展物业管理委员会的组建试点工作。

截至2003年12月31日，全市已组建物业管理委员会566个。

按照2003年6月颁布的国务院《物业管理条例》的规定："物业管理区域内全体业主组成业主大会。业主大会应当代表和维护物业管理区域内全体业主在物业管理活动中的合法权益。""业主委员会是业主大会的执行机构。"北京市国土资源和房屋管理局在《北京市贯彻〈物业管理条例〉的若干意见》中规定"新建和已建成的商品房（包括经济适用房）入住率超过50%或入住率不足50%但首户入住已满两年的物业管理区域；公有住房出售率超过50%的物业管理区域，应当尽快组织召开首次业主大会会议，成立业主大会，选举产生业主委员会。"按照《物业管理条例》的有关规定，北京市国土资源和房屋管理局发文要求在《物业管理条例》颁布实施前已组建的物业管理委员会，要逐步向业主大会和业主委员会转换，成立业主大会并选举产生业主委员会。截至2004年12月31日，全市共成立业主大会和业主委员会206个。

北京市历年物业管理委员会数量

年　度	1997	1998	1999	2000	2001	2002	2003
数量(个)	19	114	173	258	378	496	566

1997～2003年北京市物业管理委员会各区数量明细

区　县	1997年度	1998年度	1999年度	2000年度	2001年度	2002年度	2003年度	合计
东城区	0	7	4	3	9	8	9	40
西城区	3	10	6	5	3	8	7	42
崇文区	0	4	2	2	0	3	1	12
宣武区	1	5	2	14	11	3	2	38
朝阳区	0	20	7	12	24	16	16	95
海淀区	1	7	9	14	18	16	14	79
丰台区	6	6	6	12	9	13	4	56
石景山区	0	0	0	0	0	8	4	12
门头沟区	1	1	1	0	0	1	0	4
昌平区	1	4	5	2	6	11	2	31
通州区	1	4	2	4	6	3	5	25
大兴区	0	5	3	2	0	7	4	21
房山区	1	1	0	2	3	4	4	15
平谷区	0	0	0	7	3	0	1	11
密云县	1	4	2	0	1	0	1	9
怀柔区	1	10	6	3	11	5	13	49
顺义区	0	1	5	3	0	1	3	13
延庆县	0	1	0	2	0	1	6	10
开发区	0	0	0	0	3	1	0	4
——	17	90	60	87	107	109	96	566

2004年业主大会和业主委员会成立情况

区县	新成立业主大会和业主委员会数量
东城区	6
西城区	14
崇文区	2
宣武区	0
朝阳区	64
海淀区	47
丰台区	11
石景山区	5
门头沟区	0
昌平区	18
通州区	11
大兴区	3
房山区	1
平谷区	1
密云县	1
怀柔区	27
顺义区	4
延庆县	3
开发区	2
合计	220

三、物业管理企业及行业

(一)物业管理企业

根据《北京市居住小区管理办法》(北京市人民政府令1995年第21号),北京市国土资源和房屋管理局于1995年开始物业管理企业资质审查工作。国家建设部2004年3月颁布《物业管理企业资质管理办法》(建设部令第125号),规范对物业管理企业的资质管理。截至2004年12月31日,已有2651家物业管理企业经审批合格取得物业管理资质证书(未包含被注销资质的企业数量),其中1670家取得资质等级:包括一级资质企业21家,二级资质企业85家,三级资质企业1564家。

北京市历年物业管理企业资质登记数量情况表

区县＼年份	1995 年	1996 年	1997 年	1998 年	1999 年	2000 年	2001 年	2002 年	2003 年	2004 年	合计
东城	2	4	15	23	21	21	16	33	42	29	206
西城	1	9	16	28	27	19	18	38	47	54	257
崇文	0	4	3	11	5	8	11	14	18	9	83
宣武	0	4	12	15	12	14	13	23	29	15	137
朝阳	3	9	35	41	51	49	42	73	98	102	503
海淀	2	3	38	35	43	44	26	62	83	123	459
丰台	1	3	21	18	20	14	14	28	34	36	189
石景山	0	2	7	4	6	6	3	9	11	9	57
门头沟	0	0	5	8	9	9	14	15	20	15	95
昌平	0	0	9	12	11	16	11	19	26	21	125
通州	0	0	10	4	4	12	6	12	15	36	99
大兴	0	0	9	10	12	13	8	17	21	22	112
房山	0	0	2	4	1	10	4	7	8	16	52
平谷	0	0	2	1	7	2	4	5	8	14	43
密云	0	1	0	0	4	3	6	5	6	14	39
怀柔	0	0	7	7	4	5	8	10	15	14	70
顺义	0	0	5	6	8	6	5	10	12	20	72
延庆	0	0	1	0	3	3	4	4	4	13	32
开发区	0	0	2	2	2	2	2	3	4	4	21
合计	9	39	199	229	250	256	215	387	501	566	2651
累计	9	48	247	476	726	982	1197	1584	2085	2651	—

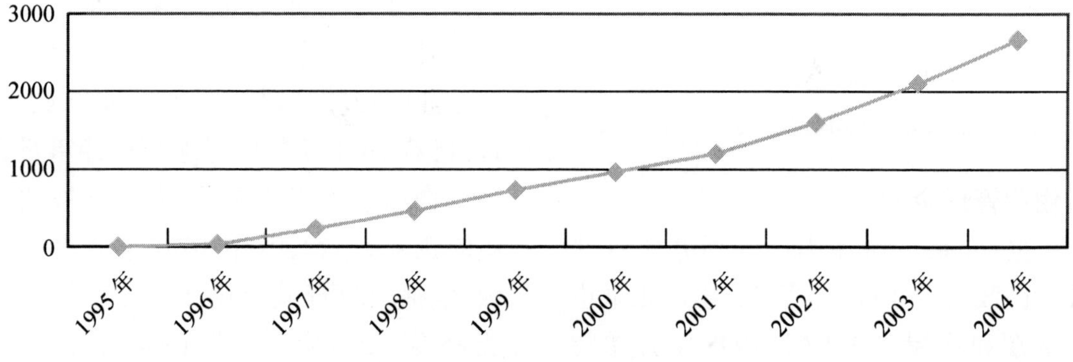

北京市历年物业管理企业数量图

北京市获得国家物业管理一级资质企业名单

序　号	企　业　名　称
1	北京天鸿宝地物业管理经营公司
2	北京亿方物业管理有限责任公司
3	北京方庄物业管理有限责任公司
4	北京北辰信诚物业管理有限责任公司
5	北京燕侨物业管理有限公司
6	北京北宇物业管理公司
7	北京房管—物业管理有限责任公司
8	北京顺天通物业管理有限公司
9	北京市望京实业总公司
10	北京保利物业酒店管理有限责任公司
11	北京房修—物业管理有限公司
12	北京网信物业管理有限公司
13	北京宝景物业管理有限公司
14	北京万通鼎安国际物业管理顾问有限公司
15	北京银达物业管理有限责任公司
16	北京天竺空港物业管理有限公司
17	北京中兴物业管理有限公司
18	中房集团北京物业公司
19	北京育新物业管理公司
20	北京华特物业管理发展有限公司
21	北京达文物业管理有限公司

北京市获得国家物业管理二级资质企业名单

序　号	企　业　名　称
1	中建物业管理公司
2	北京中水物业管理有限公司
3	北京国宏联合物业管理有限公司
4	北京城建物业管理有限责任公司
5	光大国际饭店物业管理有限公司
6	北京芳星园物业管理中心

续表

序号	企业名称
7	北京市久筑物业管理有限责任公司
8	赛特国际物业管理有限公司
9	北京广维物业管理有限责任公司
10	华润置地(北京)物业管理有限责任公司
11	北京鸿铭物业管理有限公司
12	北京金罗马物业管理有限公司
13	北京市西开华辰物业管理中心
14	北京盛世物业管理有限公司
15	北京天岳恒房屋经营管理有限公司
16	北京圣吉物业管理有限公司
17	北京市通州兴华物业管理公司
18	北京高腾物业管理有限公司
19	北京麦斯顿物业管理有限公司
20	北京京铁大方物业管理中心
21	北京市丰台城建物业管理公司
22	北京申迪物业管理有限公司
23	北京方佳物业管理有限公司
24	北京国天物业管理发展有限公司
25	北京中工资产经营管理有限公司
26	北京博宇嘉物业管理有限公司
27	北京悦豪物业管理有限公司
28	北京中际北视物业管理有限公司
29	北京嘉浩物业管理有限公司
30	国投物业有限责任公司
31	北京中铁平安物业管理中心
32	北京法政置地物业管理有限公司
33	北京凯莱物业管理有限公司
34	北京裕展物业管理有限公司
35	北京市嘉宝物业管理有限公司
36	北京市城市绿洲物业管理有限公司

续表

序　号	企　业　名　称
37	北京中咨现代物业管理有限责任公司
38	北京九台物业发展有限责任公司
39	北京永庄投资管理有限责任公司
40	北京当代物业管理有限责任公司
41	北京瑞思特物业管理有限公司
42	北京华胜物业管理有限责任公司
43	北京市海青落物业管理中心
44	中化国际物业酒店管理有限公司
45	北京万年物业管理有限责任公司
46	北京航征物业管理有限公司
47	北京天辰物业集团
48	北京世纪颐和物业管理有限责任公司
49	北京燕科物业管理有限责任公司
50	北京外企双新物业管理有限责任公司
51	北京信捷苑物业管理有限公司
52	北京世纪城物业管理有限公司
53	北京北卫物业管理有限公司
54	北京招商局物业管理有限公司
55	北京欣茂物业管理有限公司
56	光大物业管理有限公司
57	北京冠城物业管理有限公司
58	北京安信行物业管理有限公司
59	北京鑫华银物业管理有限责任公司
60	北京合佳物业管理有限责任公司
61	北京港洁物业管理有限公司
62	北京中实杰肯道夫物业管理有限公司
63	北京德诚物业管理有限公司
64	北京中信国际大厦物业管理有限公司
65	北京市首旅酒店物业管理有限公司
66	北京经中太联物业管理有限公司

续表

序号	企业名称
67	北京房建信达物业管理有限公司
68	新中物业管理(中国)有限公司
69	北京千禧苑物业管理有限责任公司
70	北京丛林庄园物业管理有限公司
71	北京华安物业管理有限责任公司
72	北京全球通物业管理有限公司
73	五矿物业管理有限公司
74	北京房修一慧中物业管理有限责任公司
75	北京恒达物业管理有限责任公司
76	北京安恒泰物业管理有限公司
77	北京科住物业管理有限公司
78	北京大唐物业管理有限公司
79	北京安居物业管理有限公司
80	北京世纪博雅物业管理有限公司
81	北京万盛源物业管理有限责任公司
82	北京万科物业管理有限公司
83	北京盛世开元物业管理有限公司
84	北京新正大物业管理有限公司
85	北京大北物业管理有限责任公司

北京市涉外物业管理企业资质情况一览表

年份	1995	1996	1997	1998	1999	2000	2001	2002	2003	2004
数量	1	3	21	19	20	21	10	18	15	23
累计	1	4	25	44	64	85	95	113	128	161

注：涉外物业管理企业是指外国以及港、澳、台企业、其他组织和个人独资或者与国内企事业单位、其他组织合资或合作从事物业管理的企业。

依据《北京市物业管理单位经营资质审批规定》(北京市市政管理委员会通告1995年第3号)，北京市国土资源和房屋管理局自1998年开始每年对取得《北京市物业管理资质合格证书》的物业管理企业进行年度审查。对不符合年审条件或未按规定参加年审的企业，注销其《北京市物业管理资质合格证书》。截至2003年12

月31日，全市共有255家物业管理企业先后被注销了《北京市物业管理资质合格证书》。2004年度未组织年审。

北京市每年取消资质物业管理企业情况表

年度	1998年	1999年	2000年	2001年	2002年	2003年	合计
数量	17	27	45	41	59	66	255

(二)物业管理招投标

为加快物业管理市场化、规范化进程，北京市国土资源和房屋管理局于2001年3月印发了《北京市物业管理招投标暂行办法》(京国土房管物字[2001]258号)，开始引入和推广物业管理招投标制度。《物业管理条例》颁布之后，为进一步规范北京市物业管理招标投标活动，北京市国土资源和房屋管理局根据《物业管理条例》和建设部《前期物业管理招标投标管理暂行办法》(建住房[2003]130号)的规定，于2003年9月和2004年3月先后印发了《北京市物业管理招标投标办法》(京国土房管物[2003]848号)和《关于业主大会招标有关问题的意见》(京国土房管物[2004]216号)，开始全面推广物业管理招投标，规定新建住宅物业的建设单位必须通过招投标的方式选聘具有相应资质的物业管理企业。截至2003年12月31日，全市通过招投标方式选择物业管理公司的项目有58个。2004年全市物业管理市场化进程进一步加快，全年进行招投标的项目数达到了86个，其中房地产开发企业招标项目66个，业主大会招标项目20个。

北京市历年物业管理招投标项目数量表

年　份	2001年	2002年	2003年	2004年
招投标项目数	5	20	33	86

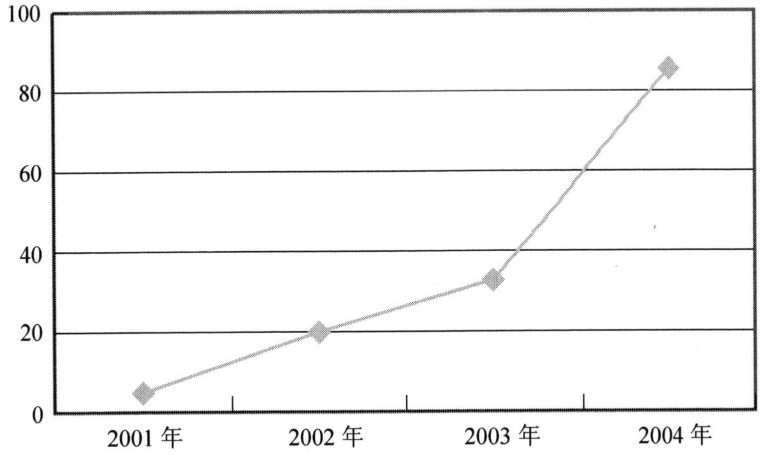

招投标项目数量图

四、物业服务收费

为了解北京市普通居住小区物业服务收费水平及收缴率情况，2004年5月，北京市居住小区管理办公室委托北京市物业管理商会、协会对全市居住小区物业服务收费进行了抽样调查。本次调查共涉及13个区县共计28个居住小区，房屋总建筑面积468万平方米，其中公房小区6个，商品房小区22个，建筑面积从1.5万平方米到60多万平方米不等，房屋售价从3500元/平方米到8000元/平方米不等。

本次调查的28个小区物业服务收费平均收费率为71.89%，加权平均收费标准为1.67元/平方米·月（本收费标准只含公共性服务收费，不含特约性服务收费）。

抽样调查物业管理区域面积统计

项目名称	管理面积（万 m^2）	项目名称	管理面积（万 m^2）
北京人家	6.5	丛林庄园	1.5
大雄城市	20	都市网景	9
风格雅园	5.65	国展新座	3.4
恒昌花园	9.8	嘉和人家	6
建工北里	3.5	锦绣园	5.5
兰靛厂小区	7.9	流星花园	5.87
龙旺庄	25.6	青岛嘉园	9.7
新华联家园	30	新天第家园	8.1
星岛嘉园	5	亿城	12.69
永华北里	29	永顺小区	14
玉阜家园	2.5	远洋风景	12.63
远洋天地	13	枣园小区	52
中仓小区	44	杨庄小区	13
望京西园三区	51	望京西园四区	61.53

抽样调查物业管理区域面积分布情况

面积（m^2）	小于6万	6万－12万	12万－20万	20万以上
项目数	8	7	6	7

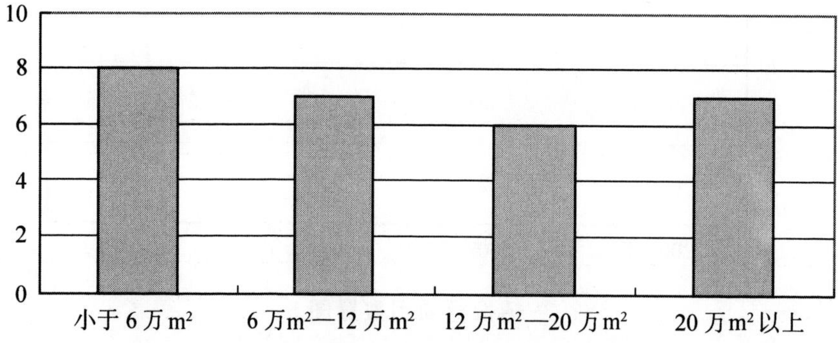

抽样调查物业管理区域面积分布情况分析

抽样调查房屋售价情况统计

分类	公房	低于 3500 元	3500－6000 元	6000－8000 元	8000 元以上
项目数	6	7	6	6	3

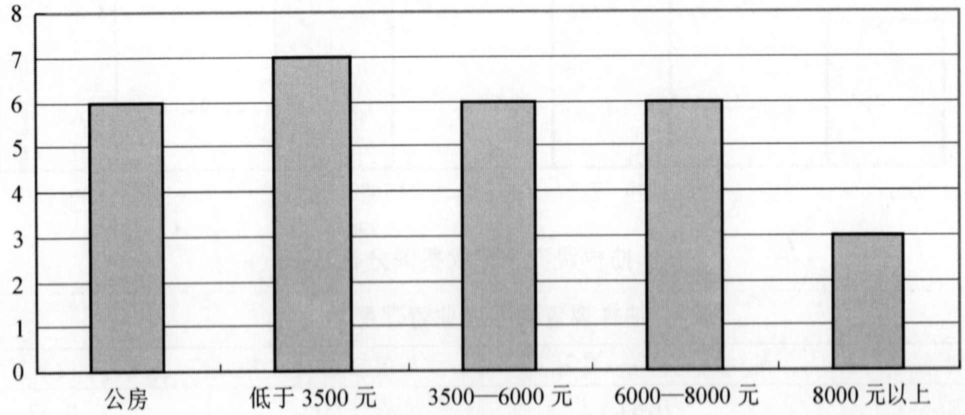

抽样调查房屋售价情况分析

抽样调查平均收费率统计

项目名称	平均收费率(%)	项目名称	平均收费率(%)
北京人家	96	丛林庄园	53
大雄城市	60	都市网景	75
风格雅园	65	国展新座	98
恒昌花园	85	嘉和人家	95
建工北里	100	锦绣园	70
兰靛厂小区	100	流星花园	96
龙旺庄	60	青岛嘉园	96
新华联家园	91	新天第家园	
星岛嘉园	85	亿城	90
永华北里	10	永顺小区	50
玉阜家园	98	远洋风景	70
远洋天地	95	枣园小区	52
中仓小区	28	杨庄小区	35
望京西园三区	80	望京西园四区	80

抽样调查平均收费率区间统计

平均收费率(%)	50 以下	50－70	70－90	90 以上
项目数	5	7	6	10

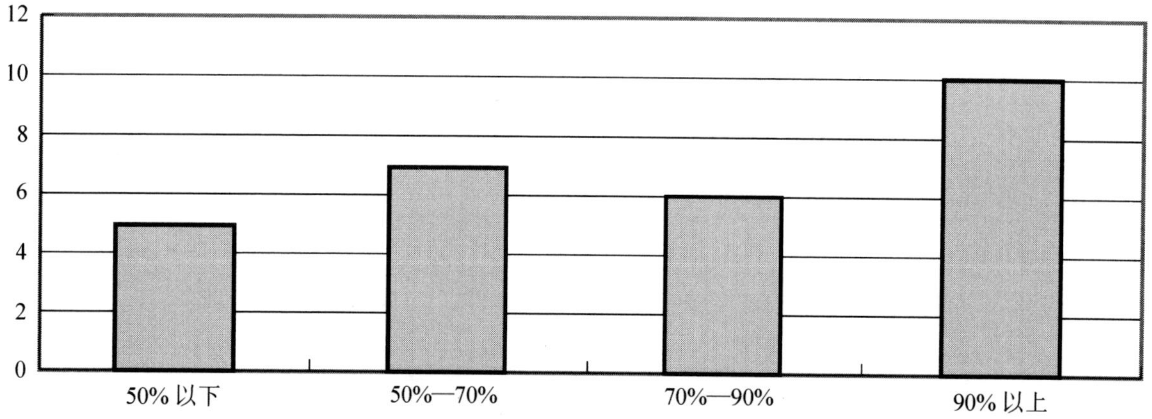

抽样调查平均收费率分析

抽样调查现行物业管理费用

项目名称	收费标准(元/月·m^2)	项目名称	收费标准(元/月·m^2)
北京人家	0.84	丛林庄园	0.53
大雄城市	1.36	都市网景	2.5
风格雅园	2.48	国展新座	1.92
恒昌花园	2.07	嘉和人家	1.15
建工北里	2.77	锦绣园	3.97
兰靛厂小区	1.57	流星花园	1
龙旺庄	0.6	青岛嘉园	1.5
新华联家园	1.1	新天第家园	2.8
星岛嘉园	1.8	亿城	2.8
永华北里	0.43	永顺小区	0.59
玉阜家园	2.3	远洋风景	3.6
远洋天地	2.8	枣园小区	1.13
中仓小区	0.5	杨庄小区	0.48
望京西园三区	0.52	望京西园四区	1.7

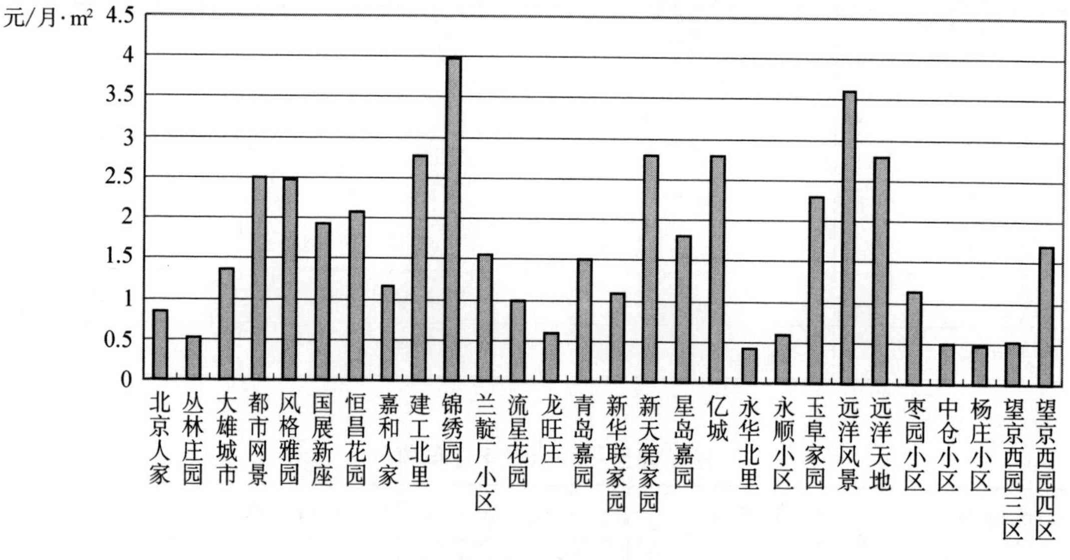

抽样调查平均收费率分析

五、优秀物业项目

根据建设部和北京市关于开展优秀小区(大厦、工业区)评比的有关要求,北京市自1995年至2004年底,共有538个项目获得优秀称号,其中获得全国物业管理优秀称号的有102个(小区60个,大厦41个,工业区1个);北京市物业管理优秀称号的有436个(小区299个,大厦130个,工业区7个)。

北京市历年获优秀物业项目数量

年 度	1995	1996	1997	1998	1999	2000	2001	2002	2003	2004
总量(个)	10	30	41	53	45	43	60	55	109	102

北京市历年获优秀物业项目分类

称号 年度	国 优	市 优	总 计
1995年	10	0	10
1996年	4	26	30
1997年	13	28	41
1998年	15	38	53
1999年	7	38	45
2000年	3	40	43
2001年	6	54	60
2002年	10	45	55
2003年	20	89	109
2004年	14	78	102
合 计	102	436	538

注:国优称号的总数中包括2000年以前建设部授予的全国物业管理优秀称号数。2000年以后建设部只授予全国示范称号。

北京市历年分类型全国优秀物业项目数量

称号 年度	国优小区	国优大厦	国优工业区	合 计
1995年	10		10	
1996年	4			4
1997年	6	7		13
1998年	10	5		15
1999年	5	1	1	7
2000年		3		3
2001年	3	3		6

续表

称号 年度	国优小区	国优大厦	国优工业区	合计
2002 年	5	5		10
2003 年	11	9		20
2004 年	6	8		14
合计	60	41	1	102

北京市历年分类型全市物业管理优秀项目数量

称号 年度	市优小区	市优大厦	市优工业区	总计
1995 年				
1996 年	26			26
1997 年	28			28
1998 年	30	7	1	38
1999 年	25	12	1	38
2000 年	31	9		40
2001 年	38	15	1	54
2002 年	26	18	1	45
2003 年	58	30	1	89
2004 年	37	39	2	78
合计	299	130	7	436

北京市优秀物业项目区域数量

称号 区县	国优	市优	总计
东城	5	31	36
西城	19	39	58
崇文	3	8	11
宣武	7	29	36
朝阳	27	99	126
海淀	20	75	95
丰台	4	39	43
石景山	5	18	23
门头沟	0	4	4
房山	1	14	15

续表

区县＼称号	国优	市优	总计
通州	0	12	12
昌平	7	20	27
大兴	1	9	10
顺义	3	11	14
怀柔	0	12	12
密云	0	5	5
延庆	0	2	2
平谷	0	0	0
开发区	0	9	9
合计	102	436	538

2004年度"北京市优秀管理居住小区"名单

序号	小区名称	管理单位
1	东城区安贞苑50号院	北京全球通物业管理有限公司
2	东城区安馨园小区	北京麦斯顿物业管理有限公司
3	东城区外交部街33号院	北京茂苑物业管理有限公司
4	崇文区新景家园	北京新世界物业管理有限公司
5	宣武区云河公寓	北京信捷苑物业管理有限公司
6	朝阳区世桥公寓	北京世和物业管理有限公司
7	朝阳区博雅园	北京世纪博雅物业管理有限公司
8	朝阳区银枫家园	北京银达物业管理有限责任公司
9	朝阳区阳光新干线逸园	北京合佳物业管理有限责任公司
10	朝阳区北郊科学园4、5、6区	北京科住物业管理有限公司
11	朝阳区万科青青家园	北京万科物业管理有限公司
12	朝阳区北苑家园清友园小区	北京城承物业管理有限责任公司
13	朝阳区富力家园一期(A区)	北京恒富物业管理有限公司
14	朝阳区方丹苑小区	北京华泰龙安物业管理有限责任公司
15	朝阳区望馨花园	北京童凤物业管理有限责任公司
16	朝阳区绿岛苑住宅小区	北京优力凯绿岛物业管理有限责任公司
17	朝阳区SOHO现代城	赛特国际物业管理有限公司
18	朝阳区双龙南里小区(108＃、109＃、111＃)	北京瑛达源物业管理有限责任公司

继表

序号	小区名称	管理单位
19	朝阳区宝星园	北京中海物业管理有限公司
20	朝阳区嘉铭桐城B区	北京嘉泰物业管理有限公司
21	海淀区中科院研究生院中关村园区学生公寓	北京科住物业管理有限公司
22	海淀区美欣家园	北京合力兴业物业管理有限责任公司
23	海淀区中海紫金苑	北京中海物业管理有限公司
24	海淀区万寿寺甲2号	北京国广物业管理有限公司
25	海淀区百朗园	北京宝联物业管理有限公司
26	海淀区紫竹花园	北京嘉浩物业管理有限公司
27	丰台区京铁家园	北京京铁大方物业管理中心
28	石景山区玉兴园小区	北京瑞达物业管理中心
29	石景山区首钢金顶街三区居民小区	北京鑫纪元工贸有限责任公司
30	昌平区润杰石油大学生公寓	北京市万千家合物业管理有限责任公司
31	昌平区望都家园	北京华泰物业管理有限责任公司
32	通州区西上园居住区	北京市通州兴华物业管理公司
33	通州区翠屏北里西区	北京翠屏物业管理有限责任公司
34	通州区京贸国际公寓	北京市天旭物业管理中心
35	顺义区天竺花园	北京天房物业管理有限责任公司
36	怀柔区丽湖馨居	北京怀建集团新正大物业管理有限公司
37	开发区星岛嘉园	北京中海外物业管理有限公司

2004年度"北京市优秀管理大厦(工业区)"名单

序号	大厦(工业区)名称	管理单位
1	东城区华厦银行大厦	北京世邦魏理仕物业管理服务有限公司
2	东城区东方文化大厦	北京东方成业物业管理有限责任公司
3	东城区北京市国土资源局办公大楼	北京招商局物业管理有限公司
4	东城区北京市东四电话局	北京网信物业管理有限公司
5	东城区商务部机关办公楼	鑫扬物业管理发展有限公司
6	西城区中国移动通信指挥中心	北京信捷苑物业管理有限公司
7	西城区国家广电总局广播大楼	北京广维物业管理有限责任公司
8	西城区中国银行总行大厦	新中物业管理(中国)有限公司

续表

序号	大厦(工业区)名称	管理单位
9	西城区人民检察院办公楼	北京房修一慧中物业管理有限责任公司
10	西城区大成大厦	北京大成物业管理有限公司
11	西城区中央组织部办公楼	北京中信国际大厦物业管理有限公司
12	宣武区北方大厦	北方物业开发公司
13	宣武区北京移动通信菜市口通信楼	北京网信物业管理有限公司
14	宣武区机械大厦	北京中工资产经营管理有限公司
15	朝阳区金泰大厦	北京华阳恒新物业管理有限责任公司
16	朝阳区亚运村华堂商厦	北京天诺物业管理有限责任公司
17	朝阳区中国现代文学馆	中建物业管理公司
18	朝阳区外交部机关办公楼	北京茂苑物业管理有限公司
19	朝阳区招商局大厦	北京招商局物业管理有限公司
20	朝阳区国家计算机网络应急处理协调中心	北京网信物业管理有限公司
21	朝阳区北京市通信公司网络部	北京网信物业管理有限公司
22	朝阳区财政局办公大楼	北京高腾物业管理有限公司
23	海淀区国兴大厦	北京三吉利能源股份有限公司
24	海淀区腾达大厦	北京高岭房地产开发有限公司
25	海淀区中电信息大厦	北京中电物业管理有限公司
26	海淀区中共中央党校综合教学楼	北京明洁物业管理有限公司
27	海淀区中科院研究生院中关村教学楼	北京裕展物业管理有限公司
28	海淀区市公安局海淀分局行政办公大楼	北京高腾物业管理有限公司
29	海淀区创新大厦	北京华清物业管理有限责任公司
30	海淀区柏彦大厦	北京中湾智地物业管理有限公司
31	海淀区坤讯大厦	北京蓟门知春物业管理有限公司
32	海淀区新时代大厦	北京诚信展望物业管理有限公司
33	海淀区上地科技综合楼	北京实创科技园经营服务公司
34	海淀区人民政协报社大厦	北京市安信行物业管理有限公司
35	海淀区中关村科技发展大厦	北京中科泰和物业管理有限公司
36	丰台区中国有色大厦	北京市中色安厦物业管理有限责任公司
37	丰台区市第二中级人民法院办公楼	北京方庄物业管理有限责任公司
38	石景山区中国中医研究院眼科医院医疗综合楼	北京国广物业管理有限公司
39	昌平区北京博奥生物芯片有限责任公司办公楼	北京鸿铭物业管理有限公司
40	丰台区北京邮政西站邮件处理中心	北京北邮物业管理有限责任公司
41	开发区北工大软件园A区	北京大北物业管理有限责任公司

六、专项维修资金

根据建设部、财政部《住宅共用部位共用设施设备维修基金管理办法》(建住房[1998]213号)的规定，本市自2003年2月开始对1999年以后售出的新建商品住宅归集专项维修资金。专项维修资金由购房人按照购房款2%的比例交纳，专项用于物业管理区域内公共部位和公用设施设备在保修期满后的维修、更新和改造。截至2004年12月31日，全市共归集50.5万户商品住宅专项维修资金43.35亿元，其中2004年归集17.725亿元。

北京市按年度统计维修基金的归集金额

年　度	2000	2001	2002	2003	2004	合计
归集金额(亿元)	2.292	3.704	7.766	11.866	17.725	43.35

注：归集金额均以2000～2004年实际归集到“北京市维修基金专用银行账户”的金额统计。

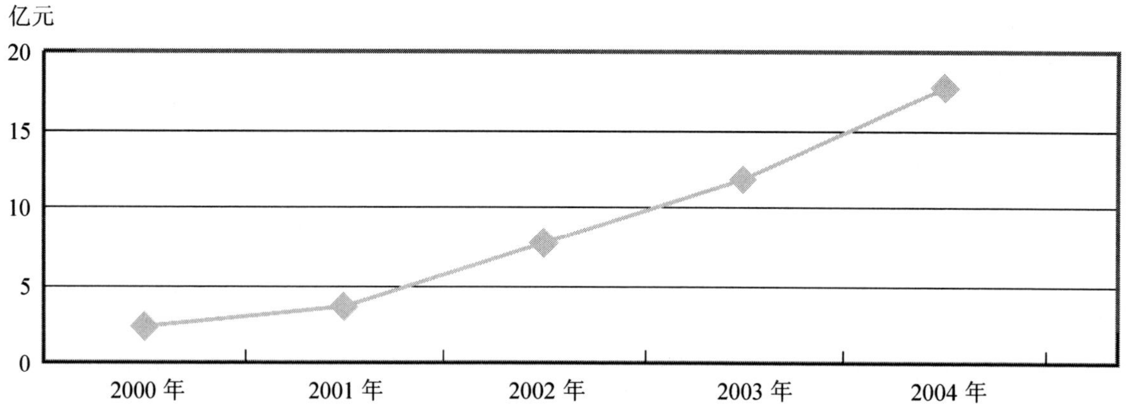

北京市各年度商品住宅专项维修资金归集

北京市按年度统计维修基金的归集户数

年　度	2000	2001	2002	2003	2004	合　计
户数	32890	71073	123520	128104	149659	505246

注：在基金归集工作的统计中，户数是指记录的条数，每一条记录对应一份商品房买卖合同。

北京市按各代收部门维修基金归集量统计

序　号	部　门	金额(元)	占统计总量比例(%)
1	市小区办	1853878967.970	42.75
2	东　城	75154587.800	1.72
3	西　城	33089740.580	0.75
4	崇　文	81595232.000	1.87

续表

序　号	部　门	金额(元)	占统计总量比例(%)
5	宣　武	160156184.000	3.68
6	朝　阳	144521084.000	3.32
7	海　淀	839837939.420	19.36
8	丰　台	132988939.910	3.06
9	石景山	61100938.000	1.40
10	门头沟	17194323.520	0.39
11	昌　平	274802237.000	6.33
12	通　州	195594356.010	4.71
13	大　兴	194360859.000	4.47
14	房　山	59916540.000	1.37
15	平　谷	15397638.000	0.35
16	密　云	11394949.560	0.25
17	怀　柔	26576852.140	0.60
18	顺　义	56756094.000	1.30
19	延　庆	19355187.790	0.44
20	开发区	81795712.000	1.88
总计		4335468362.700	100

第八章　住房制度改革与住房保障

一、住房公积金

(一)完成全年归集使用计划

1. 2004年住房公积金归集计划执行情况

截止2004年12月31日,北京住房公积金管理中心(含中共中央直属机关、中央国家机关、北京铁路分中心,下同)建立住房公积金职工人数321万人,较2003年底净增23万人;累计归集住房公积金681.76亿元,累计支取286.35亿元,余额395.41亿元。当年新归集住房公积金160.61亿元,完成全年归集140亿元计划的114.72%,支取82.04亿元,净增78.57亿元,完成全年63亿元净增计划的124.71%。

2. 2004年个人住房贷款计划执行情况

2004年北京住房公积金管理中心实行个人贷款全程代理制,调整个人贷款费用,大力支持市政府解决标准租私房问题,加大个人贷款的宣传力度,超额完成全年个人贷款发放计划。截至到2004年12月31日,累计发放个人贷款(含政策性贴息)233,466笔,发放金额449.75亿元,余额305.89亿元。当年新发放政策性个人住房贷款59,099笔,金额136.51亿元,其中发放危旧房改造项目个人贷款1,807笔,金额2.76亿元,发放政策性贴息3,143笔,金额8.79亿元,完成全年发放90亿元计划的151.68%;收回46.96亿元,净增80.75亿元,完成全年53亿元净增计划的152.36%。

3. 加大回收住房公积金项目贷款的工作力度

截至到2004年12月31日,利用住房公积金发放的项目贷款余额为9笔,金额4.93亿元,较去年年底净减1.92亿元。

4. 提高资金使用效率,有效实现住房公积金保值增值

在保证2004年全年公积金归集使用计划落实的情况下,为提高住房公积金使用效益,按《住房公积金管理条例》规定购买国债14.55亿元。全年运作资金形成住房公积金增值收益5.23亿元;累计提取风险准备金5.64亿元。北京市地方形成的增值收益在提取风险准备金后全部上缴市财政局,纳入政府住房基金管理,支持住房制度改革。中共中央直属机关、中央国家机关、北京铁路分中心增值收益按照规定实行专户存储。

(二)积极扩大住房公积金制度覆盖面

2004年,加大远郊区县住房公积金推进力度,顺义区、平谷区全面建立住房公积金制度,延庆县也取得明显进展;全系统范围内开展住房公积金缴存登记单位清理工作,初步掌握了非正常缴存单位的基本情况,加强了非正常缴存单位的管理,督促单位按照规定办理各项手续;进行全系统执法人员业务培训,执法部门对职工举报的未按照规定建立、缴存住房公积金的单位,一律立案查处。2004年共受理住房公积金违法案件364件,涉及职工547人,目前已结案270件,催建催缴住房公积金144.02万元,充分维护了职工的合法权益;积极配合市财政局、人事局做好规范工资单位住房公积金缴存工作;中共中央直属机关分中心为缴存职工建立了个人帐户,更好地保障了职工权益。

(三)加大住房公积金制度宣传力度

为加强对外宣传设立新闻发言人制度,通过新闻发布会、通气会,向社会及时

公布中心的政策信息;2004 年正式开通的北京住房公积金网站深受单位和职工的关注,职工通过网站进行政策咨询、发表建议、进行投诉,起到了宣传住房公积金制度优势、加强沟通和维护职工权益等的综合性作用。截至 2004 年底共有 362879 人次进行访问,留言板答复问题 6557 件,受到社会各界人士的认可与好评;各管理部在实际工作中注重加强住房公积金制度的宣传力度,将住房公积金个人贷款的政策宣传直接做到房地产开发公司售楼现场,使购房职工能够充分了解住房公积金个人贷款的优势,收到良好效果。

二、政策性住房金融

(一)加强个人贷款创新,实行中心主体核算,推出自由还款方式

1. 实行中心主体核算

为使北京住房公积金管理中心在个人贷款核算上具有主动性,解决由于各家银行在核算方式、还款时间上的不同,给借款人带来还款不便的问题,并调动商业银行的积极性,北京住房公积金管理中心于 2004 年期间加紧研究,推出了中心主体核算方式,自 2005 年 1 月 1 日起,对于新申请的个人贷款全部实行中心主体核算。

2. 推出自由还款方式

为更好地为广大住房公积金缴存人、住房公积金贷款借款人服务,北京住房公积金管理中心经过 2004 年期间将近一年的准备,在相关单位和部门的支持下,推出新的公积金贷款还款方式——自由还款方式,并于 2005 年 1 月 1 日起开始实行。

住房公积金贷款自由还款方式是指公积金中心在与借款人商定个人贷款金额、期限后,确定个人贷款每期的最低还款额度。借款人在不低于最低还款额度情况下可自由选择每月还款额度的还款方式。自由还款方式是国际上比较通行的先进的还款方式,这种方式在给借款人提供最大的自主性与方便的同时,对贷款人在技术手段、风险防范、收益实现等方面都提出了更高的要求。对于借款人而言,只要不低于最低还款额,每月的还款金额可以自由设定;可以通过呼叫中心电话委托的方式调整每月的还款额,借款人操作省时省力,避免了办理提前还款等操作手续;目前设定的最低还款额与等额还款方式比较,数额有一定程度的降低,有利于目前收入较低,预期收入较高的年轻人群的债务安排。

为使广大借款人能够及时了解到自由还款方式,北京住房公积金管理中心及时召开新闻发布会,通过新闻媒体进行宣传,并制定有关宣传手册,向借款人讲解自由还款方式的政策,自由还款方式推出后受到广大借款人的好评。

(二)提升住房公积金个人贷款服务质量、提高效率、减轻借款人负担

全面落实个人贷款全程代理制,将贷款办理时间严格控制在 15 个工作日以内;实现个人贷款费用合理化,结合不同贷款的风险程度,调整新的个人贷款费用标准,使借款人平均负担的担保服务费降为贷款金额的 0.8%,平均降幅达到 37%,抵押物评估费平均降幅达到 49%,推出缓缴住房公积金职工个人贷款办法的同时,保障中低收入职工申请贷款权力;积极推进二手房住房公积金个人贷款工作,研究制定了适用于不同类别购房人的新政策、新方案;扩大政策性贴息的支持范围,突破了原贴息业务要求指定房地产项目的限制,累计

发放政策性贴息 6,291 笔,贷款金额 17.24 亿元,贴息额度 903.34 万元,进一步满足借款人贷款需求。

(三)强化贷款风险管理

中心研究制定住房公积金贷款的五级分类标准,与北京市住房贷款担保中心密切合作,进一步发挥担保中心的专业化优势,完善担保中心的资产管理,切实降低个人贷款风险;研究制定个人贷款的风险分析、预警、控制方案,保证贷款资金安全。

(四)继续发挥住房公积金的政策性优势,支持危改和标准租私房腾退工作

1. 继续支持市政府组织实施的危旧房改造项目个人贷款

截至到 2004 年 12 月 31 日,已累计向政府组织的危旧房改造区居民发放个人贷款 26963 笔,金额 32.19 亿元,支持购房面积达到 213.7 万平方米,其中:2004 年发放危旧房改造个人贷款 1807 笔,金额 2.76 亿元,直接支持购房面积达 14.8 万平方米。

2. 发放标准租私房补贴贷款

截止 2004 年 12 月 31 日,共发放标准租私房补贴贷款 18.81 亿元,解决 8657 户标准租职工住房问题,其中:2004 年发放标准租私房补贴贷款 15.62 亿元,解决 7169 户标准租职工住房问题。

(五)住房贷款担保业务持续健康发展

2004 年担保中心新增担保业务 40180 笔,贷款金额 122.44 亿元。与去年相比,担保业务笔数同期增长 82.52%,担保贷款金额增长 110.34%。截止 2004 年底,担保中心受托管理住房公积金资产 16.46 万笔,资产总额 305.58 亿元。全年正常收回公积金贷款 15165 笔,回笼资金 34.98 亿元。截至 2004 年年底,担保中心管理资产不良率为万分之 2.62,资产质量良好。

(六)个人信用信息服务迅速发展,积极拓展业务范围

2004 年信用中心共出具个人信用评估报告 41364 份。并针对不同领域,设计和推出了不同的个人信用评估报告版本,进一步满足了信用评估个性化的需要。信用中心积极拓展业务范围,先后与丰田汽车金融(中国)有限公司、德国大众汽车金融服务股份有限公司、华夏银行等单位签订了合作意向书。同时,在对数据和评估结果连续跟踪、科学分析的基础上改进了原有的指标体系,使之更加合理化。

三、商业性住房金融

1998 年住房改革以来,北京市商业银行房地产金融业务迅速发展。2003 年人民银行颁布[2003]121 号文件调整房地产信贷政策控制房地产投资过热。2004 年一些地方住房价格出现过快上涨,人民银行在 10 月 29 日调高了人民币贷款利率。

(一)启动利率杠杆调控房地产市场

2004 年房地产市场从投资过快增长进一步发展到一些地方住房价格过快增长。针对这种情况,人民银行启动利率杠杆调控房地产市场,加快利率市场化步伐。中国人民银行决定,从 2004 年 10 月 29 日起上调金融机构存贷款基准利率并放宽人民币贷款利率浮动区间和允许人民币存款利率下浮。金融机构一年期存款基准利率上调 0.27 个百分点,由现行的 1.98%提高到 2.25%,一年期贷款基准利率上调 0.27 个

百分点，由现行的5.31%提高到5.58%。其他各档次存、贷款利率也相应调整，中长期上调幅度大于短期。允许存款利率下浮，即所有存款类金融机构对其吸收的人民币存款利率，可在不超过各档次存款基准利率的范围内浮动。本次上调金融机构存贷款利率是为了进一步巩固宏观调控成果，保持国民经济持续、快速、协调、健康发展的良好势头，进一步发挥经济手段在资源配置和宏观调控中的作用。放宽人民币贷款利率浮动区间并允许人民币存款利率下浮，是稳步推进利率市场化的又一重要步骤，有利于金融机构提高定价能力，防范金融风险。

（二）房地产信贷业务稳步发展

在金融政策调整的作用下，2004年北京市房地产贷款增幅有所回落。截至12月底，全市各项商业性房地产贷款3422.9亿元，同比增长21.3%，增速比2003年回落13.5个百分点；自营性房地产贷款净增602.8亿元，比上年下降126.6亿元，高速增长房地产贷款得到明显的控制，既保证了银行信贷业务稳妥推进，又满足了北京房地产业发展资金需求。

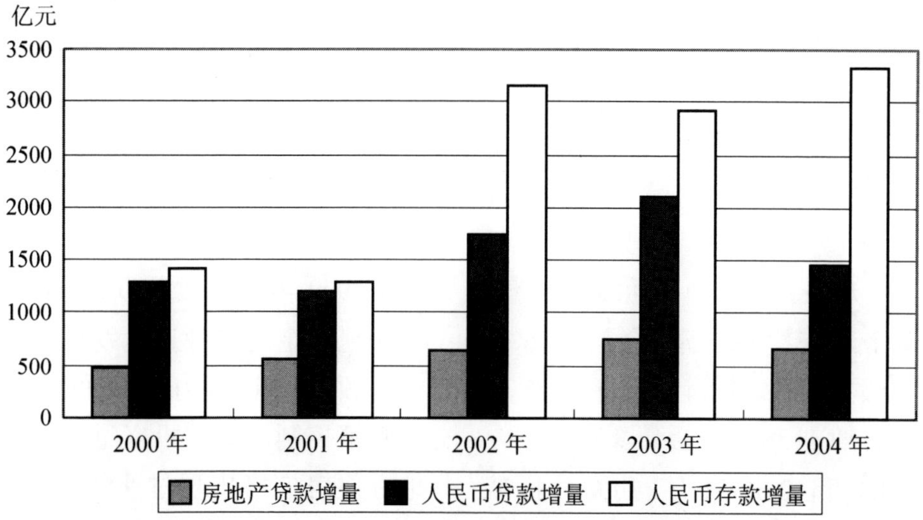

图8-1　房地产贷款增量占资金融机构贷款增量比重

（三）房地产信贷份额调整，市场竞争加剧

近年房地产业是银行信贷的主要投向，各家银行将房地产信贷作为调整资产结构、培育利润增长点的业务积极拓展。2004年末各项房地产贷款（包括委托性贷款）占中资金融机构各项贷款的30%，比2003年高2.4个百分点，房地产贷款新增额占45.1%，比2003年高8.9个百分点。在各类房地产贷款中，开发类贷款占43%，购房类贷款占57%。在开发类贷款中，国有股份制余额占比50.28%，股份制银行为44.35%，农信社为5.37%；三者的购房类贷款比例分别为65.18%、32.33%和2.48%。在新增贷款中，开发类贷款占20%，购房类贷款占80%，其中，国有银行的开发类贷款比年初减少4.28亿元，股份制银行的开发类贷款比年初增长134亿元，占新增开发类贷款的100%；在购房类贷款中，国有银行占新增额的32%，股份制银行占61%，农村信用社占7%。

（四）加强开发贷款管理，规范贷款投向

人民银行[2003]121号文件要求加强

房地产开发贷款管理，规定商业银行对开发企业申请的贷款，只能通过房地产开发贷款科目发放，严禁以房地产流动资金贷款及其他形式贷款科目发放。对房地产开发企业已发放的非房地产开发贷款，各商业银行按照只收不放的原则执行。商业银行根据该文件要求，加强了对房地产开发贷款的管理，房地产开发贷款管理得到有效规范。截至12月底，全市各商业银行自营性房地产开发贷款余额为1563.9亿元，同比增长9.4%，增幅比2003年同期低23.7个百分点；自营性房地产开发贷款占全部房地产贷款41.4%，低于2003年同期4.4个百分点。全市自营性房地产开发贷款净增134.2亿元，新增额同比下降62.3%，增幅比2003年同期低94.7个百分点；新增自营性房地产开发贷款占全市房地产贷款新增20.4%，低于2003年同期26.3个百分点；按照只收不放的原则，房地产开发企业的流动资金贷款为263.77亿元，比年初下降169.55亿元。

(五)完善个人住房抵押贷款管理

2004年北京市商业银行进一步加强个人住房贷款的管理，扩大个人住房贷款的覆盖面，重点支持中低收入家庭购买住房需求。并按人民银行规定只对购买主体结构已经封顶住房的个人发放住房贷款。截至12月底，全市个人住房贷款为2040.7亿元，同比增长31.8%，增幅比2003年低0.8个百分点；个人住房贷款占全市房地产贷款的54%，高出2003年同期4.4个百分点。其中，自营性个人住房贷款为1756.6亿元，占全部个人住房贷款的86.1%。自营性个人住房贷款新增429.5亿元，同比增长32.4%；自营性个人住房贷款新增占商业房地产贷款新增71.3%，高出2003年23.8个百分点(见图8-2)。

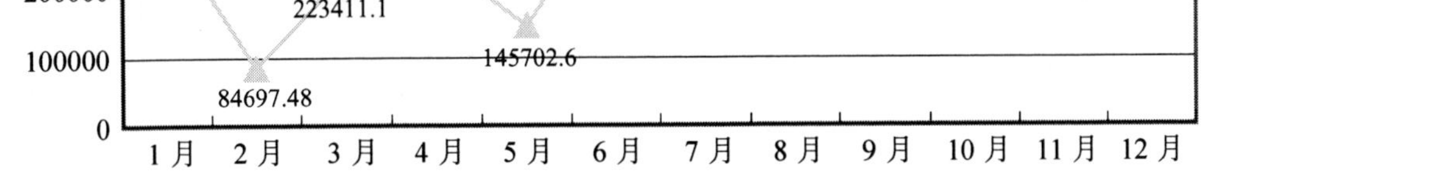

图8-2 自营性个人住房贷款月度增加额对比

个人住房贷款支持购房23.33万套，占全市住房交易(注：包括商品住房买卖和存量住房买卖，共37.45万套)总套数的62.44%。其中，自营性住房贷款新增占全市个人住房贷款新增额的87.3%，支持个人购房18.55万套，占个人住房贷款支持购房套数的79.5%。

(六)房地产融资方式多元化发展

人民银行文件要求商业银行加强对房地产贷款的管理。在这种情况下，北京市房地产开发企业积极拓展融资渠道。2004年全市房地产开发本年到位资金2339.4亿元，同比增长27.2%。从资金来源情况看，国内贷款比重下降，外资、企业自有资金、定金及预收款比重进一步增大。房地产开发企业通过向国际金融市场筹资、与外资合资、通过信托吸收资金、利用个人放贷等努力开拓融资方式，房地产业的资金风险向多个市场主体分散。

房地产开发资金来源情况表

资金来源	到位资金(亿元)	同比增减(%)	比重(%)	所占比重与2003年同期相比(%)
合　计	2403.2	28.4	100.0	
国内贷款	550.0	-6.3	22.9	-8.5
外　资	48.5	46.1	2.0	0.2
企业自筹资金	434.5	15.6	18.1	-2.0
其中：自有资金	249.1	29.7	10.4	0.1
其他资金来源	1370.1	56.5	57.0	10.2
定金及预售款	1240.3	67.0	51.6	11.9

(七)商业银行加强房地产贷款风险管理

商业银行积极落实央行[2003]121号文件，加强房地产贷款的风险管理。在央行调整房地产信贷政策以后，商业银行风险定价能力面临更大的挑战，贷款的风险管理能力进一步提高。2004年房地产贷款不良率继续维持在较低水平，各项房地产贷款的不良率为3.06%，其中，由于房地产开发企业的流动资金贷款按照只收不放的原则执行，流动资金贷款比年初下降39.1%，导致不良率从8.8%上升为10.1%，但不良贷款从年初的38.1亿元下降到年末的26.4亿元；房地产开发贷款不良率有所上升，为4.13%，但仍是银行的优良资产；个人住房贷款不良率为1.57%，继续保持较低的水平(见图8-3)。

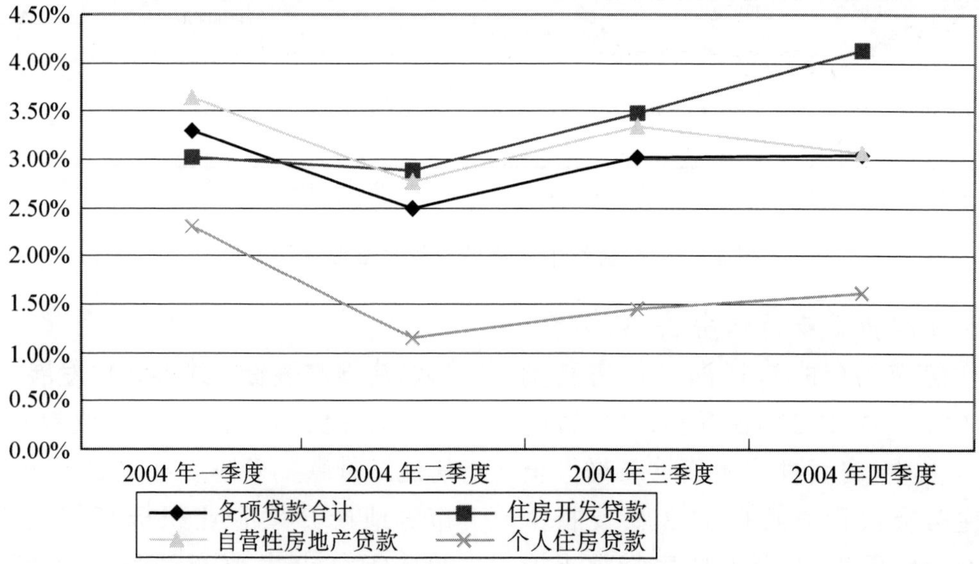

图8-3　各项房地产贷款不良率变化

四、房地产信贷业务的政策调整

(一)近年来房地产金融政策

中国人民银行多次出台金融政策支持和调控房地产业的发展，近年来出台的金融主要有以下几项：

(1) 1994年12月1日《政策性住房信贷业务管理暂行规定》(银发[1994]313号文件)。

(2) 1997年4月28日《个人住房担保贷款管理试行办法》(中国人民银行令(1997)第1号)。

(3) 1998年4月7日《关于加大住房投入，支持住房建设和消费的通知》(银发[1998]169号)

(4) 1998年5月9日《个人住房贷款管理办法》(银发[1998]190号)。

(5) 2001年6月9日《关于规范住房金融业务的通知》(银发[2001]195号)。

(6) 2003年6月5日《关于进一步加强房地产业务管理的通知》(银发[2003]121号)。

(二)2004年有关房地产信贷业务政策调整

中国人民银行

《关于调整金融机构存、贷款利率的通知》

(中国人民银行文告2004年第14号)

中国人民银行决定，从2004年10月29日起上调金融机构存、贷款基准利率，同时放宽金融机构贷款利率浮动区间并允许存款利率下浮。现就有关事宜通知如下：

1. 调整金融机构存、贷款利率

(1) 上调存款利率。其中金融机构一年期存款利率由现行的1.98%提高到2.25%，上调0.27个百分点。其他各档次存款利率也相应调整(具体水平见附件1)。

(2) 上调贷款利率。其中一年期贷款利率由现行的5.31%提高到5.58%，上调0.27个百分点。其他各档次贷款利率也相应调整(具体水平见附件2)。

(3) 适当上调个人住房公积金贷款利率和商业银行自营性个人住房贷款利率(具体水平见附件2)。

(4) 相应上调政策性金融债(非市场化发行部分)利率，其中八年期由现行的4.77%上调为4.95%。

(5) 人民银行对金融机构的贷款利率、存款准备金利率和超额准备金存款利率保持不变。

(6) 相应上调各项优惠贷款利率(具体水平见附件3)。优惠贷款利差补贴标准和补贴办法不变。

2. 放宽金融机构贷款利率浮动区间，允许存款利率下浮

(1) 金融机构(城乡信用社除外)贷款利率不再设定上限。商业银行贷款和政策性银行按商业化管理的贷款，其利率不再实行上限管理，贷款利率下浮幅度不变。

城市信用社和农村信用社贷款利率仍实行上限管理，最大上浮系数为贷款基准利率的2.3倍，贷款利率下浮幅度不变。

个人住房贷款、优惠贷款及国务院另有规定的贷款，利率不上浮。

(2) 建立人民币存款利率下浮制度。金融机构以人民银行规定的人民币存款基准利率为上限，实行存款利率下浮制度。即人民币存款利率下限为0，上限为各档次存款基准利率。以调整后的一年

期存款利率(2.25%)为例,金融机构可在0-2.25%的区间内自主确定一年期存款利率。存款利率不能上浮。

存款利率实行下浮制度的范围包括金融机构吸收的企事业单位人民币存款、城乡居民人民币储蓄存款。

建立存款利率下浮制度后,金融机构可根据其自身经营状况,自主确定实行存款利率下浮的具体水平和时机,并报人民银行备案。同时,要制定和完善相应的管理办法,并做好对外宣传工作。

金融机构存款利率调整表

年利率%

项　　目	利　　率	
	现行利率	调整后利率
一、活期存款		
二、定期存款		
(一)整存整取		
三个月	1.71	1.71
半年	1.89	2.07
一年	1.98	2.25
二年	2.25	2.70
三年	2.52	3.24
五年	2.79	3.60
(二)零存整取、整存零取、存本取息		
一年	1.71	1.71
三年	1.89	2.07
五年	1.98	2.25
(三)定活两便	按一年以内定期整存整取同档次利率打六折执行	按一年以内定期整存整取同档次利率打六折执行
三、协定存款	1.44	1.44
四、通知存款		
一天	1.08	1.08
七天	1.62	1.62

金融机构贷款利率调整表

年利率%

项　　目	利　　率	
	现行利率	调整后利率
一、短期贷款		
六个月以内(含六个月)	5.04	5.22
六个月至一年(含一年)	5.31	5.58

续表

项目	利率	
	现行利率	调整后利率
二、中长期贷款		
一至三年(含三年) 三至五年(含五年) 五年以上	5.49 5.58 5.76	5.76 5.85 6.12
三、贴现	在再贴现利率基础上,按不超过同期贷款利率(含浮动)加点	在再贴现利率基础上,按不超过同期贷款利率(含浮动)加点
四、个人住房贷款		
(一)个人住房公积金贷款		
五年以下(含五年) 五年以上	3.60 4.05	3.78 4.23
(二)自营性个人住房贷款		
五年以下(含五年) 五年以上	4.77 5.04	4.95 5.31

优惠贷款利率调整表

年利率%

项目	利率	
	现行利率	调整后利率
第一类		
中国进出口银行出口卖方信贷	在国债收益率平均水平基础上加点确定	在国债收益率平均水平基础上加点确定
第二类		
民政部门福利工厂贷款	3.87	4.14
第三类		
老少边穷发展经济贷款	2.43	2.70
贫困县办工业贷款	2.43	2.70
民族贸易及民族用品生产贷款	2.43	2.70
其他类		
银行系统印制企业基建储备贷款	4.68	4.68
扶贫贴息贷款(含牧区)	3.00	3.00

第九章　房屋、设备安全管理

一、北京市房屋安全鉴定机构和人员

根据建设部1989年第4号令——《城市危险房屋管理规定》，北京市房地局于1992年批准成立了24个房屋安全鉴定机构，其中18个区、县房地局各设一个房屋安全鉴定站负责本区、县的房屋安全鉴定工作。

2004年又批准了2个房屋安全鉴定机构，全市共有26个房屋安全鉴定机构，2005年现改为25个。其中一级鉴定机构11个，二级鉴定机构14个；有房屋安全鉴定技术人员156人，其中，高级工程师34人，工程师68人，助理工程师42人，其他人员10人。（详见表9－1和表9－2）

表9－1　北京市房屋安全鉴定人员组成情况

职称＼年龄	60岁以上	50至60岁	40至50岁	30至40岁	30岁以下	合计	占总数比
高级工程师	16人	6人	7人	5人	0人	34人	22.08%
工程师	5人	15人	24人	22人	2人	68人	44.16%
助理工程师	0人	10人	9人	9人	14人	42人	27.27%
其他人员	0人	1人	2人	2人	5人	10人	6.49%
合计	21人	32人	42人	38人	21人	154人	

北京市房屋安全鉴定机构分为一级和二级鉴定机构，一级鉴定机构可以鉴定各类房屋，二级鉴定机构只能鉴定中式小楼和跨度在12.00m以下的单层房屋。

为了进一步加强对全市房屋安全鉴定工作的行业管理和技术指导工作，经市编办批准，1995年底成立了北京市房屋鉴定管理所，负责对北京市房屋安全鉴定工作进行行业管理和房屋安全鉴定技术指导工作，并做好房屋安全鉴定工作。

二、房屋安全鉴定管理工作的情况

(一)房屋安全鉴定工作近六年来的发展情况

近六年来，全市房屋安全鉴定的工作量大幅增加，房屋安全鉴定项目从1998年的1917项增多到2002年的2881项，2003年降到1738项，鉴定面积也从210.58万m^2增加到2002年的334.65万m^2，2003年则降为260.24万m^2，2004年降为237.6万m^2。（详见表9－3和表9－4）

从鉴定项目的建筑分类和结构类型分析，钢筋混凝土和砖混结构的高层和多层房屋鉴定项目和规模有50%左右的增幅，而木结构和其他结构的单层房屋鉴定项目和规模大幅度的减小，这反映出在北京城市建设大规模发展的情况下，木结构和其他结构的平房的数量越来越少，钢筋混凝土和砖房结构的高层和多层楼房的数量大幅度增加，随着北京城市建设的不断发展，我市房屋安全鉴定的重点正在从平房向多、高层楼房转移。

近几年我市的房屋安全鉴定的业务范围逐步扩展。部分房屋安全鉴定机构在做好房屋安全鉴定工作的基础上，逐步开展了房屋的抗震鉴定、质量鉴定和广告牌的安全鉴定工作，房屋鉴定的业务范围和技术水平在不断扩展和提高。

表 9－2　北京市房屋安全鉴定机构一览表

检定机构名称	等级	地址	负责人
北京市房屋鉴定管理所	一级	东城区和平里东街民旺园 29－20E	王与中
北京市房屋安全鉴定总站	一级	朝阳区华威北里 18 号	李自强
北京市西城区房屋安全鉴定站	一级	西城皇城根石板房 34 号	杨宝森
北京市朝阳区房屋安全鉴定站	一级	朝阳区三里屯南 56 号楼	张杰
北京市丰台区房屋安全鉴定站	一级	丰台区大井东里甲 2 号	刘进
北京市海淀区房屋安全鉴定站	一级	海淀区海淀南路甲 21 号	张莹
北京房修一有限工程公司房屋安全鉴定室	一级	东城区沙滩银闸胡同 32 号	马福玲
北京房管一建设经营有限责任公司房屋安全鉴定室	一级	崇文区夕照寺绿景园 3 号西 2 层	赵庆友
天岳恒房管经营公司房屋安全鉴定室	一级	宣武区右安门外西三条甲 2 号	陈磊
清华大学房屋安全鉴定室	一级	清华大学土木工程系	张天申
西域房屋安全鉴定站	一级	西城区西安门大街 115 号	刘永信
北京市东城区房屋安全鉴定站	二级	东城区东四什锦花园 53 号	叶嘉伦
北京市宣武区房屋安全鉴定站	二级	宣武区贾家胡同 34 号	芦玉华
北京市崇文区房屋安全鉴定站	二级	崇文区花市大街 2 号	孙吉利
北京市石景山区房屋安全鉴定站	二级	石景山八角西街 66 号	张明
北京市门头沟区房屋安全鉴定站	二级	门头沟区新桥大街 48 号	郑宝文
北京市昌平区房屋安全鉴定站	二级	昌平西关路 8 号	刘长海
北京市通州区房屋安全鉴定站	二级	通州玉桥南里 24 号	王连波
北京市大兴区房屋安全鉴定站	二级	大兴黄村国土房管局	周宝留
北京市顺义区房屋安全鉴定站	二级	顺义光明北街	龚佳跃
北京市房山区房屋安全鉴定站	二级	房山良乡政通路 7 号	刘希智
北京市怀柔区房屋安全鉴定站	二级	怀柔区富乐北大街 59 号	田宝利
北京市平谷区房屋安全鉴定站	二级	平谷区平谷镇府前街 32 号	赵玉梅
北京市密云区房屋安全鉴定站	二级	密云新中街 40 号	李振金
北京市延庆区房屋安全鉴定站	二级	延庆县香苑街 6 号	李顺新

表 9-3 全市房屋安全鉴定工作统计表

序号	时间	鉴定数量(处)	鉴定面积(m^2)	鉴定结论(m^2)			
				安全房屋(A级)	有危险点房屋(B级)	局危房屋(C级)	危险房屋(D级)
1	1998年	1917	2105813	1114432	0	634115	357266
2	1999年	1867	1770087	1093513	0	449936	226638
3	2000年	2105	1668213	1196597	0	392469	79147
4	2001年	2473	2348446	1371955	0	859202	117289
5	2002年	2881	3342411	1200966	525341	1499342	116762
6	2003年	1738	2602405	1265032	587818	563180	186375
7	2004年	2465	2376000	1046700	791800	473300	64200

9-4 2004年北京市房屋安全鉴定系统工作情况

序号	单位	鉴定数量(处)	鉴定面积(m^2)	鉴定结论(m^2)				鉴定收费(元)
				安全房屋(A级)	有危险点房屋(B级)	局危房屋(C级)	危险房屋(D级)	
合计		2465	2376027	1046696	791823	473256	64252	4975420
1	东城	270	13603	7982	2518	3046	57	52786
2	西城	219	92314	40580	17042	34457	235	291235
3	崇文	77	2104	0	1984	120	0	9170
4	宣武	227	9310	9271	39	0	0	102164
5	朝阳	480	442627	224896	123729	94002	0	1616920
6	海淀	592	221302	175592	17383	19570	8757	973640
7	丰台	68	176701	56567	22257	76138	21739	443813
8	石景山	25	2251	109	102	1945	95	14790
9	门头沟	21	1863	1168	220	293	182	9498
10	昌平	41	30074	28565	245	1100	164	78960
11	通州	37	867215	173335	525841	159684	8355	269899
12	大兴	48	22232	13899	368	4602	3363	53286
13	房山	6	5063	4033	1030	0	0	22200
14	延庆	5	5478	2915	2563	0	0	3700
15	平谷	80	20177	19627	550	0	0	48299
16	密云	46	15042	11810	0	101	3131	31800
17	怀柔	30	13691	12790	0	901	0	19048
18	顺义	47	37829	37829	0	0	0	68728
19	房管一	7	13865	4956	6452	0	2457	27100
20	房修一	10	32652	506	3680	28259	207	104966
21	天岳恒	0	0	0	0	0	0	0
22	总站	118	344090	219643	60084	48853	15510	673618
23	清华	11	6544	623	5736	185	0	59800

(二)房屋安全鉴定收费标准

1991年房屋安全鉴定费定为行政事业性收费，费用标准为0.8元至1.20元，没有起始价。由于当时的房屋安全鉴定机构设立在各区、县房地局机关内(除我局三个公司、总站和清华外)，办公和人员费用由房地局负担，房屋安全鉴定工作的主要目的是为保证房屋的住用安全，不以营利为目的，所以收费标准虽然较低(有的鉴定项目收费仅8元)，也没有出现较大的矛盾和问题。

1995年后，我市开始进行行政体制改革，一部分原来从事房屋安全鉴定工作的人员和机构逐渐从房地局机关分离出来，现在我市已有东城、西城、宣武、朝阳、海淀、总站等少部分鉴定机构独立，实行自收自支，自负盈亏。其余鉴定机构的鉴定人员和费用还和原房地局机关在一起。

1995年底房屋鉴定管理所成立后，把调整房屋安全鉴定收费标准的工作放在首位。从1996年下半年至2001年初，在中央一再要求削减不合理收费项目，降低收费标准，国企经济效益下降，负担较重，下岗职工较多的不利环境下，在市局的指导下，同市物价局进行了多次磋商，分三次将起始价和收费标准提高到了现在的水平，起始价为300元至500元，收费标准为每平方米1.80元至2.70元。但这个收费标准与房地产领域里其他行业(如房地产评估、监理)的收费相比还是较低。

三、城镇房屋和设备安全检查情况

(一)城镇房屋安全检查情况

为掌握北京市城镇房屋状况，保障房屋住用安全，提高房屋的完好程度和使用功能，合理制定城镇房屋修缮计划，实现安全渡汛，市建委于2004年11月至2005年3月底组织了全市城镇房屋安全检查。各区县建委(房管局)、各直管公房管理单位和市局直属管房公司按市建委的统一布署对所管房屋进行了安全检查。经统计汇总，实查城镇房屋30701万平方米，为应查(不包括军产、外侨产、外事用房及厂矿工业用房等)34502万平方米的89%。城镇房屋安全检查情况见附表一，附表二。

1. 直管公房情况

直管公房安全检查从2004年11月15日开始至2005年2月28日结束。历时104天，组织了303个查房小组，1057人参加查房，动员工日4.32万个，人均实际投入查房工作41天。实查房2016.39万平方米，占应查房2021.08万平方米的99.77%，其中：实查平房479.01万平方米(包括中式旧楼16.63万平方米)，占实查房总量的23.76%；实查楼房1537.38万平方米，占实查房总量的76.24%。

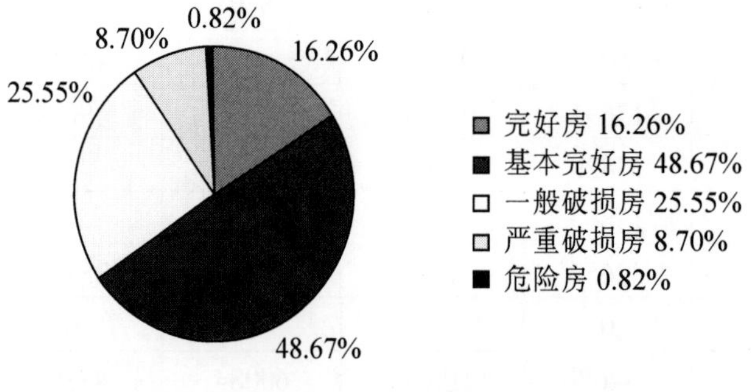

图9-1 直管公房完损等级比例图

(1)完损状况

①房屋完好率(完好房和基本完好房)所占的比例由上年的65.38%，下降为64.93%，下降0.45个百分点，其中：平房完好率(包括中式旧楼，以下同)由上年的20.28%下降为20.14%，下降0.14个百分点；楼房完好率由上年的79.93%，下降为78.89%，下降1.04个百分点。

②一般破损房屋所占的比例由去年的25.75%，下降为25.55%，下降0.2百分点。其中：一般破损平房由去年的53.92%上升为54.55%，上升0.63个百分点。楼房由上年的16.66%，下降为16.51%，下降0.15个百分点。

③危破房屋所占的比例由上年的8.87%，上升为9.52%，上升0.65个百分点。其中：平房由上年的25.79%，下降为25.31%，下降0.48个百分点；楼房由上年的3.41%，上升为4.60%，上升1.19个百分点。

2. 房屋失修失养严重，应积极筹措资金，保证住用安全

(1)在实查直管平房(包括中式旧楼1.05万间)31.38万间中：

①应进行翻修挑修的6.40万间，占平房间数的20.4%；②应进行木结构加固1.05万间，占平房总间数的3.35%，其中：附换柁250架，附檩8082根，附换柱2346根(对查房中发现的断柁19架，断檩110根，柁头槽朽10架，已进行了抢修加固)。③应拆砌房墙0.85万间，占平房总间数的2.71%；④应进行屋面维修20.06万间，占总间数的63.93%；⑤房屋严重阴暗、潮湿、掉土，急需做顶棚、地面、改装修1.97万间，占总间数的6.28%；⑥应解决庭院排放雨水和污水，需新做下水道174处3636米。

(2)实查直管楼房4807幢23.05万套，1537.39万平方米中：

①应综合维修29.58万平方米，占楼房总面积的1.92%；②应抗震加固124.86万平方米，占楼房总面积的3.04%；③应屋面大修及维修49.38万平方米，占楼房面积3.21%；④上下水应更新131.78万平方米，占楼房总面积的8.57%；⑤楼内墙公共部分粉刷27.95万平方米；⑥用户自行装修12.47万套，占总套数的54.10%。

3. 单位自管房情况

(1)实查单位自管房12673.11万平方米，占应查面积14347.99万平方米的88.33%。其中：完好和基本完好房占97.02%；一般破损房占2.67%；严重破损及危险房占0.31%。

(2)查出平房应修40388间，占实查平房85.09万间的4.75%。

①应挑翻大修3222间；木结构应加固2040间；③平房屋面应补漏28253间；④应拆砌房墙3710间；⑤房屋严重阴暗、潮湿、掉土，急需做顶棚、地面、改装修3163万间。

(3)查出楼房应修992.83万平方米，占实查楼房建筑面积12673.11万平方米的7.83%。其中：

①楼房应综合维修114.90万平方米；②应抗震加固166.67万平方米；③楼房屋面应大修及维修130.93万平方米；④上下水应更新69.46万平方米；⑤外立面应粉饰105.31万平方米；⑥整幢楼外墙板缝应修65.94万平方米；⑦楼内墙公共部分应粉刷339.62万平方米。

4. 物业小区房屋情况

(1)物业小区实查房屋15493.42万平方米，占应查房屋17516.23万平方米的88.45%。其中：完好和基本完好房屋占

97.77%;一般破损房屋占2.15%;严重破损和危险房屋占0.08%;

(2)查出楼房应修595.95万平方米,占实查楼房15493.42万平方米的3.85%。

①楼房应综合维修41.43万平方米;②应抗震加固32.02万平方米;③楼房屋面应大修及维修97.77万平方米;④上下水应更新102.35万平方米;⑤外立面应粉饰67.61万平方米;⑥整幢楼外墙板缝漏雨16.75万平方米;⑦楼内墙公共部分应粉刷238.02万平方米。

5. 城镇私房情况

实查城镇私房(包括标准租出租私房、议价租出租私房、自住私房)38.15万间,占应查45.35万间的84.12%(其各类私房所占比例见图9-2)。

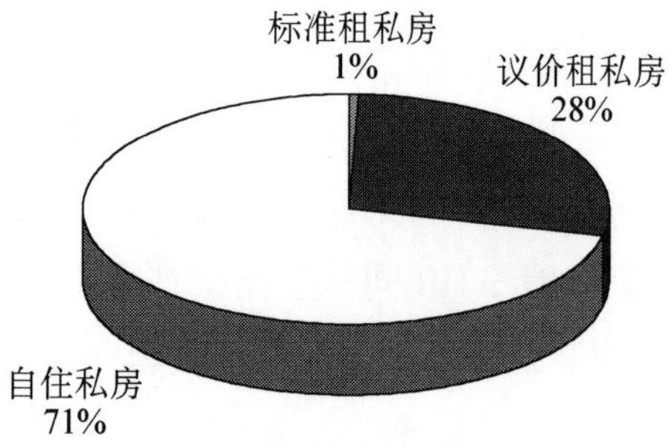

图9-2 城镇私房中各类房屋所占比例图

(1)标准租出租私房:实查标准租私房3.09万平方米(960户,2128间),占应查3.94万平方米(2847间)的78.43%,其中:完好和基本完好房占8.41%,一般破损房占63.43%,严重破损房及危险房占28.16%。

(2)自住私房及议价租私房(没有规定评定房屋完损等级):共实查37.93万间,占应查45.07万间的84.18%,其中查出应修14438间,仅占实查间数的3.81%。

①应翻挑大修7390间,占查房间数的2.01%;

②木结构应抢修加固3936间,占查房间数的0.24%;

③应拆砌房墙801间,占查房间数的0.16%;

④严重漏雨2311间,占查房间数的0.5%。

(二)房屋设备安全检查情况

1. 房屋主要设备检查数量

(1)检查电梯15934(其中:直管公房电梯562部,物业管理电梯11112部,自管房电梯4260部),直管公房电梯检查率为99%、物业管理单位电梯检查率为98.73%、自管房单位电梯检查率为99%。

8城区和通州区、门头沟区、昌平区、顺义区、密云县国土房管局加强政府职能,组织了辖区内物业管理单位和自管房单位的电梯检查工作,全市电梯检查数量逐年上升。

直管公房近4年来电梯运行状况

年度	数量(部)	一级%	二级%	三级%	四级%
2002年	516	70.90	18.00	9.40	1.80
2003年	556	84.40	9.20	5.40	1.10
2004年	551	76.00	15.80	6.20	2.00
2005年	562	81.67	9.43	6.58	2.31

物业及自管电梯近4年来电梯运行状况

年度	数量(部)	一级%	二级%	三级%	四级%
2002年	1904	72.90	17.30	8.30	1.50
2003年	5117	78.60	14.30	6.20	0.90
2004年	8344	82.90	13.60	3.20	0.30
2005年	15372	85.60	11.72	2.22	0.46

(2)检查高层二次供水水泵房5242个(其中:直管公房高层二次供水泵房122个、物业管理3392个、自管房单位1728个),包括12567个水泵(直管公房406个、物业管理8930个、自管房单位3231个),水箱4907个(直管公房190个、物业管理3459个、自管房单位1258个)。直管公房水泵、水箱检查率为100%。物业管理单位水泵检查率为99.34%、水箱检查率为98.83%。自管房单位水泵检查率为99.81%、水箱检查率为99.06%。

8城区和通州区、门头沟区、昌平区、顺义区、密云县国土房管局组织了辖区内物业管理单位和自管房单位的二次供水设备检查工作。二次供水设备检查数量出现逐年上升趋势。

(3)检查避雷装置28944个系统(其中:直管公房616个系统、物业管理20111、自管房单位8217个系统)。

2. 房屋主要设备完好状况见(图9-3)

(1)电梯:

①直管公房:共检查电梯562部,其中综合评定等级为一级的459部,占81.67%;二级53部,占9.43%;三级37部,占6.58%;四级13部,占2.31%。

②物业管理和自管房单位:共检查电梯15372部,其中综合评定等级为一级的13443部,占85.60%;二级1538部,占11.72%;三级323部,占2.22%;四级67部,占0.46%

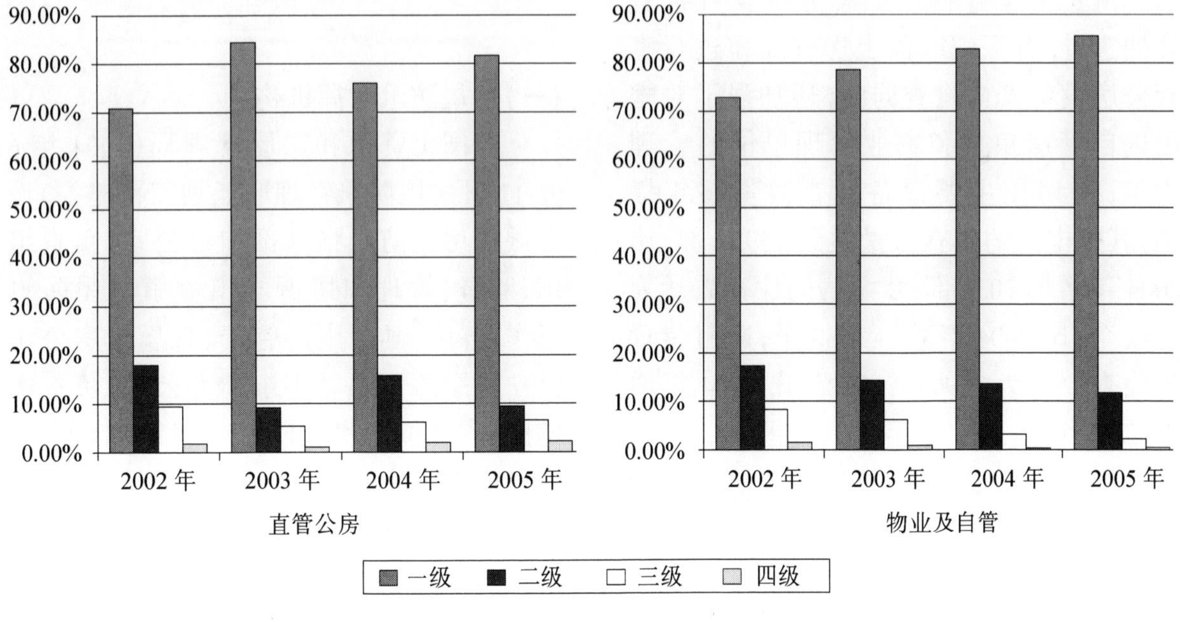

图9-3 2002年-2005年电梯完好情况对比

(二)二次供水设备(见图9-4)

(1)直管公房:共检查泵房122个,包括406台水泵、190个水箱;综合评定为一级的泵房87个,占71.31%;二级15个,占12.30%;三级14个,占11.48%;四级6个,占4.92%。

(2)物业管理和自管房单位:共检查泵房5120个、4717个水箱;综合评定等级为一级的泵房4200个,占81.79%;二级776个,占15.37%;三级135个,占2.66%;四级9个,占0.18%。

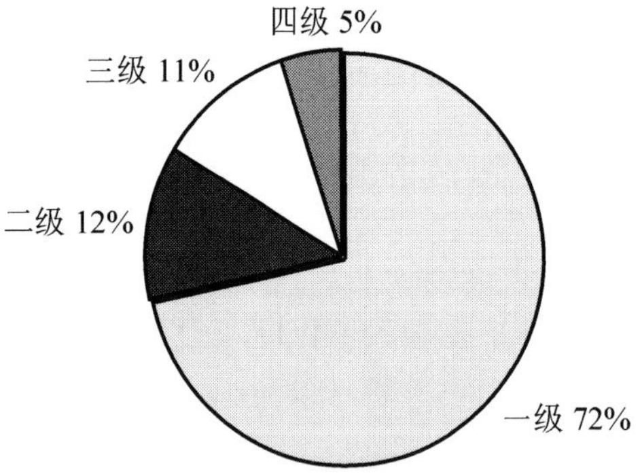

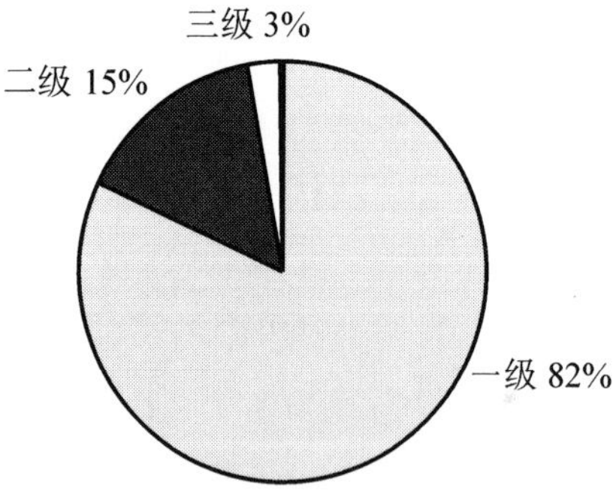

图 9-4　2005 年二次供水设备完好情况

(3)避雷装置:直管公房共检查避雷装置 616 个系统,综合评定等级为一级的 450 个系统,占 73.05%;二级 153 个,占 24.84%;三级 13 个,占 2.11%。

3. 检查结果分析

从安全检查数字汇总分析及日常管理抽查看,各区(县)国土房管局在进行直管公房设备安全检查同时,还加强了对辖区内自管房单位和物业管理单位的管理力度,使房屋主要设备检查数量逐年提高,其中电梯的检查数量达到 15934 部,比 2004 年增加 7039 部;水泵房的检查数量为 5242 个,比 2004 年增加 3680 个;避雷装置的检查数量为 28944 个系统,比 2004 年增加 6737 个。

从综合评定等级情况看,由于近年加大了设备投资,更新、改造量增加,综合评定为一级、二级的百分比逐年提高,运行 15 年及 20 年以上的设备数量在减少;设备整体状况趋于良好。

四、2004 年北京市城镇房屋防汛情况

(一)房屋防汛指挥机构

市国土资源和房屋管理局(2004 年 6 月 11 日房屋防汛管理职能划归市建委)设立城镇房屋防汛指挥部和办公室,负责组织、监督、管理和协调本市城镇房屋防汛工作;各区、县国土房管局、直属管房公司设立房屋防汛领导小组和办公室,负责本辖区、本单位的房屋防汛的组织、监督、管理和协调工作。

本市城镇房屋防汛指挥机构见表 9-5。

表 9-5　2004 年城镇房屋防汛指挥机构

单　位	指　挥	电　话	副指挥	电　话	办公室主任	电　话
市国土房管局	苗乐如	64409669	李燕飞	64409868	杨志强	64409896
东城国土房管局	刘刚生	64043145	赵廷江	64047711 转 3031	刘燕林	64047711 转 3074
西城国土房管局	舒聿通	66176257	李林	66110922	刘信咏	66126956
崇文国土房管局	朱希昆	67125388	王渭明 宋金明	67131258 67146588	梁学英 王洪琪	67152464 67125388

续表

单　位	指　挥	电　话	副指挥	电　话	办公室主任	电　话
宣武国土房管局	张洪生	63533060	肖建 齐燕中	63528469 83535854	李国斌	63530173
朝阳国土房管局	刘来祥	64158291	喻东海 宋瑞湘	64165177 64150124	冯振华 宋瑞湘	64150137 64160033
海淀国土房管局	张强	88384726	孙锁	88384738	李书杰	88384726
丰台国土房管局	于广义	63814376	王廉友	63833995	梁文斌	63859970
石景山国土房管局	王宏胜	68872095		7	王国利	68810473
门头沟国土房管局	吴振刚	69842209	安宝龙	69825706	高彦斌	69842209
昌平国土房管局	郑全智	89746096	王福成	69745134	刘长海	69746096
通州国土房管局	贾宝才	69546342	张士祥 卢月清	69546342	康振宇	69545207
大兴国土房管局	任洪昌	69269998	靳淑萍	69268578	余江利	69261344
顺义国土房管局	孙桂祥	81492243	王军生	69443438	龚佳跃	69448360
密云国土房管局	李光辉	69043099	王国辅	69085703	李加福	69042724
平谷国土房管局	付景玉	69969134	张洪元	69996377	赵玉梅	69969134
房山国土房管局	任振秋	89356011	周振国	89356016	周振国	89356011
怀柔国土房管局	佘建国	89681008	王永兴	69646715	于德清	69641008
延庆国土房管局	张少伟	69181199	徐智	69101651	宋华	69102558
房管一公司	张京来	65250852	徐维恒	65121044	高富亭	65250852
房修一公司	梁军	65121848	张平安	66129052	赵瑞石	66129055
房管二公司	王守一	63295296	杜春红	63291084	陈磊	63295296

(二)全市危旧房数量及抢险抢修责任单位

据2004年房屋安全检查统计，全市有危旧房屋1371.49万平方米(其中危旧直管公房717.57万平方米)。城8区有危旧房屋1065.47万平方米(其中危旧直管公房655.74万平方米)。各区县危旧房屋数量及其直管房屋抢险抢修责任单位见表9－6。

表 9－6　各区县危旧房屋数量及其直管房屋抢险抢修责任单位

	危旧房屋(万平方米)		抢险抢修责任单位
	合计	其中:直管房屋	
全　市	1371.49	717.57	市国土房管局
东　城	169.31	153.88	东城国土房管局
西　城	139.93	114.98	西城国土房管局
崇　文	196.38	163.57	崇文国土房管局
宣　武	186.28	142.22	宣武国土房管局
朝　阳	106.73	38.33	朝阳国土房管局
海　淀	146.18	4.82	海淀国土房管局
丰　台	94.40	33.21	丰台国土房管局
石景山	26.26	4.73	石景山国土房管局
门头沟	29.86	5.93	门头沟国土房管局
昌　平	24.38	15.09	昌平国土房管局
通　州	33.17	18.32	通州国土房管局
大　兴	7.23	1.38	大兴国土房管局
顺　义	3.54	0.04	顺义国土房管局
密　云	3.00	1.72	密云国土房管局
平　谷	8.57	0.10	平谷国土房管局
房　山	6.21	6.21	房山国土房管局
怀　柔	14.08	0.67	怀柔国土房管局
延　庆	9.32	0.32	延庆国土房管局
房管一	118.25	9.35	房管一公司
房修一	17.42		房修一公司
房经管	4.33	2.70	房经管公司

按国家有关法律法规规定,房屋安全由房屋所有人负责。房屋所有人与管理人或使用人另有约定的从其约定。各区县国土房管局负责对本辖区内单位自管房、城镇私房及其他产权房屋防汛的组织、监督和指导,承担相应的管理责任。

(三)明确房屋防汛重点,落实抢险抢修责任

市局初步确定的城区房屋防汛重点积水房屋和抢险抢修责任单位见表 9－7。各区局还要以房管所(分公司)为单位,确定本辖区房屋防汛重点积水片、重点危破房屋和抢险抢修责任单位、责任人。对已列入市、区级重点防汛地片、重点危破房屋要制定应急预案。

表 9-7　城区房屋防汛重点积水房屋和抢险抢修责任单位

单位	重点积水片	重点危破房屋	抢险抢修责任单位
东城	东四五条、铁匠营、流水巷一带下水干线高，造成院落低洼积水	有5栋中式旧楼471平方米严重破损，局部危险	东城国土房管局
西城	羊皮市胡同；鞑儿胡同；西斜街；砖塔68号34间；苇坑胡同；西安门北巷15号；延年胡同2号；刘海胡同28号；前进巷	前英子12号55间，三道栅栏5-7号；西四北大街201号	西城国土房管局
崇文	花市大街有8个院134间房屋低洼积水	前门地区有129栋中式旧楼和2万多间平房多数危破；左安西里3栋筒易楼	崇文国土房管局
宣武	米市胡同43号143间；杨梅树斜街25号58间等15处、631间	大栅栏地区21栋中式旧楼；培英34号32间；米市58号96间；小马厂南里17号12间	宣武国土房管局
朝阳	红庙北里53楼；劲松华威北里100多间平房		朝阳国土房管局
海淀	北下关娘娘庙和头堆村；三虎桥地区；双榆树东里13-18号楼		海淀国土房管局
丰台	丰台建国街二里373间；长辛店教堂胡同5处36间房地势低洼、积水，无排水市政管线		丰台国土房管局

(四)抢险抢修队伍和抢险物资储备

各区县国土房管局要指导、监督辖区内管房较多的单位成立防汛抢险抢修队伍和储备抢险抢修物资，并负责对本辖区房屋抢险抢修的组织工作。各区县局及直属管房公司所属的抢险抢修队伍、人数、指挥员及物资配备数量见表9-8。城八区直管房屋防汛抢险物资主要仓库见表9-9：

表 9-8　各区县局及直属管房公司所属的抢险抢修队伍、人数、指挥员及物资配备数量

单位	抢险队(支)	抢险队(人)	总指挥	需配备物资的总量			
				机动车(辆)	加固用木材(立方米)	水泵(台)	苫盖材料(平方米)
东城	10	123	刘刚生	17	48	22	3600
西城	17	374	舒聿通	23	32	30	12400
崇文	9	270	王渭明 宋金明	18	28	28	2100

续表

单位	抢险队（支）	抢险队（人）	总指挥	需配备物资的总量			
				机动车(辆)	加固用木材(立方米)	水泵(台)	苫盖材料(平方米)
宣武	8	260	肖建 齐燕中	15	30	25	10000
朝阳	15	170	喻东海 宋瑞湘	15	11.15	20	2700
海淀	6	182	孙锁	13	8	21	6300
丰台	20	313	于广义	19	28	24	2900
石景山	3	90	王宏胜	2	2.2	5	350
门头沟	6	97	安宝龙	2	16	16	1200
昌平	5	80	刘长海	7	13	7	4000
通州	1	40	张士祥 卢月清	4	10	10	2000
大兴	3	38	任洪昌	16	24	24	1800
顺义	3	25	王军生	10	9	4	900
密云	9	274	李光辉	12	16	16	1200
平谷	1	30	张洪元	4	2	2	500
房山	2	40	周振国	3	11	8	600
怀柔	1	45	王永兴	8	8	8	600
延庆	3	40	徐智	5	12	3	900
房管一	15	133	徐维恒	4	5.5	38	3160
房修一	5	150	梁军	24	20	51	2000
房经管	5	126	杜春红	4		33	210
合计	147	2900		210	303.85	370	49420

表 9－9　城八区直管房屋防汛抢险物资主要仓库

单　位		地　址	负责人	电　话
东　城	景山房管所	北河沿甲 28 号	阎铁柱	64001534
	安定门房管所	西顺城街甲 34 号	李硕君	64042892
西　城	丰盛房管所	武定胡同 84 号	王建华	66171410
	厂桥房管所	群力胡同 9 号	闻宝芳	66187148

续表

单位		地址	负责人	电话
崇文	永定门外房管所	安乐林路55号	王萌	67212104
	前门房管所	草场七条12号	张泽	67020487
宣武	三分公司	莲花胡同8	杨宁	63530340
	四分公司	上斜街95号	马增福	63021305
朝阳	左家庄房管所	三源里街21楼院内	刘国安	64673694
海淀	甘家口房管所	花园村管段	任来顺	64821043
丰台	丰台分中心	电报局街2楼对面	张大伟	63831849
石景山	古城房管所	八角南路	杨尚志	68844989

(五)相关规定

(1) 认真执行防汛行政领导负责制，逐级明确落实房屋安全渡汛的责任，严格执行奖惩制度。

(2) 汛中每天应有人在岗值班，遇到中雨以上雨情时，抢险队队长应在岗值班；遇到大到暴雨雨情时，抢险队50%的队员应在岗值班；遇有特大暴雨雨情时，抢险队全体队员应在岗值班或到达指定地点待命。市局将根据雨情、险情，协调各抢险队伍(包括抢险物资)进行房屋抢险抢修。

(3) 落实雨中重点地片、重点房屋巡视检查制度。有关单位要对防汛重点地片、重点房屋设专人进行监测检查，并加强雨中巡视检查，发现险情，及时解除。在中雨后，各单位要组织进行雨后查房，并将查房情况在雨后12小时内报市局防汛办公室。

(4) 在出现特大暴雨(日降雨量超过150mm)或持续中到大雨，已对居住在房屋内的群众构成威胁，且一般措施难以保障安全时，各区县局要以房管所(分公司)为单位，启动应急预案。在区政府、街道办事处领导下实施居民转移安置措施，确保居民生命财产安全。

(5) 做好汛期房屋抢修工作。要充分利用两次降雨的间隙时间，积极抢修漏雨等房屋。

(6) 认真执行房屋倒塌的报告制度。房屋倒塌后，有关单位必须迅速到现场组织抢险抢修，将现场情况和抢险抢修情况逐级上报，并于事故发生12小时内将事故报告表报送市局防汛办公室。

(7)认真做好汛期接待工作，对住户反映的房屋危险、漏雨等问题，有关单位必须派人赴现场检查处理，杜绝冷、顶、推、拖的现象。

(六)房屋防汛准备和落实情况

1. 组织城镇房屋安全检查

2003年11月至2004年3月，组织进行了2004年度北京市城镇房屋及设备安全检查，召开了城镇房屋安全检查动员会。各区县局、各管房单位对从事房屋和设备安全检查人员进行了培训或再教育，共有4千多人持证上岗。

从资料汇总和分析看，由于修缮资金不足等原因，部分房屋失修失养严重，特别是老旧平房相对集中地区的房屋状况很差。

2. 组织防汛抢险队伍,准备防汛物资

(1)汛前各区县国土房管局、各管房单位均成立了房屋防汛指挥机构及防汛办公室。我们编制印发了《北京市城镇房屋防汛管理工作手册》。

(2)建立防汛抢险抢修队伍147支2900人。进行业务、技能培训和防汛演习,明确和落实责任。

(3)全面检修防汛机械设备,准备水泵370台、车辆210辆等,保证汛期中能正常使用。

(4)准备防汛抢险物资,存放在便于使用的场所并设专人保管,其中有苫盖材料(油毡、塑料布)5万平方米,四城区各设2个重点仓库,近郊四区各设1个重点仓库。

(七)房屋防汛抢险抢修情况

1. 房屋检查及抢修

据初步统计2004年汛期全市累计降水453毫米,比去年同期降水量211毫米多81%。今年降雨特点是,旧城区降雨多,中到大雨多,对房屋危害大,且多出现在休息日。我们对城区16次降中雨以上的房屋检查和修缮情况进行了统计上报。共出动房屋检查和抢险抢修20675人次。检查平房168237间,查出漏雨29087间。检查楼房11618栋,查出漏雨2015栋。查出庭院房屋积水269处,其中平房703间,楼房地下室57处。对以上应修房屋及时进行了修缮。

2. 房屋倒塌情况见表9－10

表9－10 2004年城镇房屋倒塌情况

合计	地址	产别	房屋构造			塌房时间			塌房间数				伤	亡	塌房原因及部位
			屋面	木架	墙体	月	日	时:分	合计	落架	塌顶	倒墙			
									13	2	8	3	3人	无	
1. 崇文区	西打磨厂152号南房	直管公房	合瓦	松木	碎砖墙	7	1	11:00	2	2			无	无	木构件老化,柁后部糟朽脱落,长期锁门,无法查房
2. 宣武区	珠宝市17号西1号	直管公房(企租)	灰平台	松木	碎砖墙	7	11	14:00	1		1		2人	无	木构件老化,承租人私搭二层,加大荷载
3. 崇文区	草厂四条28号南房	直管公房	灰平台	杨木	碎砖墙	7	12	1:00	1		1		无	无	后金檩折断。住户在塌房前已搬出
4. 西城区	永宁胡同24号南房7号	直管公房	合瓦	中式	碎砖墙	7	15	15:40	1			1	1人	无	勾连搭房屋,天沟排水。后檐墙里皮塌落1.7平方米
5. 东城区	新中西街91号南房	自住私房	灰	杨木	碎砖墙	7	20	15:00	1		1		无	无	年久失修。房椽断裂,席箔糟朽
6. 宣武区	西河沿185号北房11号	直管公房	合瓦	中式	碎砖墙	7	21	16:40	1			1	无	无	后檐墙外皮向外倒7.5平方米
7. 崇文区	安国南巷6号北房	自住私房				7	22	10:30	1		1		无	无	树枝压在房顶上。后金檩折断
8. 丰台区	马家堡三期工程北街64号西房	产权为马家堡生产队	非住宅			7	21	16:00	3		3		无	无	倒塌前已列为危房,用于存放杂物。后房檐屋顶倒塌
9. 海淀区	西三旗高新建材城	单位自管房	非住宅			6	2		1		1		无	无	
10. 崇文区	西草市东街18号西房	直管公房	合瓦	中式	碎砖墙	8	21	16:30	1			1	无	无	房屋年久失修,加之施工工地的震动所致

3. 突出房屋防汛排险事例

7月10日夜，丰台区成寿寺住宅小区锅炉房的钢板烟筒，直径0.5米，高18米，暴雨中从中间折断，担在拉纤钢丝绳上，随时有坠落砸毁邻近房屋的危险，管房单位天岳恒房管公司及时报险。我们积极协调市城建三公司公用设施抢险大队，连夜用塔吊解除了危险。

4. 房屋修缮情况

依据国家和本市有关规定，房屋产权单位、产权人负责房屋安全和房屋修缮。每次降雨后对直管公房的检查和抢险抢修较快。对其他产权房屋的检查和抢险抢修工作难度大。主要是责任和资金不落实。

（八）存在的主要问题

(1) 旧城区内危旧房相对集中，数量多，质量差，市政基础设施滞后，安全渡汛压力大。在今年雨量稍多的情况下，倒塌房屋10处13间，多为直管公房。假设汛期在旧城区发生集中降大、暴雨，后果很难预想。

(2) 房屋防汛经费不落实。区县局管理体制改革后，直管公房管理单位已转为企业，今后不可能再无偿为其他产权房屋的抢险抢修垫资。城镇房屋防汛管理手段滞后，现代办公条件不具备，部分人员素质较低。解决以上问题急需市、区政府投入资金。

(3) 部分房屋产权单位因机构调整改制，管理不顺。由于经济等原因，不愿或无力对房屋修缮投入资金。甚至少数自管房单位放弃产权。部分私房主因修缮费用等原因，拒查、拒修房屋。

(4) 随着住房体制改革的深入和市、区局机构改革及房屋管理单位转制，现有的房屋安全和房屋修缮的规定、办法急需补充、修订。

五、我市多层平顶楼房的平改坡工程

根据刘淇、汪光焘同志在“旧房改造的又一新思路——屋顶平改坡及外墙改造工程”一文上的批示，市国土房管局和市规委共同组织了我市平改坡试点工程。“平改坡”即为将多层平顶楼房屋面改为坡屋顶。2001年至2003年全市共完成了14个平改坡试点项目，均为政府产权房屋，其中市级公产8栋，区级公产6栋。采用钢屋架，轻型屋面材料，老虎窗通风。

我市平改坡的工作目标是：改善城市景观，改善居民生活条件，尤其是多层楼房顶层房屋的保温隔热和防水功能。

试点项目前三门东大街1、2号楼改造后景观

附表一：

城镇房屋安全检查汇总表

（查房时间：2004 年 11 月—2005 年 3 月）

		应查房屋建筑面积（万平方米）	实查房屋建筑面积 合计		完好房屋		基本完好房		一般破损房		严重破损房		危险房屋		三四五类合计		四五类合计	
			万平方米	占应查%	万平方米	占实查%	万平方米	占实查%	万平方米	占实查%	万平方米	占实查%	万平方米	占实查%	万平方米	占实查%	万平方米	占实查%
甲		1	2	3 = 2 ÷ 1	4	5 = 4 ÷ 2	6	7 = 6 ÷ 2	8	9 = 8 ÷ 2	10	11 = 10 ÷ 2	12	13 = 12 ÷ 2	14	15 = 14 ÷ 2	16	17 = 16 ÷ 2
直管公房	小计	2021.08	2016.39	99.77	327.85	16.26	981.42	48.67	515.18	25.55	175.44	8.70	16.50	0.82	707.12	35.07	191.94	9.52
其中	正规多层楼	1170.37	1168.79	99.86	229.61	19.65	700.75	59.96	206.01	17.63	32.42	2.77			238.43	20.40	32.42	2.77
	平房	465.50	462.38	99.33	9.53	2.06	84.83	18.35	253.64	54.86	106.39	23.01	7.99	1.73	368.02	79.59	114.38	24.74
	中式楼	16.63	16.63	100.00			2.11	12.69	7.65	46.00	4.77	28.68	2.10	12.63	14.52	87.31	6.87	41.31
	住宅	1847.37	1842.85	99.76	302.30	16.40	901.29	48.91	457.82	24.84	165.76	9.06	15.68	0.85	639.26	34.69	181.44	9.85
单位自管房	小计	14347.99	12673.11	88.33	8485.15	65.79	3810.21	30.07	338.57	2.67	32.13	0.25	7.05	0.06	377.75	2.98	39.18	0.31
其中	正规多层楼	8669.00	7636.48	88.09	5146.71	67.40	2291.37	30.01	184.60	2.42	10.91	0.14	2.89	0.04	198.40	2.60	13.80	0.18
	平房	1973.08	1600.88	81.14	690.70	43.15	796.25	49.74	94.27	5.89	15.50	0.97	4.16	0.26	113.93	7.12	19.66	1.23
	中式楼	95.17	91.28	95.91	28.74	31.49	58.49	64.08	3.56	3.90	0.49	0.54			4.05	4.44	0.49	0.54
	住宅	6837.46	6082.04	88.95	4054.48	66.66	1799.71	29.59	208.52	3.43	17.59	0.29	1.74	0.03	227.85	3.75	19.33	0.32
物业小区	小计	17516.23	15493.42	88.45	12435.69	80.26	2713.53	17.51	332.79	2.15	10.60	0.07	0.81	0.01	344.20	2.22	11.41	0.07
其中	正规多层楼	9530.99	7804.55	81.89	5704.00	73.09	1832.14	23.48	264.75	3.39	3.66	0.05			268.41	3.44	3.66	0.05
	住宅	15222.61	13315.12	87.47	10544.26	79.19	2451.91	18.41	309.18	2.32	9.44	0.07	0.33	0.00	318.95	2.40	9.77	0.07
以上三类合计		33885.30	30182.92	89.07	21248.69	70.40	7505.16	24.87	1186.54	3.93	218.17	0.72	24.36	0.08	1429.07	4.73	242.53	0.80
	其中:住宅	23907.44	21240.01	88.84	14901.04	70.16	5152.91	24.26	975.52	4.59	192.79	0.91	17.75	0.08	1186.06	5.58	210.54	0.99
城镇私房 其中	标准租私房	3.96	3.11	78.54	0.03	0.96	0.23	7.40	1.98	63.67	0.85	27.33	0.02	0.64	2.85	91.64	0.87	27.97
	自住及议价租	612.65	515.41	84.13	52.49	10.18	83.90	16.28	257.00	49.86	120.00	23.28	2.02	0.39	379.02	73.54	122.02	23.67
	小计	616.61	518.52	84.09	52.52	10.13	84.13	16.23	258.98	49.95	120.85	23.31	2.04	0.39	381.87	73.65	122.89	23.70
总计		34501.91	30701.44	88.98	21301.21	69.38	7589.29	24.72	1445.52	4.71	339.02	1.10	26.40	0.09	1810.94	5.90	365.42	1.19
	其中:住宅	24524.05	21758.53	88.72	14953.56	68.73	5237.04	24.07	1234.50	5.67	313.64	1.44	19.79	0.09	1567.93	7.21	333.43	1.53

说明：因自住及议价租私房不规定评定完损等级，其数据是依据部分已定完损等级的数据推算的。

市建委房屋安全设备处　　2005 年 5 月

附表二：

城镇房屋安全检查汇总表

（按房屋类别分）

统计单位:万平方米

	合计			直管公房				单位自管房			物业小区	城镇私房		
		楼房	平房（含中式楼）	小计	楼房	其中出售	平房（含中式楼）	小计	楼房	平房（含中式楼）		小计	自住及议价租	标准租
合计	34501.91	31175.20	3326.71	2021.08	1538.95	855.26	482.13	14347.99	12279.74	2068.25	17516.23	616.61	612.65	3.96
十八区小计	33659.94	30400.35	3259.59	1903.05	1426.61	799.72	476.44	14338.18	12270.57	2067.61	16802.10	616.61	612.65	3.96
城八区小计	25688.16	23181.30	2506.86	1531.58	1095.47	549.06	436.11	12234.18	10614.31	1619.87	11511.37	411.03	407.07	3.96
城四区小计	6876.88	5886.76	990.12	801.11	419.61	154.30	381.50	3817.18	3381.81	435.37	2087.49	171.10	167.21	3.89
公司小计	841.97	774.85	67.12	118.03	112.34	55.54	5.69	9.81	9.17	0.64	714.13			
东城区	2290.24	1839.09	451.15	214.33	88.71	42.13	125.62	1198.18	946.34	251.84	804.04	73.69	71.23	2.46
西城区	2273.72	2038.84	234.88	191.92	96.62	43.30	95.30	1769.07	1687.97	81.10	254.25	58.48	57.55	0.93
崇文区	715.95	624.21	91.74	167.87	100.36	44.63	67.51	290.08	265.85	24.23	258.00			
宣武区	1596.97	1384.62	212.35	226.99	133.92	24.24	93.07	559.85	481.65	78.20	771.20	38.93	38.43	0.50
朝阳区	8046.84	7525.00	521.84	281.59	263.55	170.13	18.04	2901.10	2408.65	492.45	4852.80	11.35	11.33	0.02
海淀区	6066.13	5633.16	432.97	170.88	162.67	118.97	8.21	3076.45	2768.25	308.20	2738.80	80.00	80.00	
丰台区	3532.03	3146.47	385.56	215.33	194.47	74.77	20.86	1450.77	1120.86	329.91	1832.28	33.65	33.60	0.05
石景山	1166.28	989.91	176.37	62.67	55.17	30.89	7.50	988.68	934.74	53.94		114.93	114.93	
门头沟	393.43	282.98	110.45	18.96	11.68	3.64	7.28	160.14	144.65	15.49	183.16	31.17	31.17	
昌平区	2320.45	2232.34	88.11	25.04	18.69	9.26	6.35	495.80	425.25	70.55	1788.40	11.21	11.21	
通州区	1242.97	1124.05	118.92	57.45	39.23	27.70	18.22	312.69	236.62	76.07	849.57	23.26	23.26	
大兴区	850.23	760.29	89.94	94.42	93.48	62.79	0.94	80.28	80.28		586.53	89.00	89.00	
顺义区	790.79	717.25	73.54	11.79	11.39		0.40	346.96	277.46	69.50	429.60	2.44	2.44	
平谷区	415.68	415.07	0.61	31.45	30.84	29.90	0.61	128.06	128.06		256.17			
房山区	746.60	622.16	124.44	36.83	32.39	24.55	4.44	120.00		120.00	589.77			
怀柔区	334.48	326.19	8.29	13.82	13.63	13.63	0.19	83.38	75.28	8.10	237.28			
密云县	578.18	500.38	77.80	2.39	1.79	1.54	0.60	159.44	128.34	31.10	370.25	46.10	46.10	
延庆县	298.97	238.34	60.63	79.32	78.02	77.65	1.30	217.25	160.32	56.93		2.40	2.40	
天岳恒公司	137.17	134.81	2.36	89.74	88.18	55.54	1.56	7.81	7.17	0.64	39.62			
房管一公司	382.72	322.95	59.77	27.91	23.78		4.13				354.81			
房修一公司	322.08	317.09	4.99	0.38	0.38			2.00	2.00		319.70			

注：表列数据不包括军产、外侨产、外事用房及厂矿工业用房等。